教育社会学丛书

江苏省社科基金后期资助项目成果

中国当代义务教育的制度探索

基于合法性理论的阐释

薛传会　著

南京师范大学出版社

图书在版编目（CIP）数据

中国当代义务教育的制度探索：基于合法性理论的阐释 / 薛传会著 . -- 南京：南京师范大学出版社，2024.5

（教育社会学丛书）

ISBN 978-7-5651-5783-7

Ⅰ . ①中… Ⅱ . ①薛… Ⅲ . ①义务教育 – 教育制度 – 研究 – 中国 Ⅳ . ① G522.3

中国国家版本馆 CIP 数据核字（2023）第 084568 号

中国当代义务教育的制度探索：基于合法性理论的阐释

ZHONGGUO DANGDAI YIWU JIAOYU DE ZHIDU TANSUO：JIYU HEFAXING LILUN DE CHANSHI

著　　者	薛传会
责任编辑	杨佳宜
出版发行	南京师范大学出版社
地　　址	江苏省南京市玄武区后宰门西村 9 号（邮编：210016）
电　　话	（025）83598919（总编办）83598412（营销部）83371351（编辑部）
网　　址	http://press.njnu.edu.cn
电子信箱	nspzbb@njnu.edu.cn
排　　版	南京私书坊文化传播有限公司
印　　刷	江苏凤凰数码印务有限公司
开　　本	787 mm × 1092 mm　　　1/16
印　　张	15
插　　页	6
字　　数	268 千
版　　次	2024 年 5 月第 1 版
印　　次	2024 年 5 月第 1 次印刷
书　　号	ISBN 978-7-5651-5783-7
定　　价	79.00 元

出 版 人　张　鹏

目　录

第二章　教育制度的合法性逻辑建构及其理路

第三章　规则维度的阐释：合法律性

导 论

义务教育是国家统一实施和保障的基础教育，狭义的基础教育就是指义务教育。由于义务教育既事关少年儿童的成长，又决定着国家民族的未来，世界各国普遍将义务教育作为基本教育制度，并通过立法予以保障。我国于 1986 年出台《中华人民共和国义务教育法》，义务教育先后经历了初等教育的普及、九年义务教育的基本普及、全面普及以及均衡发展等不同的阶段，取得了显著的成效。随着经济社会的不断发展，人们对义务教育也不断提出新的需求，义务教育的一些问题和矛盾得到解决，另一些问题和矛盾又涌现出来，过程中也有一些问题和矛盾始终没有得到解决，并且在新的条件和环境下愈演愈烈，影响了义务教育制度的权威，造成了人们对义务教育制度的认同危机。

通过制度研究解释社会现象、解决现实问题，是社会科学的重要分析范式和研究路径；权威、认同和有效是合法性的主要体现，是合法性研究的主要问题。面对全面推进依法治国，建设现代教育治理体系的新要求，本书在回顾义务教育改革发展历程和存在问题的基础上，对我国义务教育制度的理论逻辑进行反思，运用合法性理论对义务教育改革和义务教育制度进行阐释，构建义务教育制度的合法性理论逻辑，探寻一种整合性的义务教育制度分析框架，探索建立与完善现代义务教育制度的有效路径。

一、以合法性理论阐释当代义务教育制度的价值

中国当代的义务教育制度，既是一个理论命题，同时也是一个实践命题。本书以合法性理论的视角，对中国当代义务教育制度进行理论阐释和实践探索，主要出于对义务教育理论和实践中三组关系或三个方面问题的关注和反思。

第一组关系是义务教育问题与义务教育制度。中国的教育中存在着不少问题，这是个不争的事实，大到财政经费体制，小到具体的教育教学环节，无一

不牵动着社会大众的神经。尤其是义务教育，自 1986 年国家通过立法确认实施九年制义务教育以来，取得了很大的成就，这是毋庸置疑的。但同样毋庸置疑的是，义务教育取得巨大成就的过程也是不断解决问题的过程，同时更是在新的条件下，不断应对新问题的过程。尤其是当下，在我们对义务教育的未来充满憧憬的同时，严酷的义务教育现实也在不断动摇着我们的信心，可以说，整个社会特别是家长中间充斥的普遍教育焦虑，就是这些不断反复或新出现的教育问题的集中体现。

具体而言，虽然教育部门坚持为中小学生"减负"，但长期以来问题始终没有得到解决，中小学生的负担越来越重；虽然政府对择校行为坚决禁止，不过择校问题没有很好地得到彻底解决，而且择校的方式改变了，择校的成本加大了；尽管政府强力追求教育均衡，不过教育不均衡的状况仍然存在，并挑战着社会公正；尽管我们认为教育是实现个体公平发展的重要途径，但在现有的制度环境下，教育在社会分层中的正面功能正逐渐弱化。

"这是一个制度万能的时代，也是一个制度无用的时代。"[①]无须多言，中国的教育面临着认同危机，教育制度面临着失去权威和社会公信力的风险。尤其是义务教育，平等的受教育权是义务教育的基本要求，就近入学是义务教育的基本制度，素质教育是义务教育的基本要求，这些基本的要求和具体制度在实践中有没有得到有效落实？择校是否与就近入学制度相冲突，禁止择校的要求是否科学合理？包括其他的义务教育制度设计是否科学合理？这些义务教育领域面临的重要问题，都需要在对义务教育制度进行合法性反思的基础上，通过教育改革和制度优化妥善地加以解决。

第二组关系是义务教育法治与义务教育制度。"法律是治国之重器，法治是国家治理体系和治理能力的重要依托。"[②]经过改革开放以来四十多年的发展，中国形成了与自身体制相适应的法律体系，法治政府建设稳步推进，但与此同时也存在着与现代治理体系不相适应的问题，如有的法律法规针对性、可操作性不强，立法工作中还存在着部门化倾向；执法司法中还存在着有法不依、执法不严，甚至是选择性执法的现象等。以之对照义务教育的立法执法，各种类

---

① 劳凯声. 追寻"人"的制度教育学——兼评李江源《走向自由：教育制度与人的全面发展》[J]. 河北师范大学学报（教育科学版），2012（5）.

② 习近平. 关于《中共中央关于全面推进依法治国若干重大问题的决定》的说明 [N]. 人民日报，2014-10-29（2）.

似的问题同样存在。

首先是位阶较高的义务教育立法总体上数量较少。尽管国家先后颁布《中华人民共和国教育法》和《中华人民共和国义务教育法》，不过其余的都是行政法规和部门规章，这些法规的法律位阶都比较低，还有很多义务教育制度通过政策文件发布，法律效力太低，很难适应法治的现实要求。其次是义务教育相关立法的可操作性不强。比如定性式规定为《中华人民共和国义务教育法》的主要特点，其条文很少涉及定量性的指标，这样制定规章和政策时，自由裁量的空间就比较大。再次是义务教育相关立法的执行不到位。1986 年《中华人民共和国义务教育法》规定，接受义务教育的学生就近入学，1996 年的教育政策在就近入学的基础上提出小升初免试，但 1997 年国家教委（现教育部）又提出，大中城市的公办学校可以招收择校生，不过 2001 年开始又规定不准招收择校生，其后多年继续坚持禁止择校，不过禁止择校问题始终没有得到根本解决。有研究者提出，几十年来，"我国教育政策执行基本处于政策表面化、政策缺损、政策替换的层面上。单方面为了一时的利益制定粗糙的政策法规，且执行不强制，只会导致问题愈演愈烈，教育问题演变越来越极端。"①

笔者以为，择校现象屡禁不止，就是义务教育立法执法不规范的典型个案，也是义务教育法治的一个缩影，更是在推进义务教育法治进程中需要反思的重要问题。推进教育法治是法治政府、法治社会建设的重要内容，在义务教育领域科学立法、规范执法、依法治理，必须将义务教育制度的合法性考量放在重要位置。考察义务教育制度的合法性，是推进义务教育法治必须首先面对的理论和实践问题。

第三组关系是义务教育改革与义务教育制度。德国著名教育家本纳（Dietrich Benner）提出，劳动、伦理、教育、政治、艺术和宗教等是人类总体实践分化出的既相互依赖又相互独立的领域。教育作为人类总体实践的一个领域，具有实践的一般特征，同时教育思想和行动也具有自己的原则。这就是可塑性原则、主动性要求原则、由社会决定向教育决定转化的原则和人类总体实践的分化形式间的非等级和非目的论的关系原则。②义务教育作为整个教育的一个部分，自

---

① 张玲玲，曹辉. 义务教育阶段"择校热"：学理反思与政策治理 [J]. 河北师范大学学报（教育科学版），2014（5）.

② [德] 底特利希·本纳. 普通教育学 [M]. 彭正梅，等译. 上海：华东师范大学出版社，2006：40.

然要遵循教育的一般特征。不仅如此，义务教育制度与公共产品理论、社会公平理论等许多基本理论问题相关。这样，义务教育制度中就隐含着教育与政治、经济等其他社会实践的关联，并需要妥善处理好其相互之间的关系。

义务教育的发展过程，是一个不断改革的过程。但是在长期的实践中，教育与政治、经济等其他社会实践的关系，似乎并没有得到很好的处理，包括其中的权力和权利、效率和平等以及公正和自由等，究其根源，是对义务教育制度理论逻辑的认识出现了偏差。尤其是当下，对于什么是好的义务教育，特别是"教育究竟应该把孩子们带向何方""究竟是效率优先还是公平优先"等根本问题，没有形成一致的看法。[1]就义务教育改革的现实情况而言，许多改革措施受经济因素的影响比较严重，教育改革片面注重经济效益，恰恰忽视了教育本来的目的。应当明确，公正的义务教育制度需要建立在对义务教育基本理念把握的基础上，如果教育改革的功利主义和经济思维不能得到根本纠正，教育制度就不会从根本上得到完善。

通过对义务教育改革的基本检视，可以发现，中国当代教育问题的根源，不在于资源和人口的对比所产生的教育力量不足，而在于教育改革没有对权利、平等和自由等理念实现充分的关注，没有实现"教育本来应该带给人真正意义上的幸福感"。[2]从根本上说，中国教育问题产生的最主要原因在于"应试＋功利主义"。如若不能摒弃功利主义，必然使我们的教育改革越来越偏离正确的轨道。将义务教育制度纳入合法性研究的视野，构建义务教育制度的合法性分析框架，有利于将义务教育制度纳入包括政治、经济等范畴的整合性分析框架，科学检视义务教育改革存在的问题，既可以充分吸收借鉴政治、经济等相关理论，又可以避免政治、经济因素对教育改革的不恰当影响。

通过对上述义务教育理论和实践中三组关系的关注和反思，我们可以得知，义务教育制度立法执法的实际效果，义务教育实践的现实困境，艰难推进的义务教育改革，教育理论与教育改革、教育实践的尴尬关系，都折射出对教育制度理论逻辑认识上的偏差和歧见，都对探讨并有效建构具有较强解释力的制度分析框架提出了现实需求。本书在探索中国当代义务教育制度发展和义务教育改革的过程中，将合法性作为理论阐释的手段和工具，将义务教育制度的合法

① 朱永新，马国川.重启教育改革 [M].北京：生活·读书·新知三联书店，2014：前言 4.
② 同上，11.

性作为研究对象，是在对义务教育的现实问题、义务教育法治和义务教育改革进行考察的基础上，通过对教育制度理论逻辑及其在实践中的异化现象进行分析，而提出的一种对义务教育制度理论逻辑的整合性构想。

本书将合法性作为一种理论分析的工具来应用，通过对合法性概念和合法性理论内涵的分析，建构一种义务教育制度的合法性理论逻辑体系，作为分析和研究义务教育制度及其问题的综合分析框架，并通过这一分析框架对义务教育的制度运行进行分析考察，一方面回应义务教育制度可能面临的认同危机和权威失落，另一方面按照合法性理论逻辑的标准对义务教育的改革发展方向提出建议，提出推进基于合法性建构的现代义务教育，具有重要的学术价值和应用价值。

就学术价值而言，本书可以进一步丰富教育基本理论研究的内涵与外延。其最重要的意义在于实现了由对教育具体问题的关注，向教育制度合法性的理论研究转换，作为一种教育制度研究的理论建构，既是对教育理论和教育实践研究视角和研究方法的创新，也是对教育基本理论及其制度逻辑的创新。

义务教育中的现实问题以及由此带来的义务教育制度的认同和权威问题，一定程度上源于教育制度理论逻辑在教育改革和教育发展实践中的异化现象。为克服逻辑异化问题，推进教育改革发展，树立教育制度权威，有研究者针对经济逻辑和政治逻辑僭越为主导逻辑的反思，提出了文化逻辑或社会—文化逻辑来应对逻辑异化问题。不过这后两种逻辑由于没有从根本上摆脱其作为辅助和外部的规定性，就教育系统自身来说，着力点仍然在外面。如何在实践中避免外部逻辑和辅助逻辑对内部逻辑和主导逻辑的僭越问题，仍然没有得到彻底的解决。重构教育制度的理论逻辑，必须坚持三个前提：一是内部、外部逻辑统一，二是理论与实践统一，三是逻辑体系具有自洽性。本研究建构的合法性理论逻辑，将合法性理论引入教育理论和教育实践，作为一种整合性分析框架，充分吸收借鉴政治、经济、法律等相关领域的研究成果，符合上述三个前提条件，是一种理论上的创新，具有重要的学术价值。

就应用价值而言，本书回应了教育综合改革和教育治理现代化的现实需求。义务教育问题的解决过程就是一个不断推动教育改革的过程。长期以来，教育改革在关键的全局性问题上，仍然没有取得根本性的突破。从中国教育改革的进程来看，提出改革进入"深水区"这一概念，不仅指改革任务艰巨，也暗指改革可能会面临的公信力和权威性风险，即"合法性"危机。确立义务教育制度的合法性理论逻辑可以为"合法性"危机提供一种解决方案，化解义务教育制度的认同风险。

本书通过对义务教育制度合法性理论逻辑的建构，在将教育改革纳入法治化轨道，体现法治国家要求的同时，通过整合性的分析框架，将义务教育的法治建设与义务教育的制度公正相结合，将义务教育的理论、制度与义务教育的实践相结合。义务教育制度合法性的整合性分析框架，在遵循法治的前提下，更加尊重教育发展的规律，更加注重教育制度的实施效果，对于加强教育法规制度体系建设，夯实教育治理体系和治理能力现代化的基础，建立健全教育治理的长效化机制具有重要的实践意义。

本书通过对义务教育制度合法性相关问题的研究，围绕合法性的理论逻辑，结合教育现代化的战略目标，提出基于合法性的义务教育应然标准和实践路径，提出现代义务教育应该内蕴公正的价值，追求优质均衡的高质量标准，并致力于可持续发展的教育生态建设，对于进一步完善义务教育制度和推进义务教育现代化的实践，推进教育领域的综合改革，建设人民满意的教育，具有一定的应用价值。

二、义务教育制度及其合法性研究的现状

义务教育制度有广义和狭义之分，狭义上指"九年义务教育制度"，广义上指"九年义务教育制度"及其包含的管理体制、财政体制、入学制度、教育教学制度等一系列具体制度。同时，义务教育制度又包括正式制度和非正式制度：正式制度是指教育法律制度、教育政策等人为设计并依靠强制力付诸实施的一系列规则；非正式制度则是指人们在交往过程中形成和演化出来的一系列习惯、传统，甚至包括所谓的"潜规则"。本书使用广义的义务教育制度概念，全文从整体的"九年义务教育制度"及其包含的管理体制、财政体制、入学制度、教育教学制度等一系列具体制度展开论述；在不同的语境下，将对义务教育相关主体的权利义务法律关系、就近入学、资源配置、课程标准、课程目标等义务教育的基本和重点制度予以关注；同时，针对义务教育中的个别非正式制度或教育现象，比如择校入学、"在家上学"等进行辩证的分析研究。需要特别说明的是，本书将义务教育实践中的问题考察作为义务教育制度合法性研究的重要基础，但义务教育实践中的有些问题并非由义务教育制度本身所产生，不过，由于义务教育制度合法性的整合性分析框架的构建，

本身就要充分考虑并妥善处理好教育与政治、经济和文化等其他社会实践之间的关系，因此，本书在梳理义务教育实践中的问题时将采用综合性的视角，将义务教育实践中的问题广泛地纳入研究视野，并采用合法性的综合分析视角，予以辩证的分析、考察和使用。

合法性一词来源于西方。最早被用于政治合法性，随后被拓展到法学和社会学等领域，用于讨论社会的秩序、规范或规范系统。目前在英文中有两个单词与中文的"合法性"对应，一个是"legitimacy"，另一个是"legality"。为了使"legitimacy"与"legality"在英语中的区别体现在汉语中，中国学者在翻译时采取了不同策略，在将"legitimacy"译为"正当性"时，就将"legality"译为"合法性"；在将"legitimacy"译为"合法性"时，就将"legality"译为"合法律性"。因此，目前中文语境中的"合法性"有广义和狭义两种使用方法，狭义的"合法性"即"合法律性"，仅指法学意义上的概念；广义的"合法性"除"合法律性"的意义以外，还包括"正当性"的意义。本书根据研究内容和语义表达的需要，将"legality"理解为"合法律性"，将"legitimacy"理解为"合法性"，取"合法性"的广义含义，在包括"正当性"与"合法律性"含义的基础上，来理解"合法性"。同时，本研究将结合教育制度的实际，对广义含义的"合法性"进行创造性的使用，对其内涵和外延进一步充实完善，以使其更加符合对一般制度合法性研究的要求。

关于合法性的解释，就最初的政治合法性而言，有三种方式。一是经验主义的解释，这种解释强调合法性的形式性，着重于大众实际服从和忠诚的状态，不考虑统治背后深层次的价值追求。二是规范主义的解释，坚持价值主导，强调政治合法性的理性标准，如正义原则。三是综合性的解释，强调经验性和规范性的统一，既着重大众服从的经验感受，又强调对价值规范的符合性，以及主体的价值共识及其服从的内在性。本书提出义务教育制度的合法性问题，拟将合法性作为一种分析工具，在借鉴合法性理论相关研究成果的基础上，结合义务教育制度的实际，提出义务教育制度的合法性概念，即义务教育制度的合法性是指义务教育制度之于相关主体的可接受性和在事实上为人们所接受的程度。本书按照综合性的研究视角，提出判断合法性的标准必须同时具备形式有效、实践实效和价值共识三个要素，并据此提出合法性的理论逻辑包括三个维度，即规则维度——合法律性；价值维度——合目的性；实践维度——合实效性。合法性是一个综合性的概念，判断制度合法性的形式有效、实践实效、价值共识等三个标准，处于作为整体的合法性共同体之中，其中规则维度是合法性的基础，处于中心地位，实践维度和价值维度作为合法性整体的"两翼"，分别连接着事实和价值两端，是对规则维度的有效补充。

关于义务教育制度及其合法性研究的现状，本书从三个方面进行考察：一是对义务教育制度研究现状的梳理，二是对从合法性视角进行的教育研究的分析，三是对相关研究的反思。

（一）义务教育制度的研究现状

对义务教育制度的研究，离不开对义务教育实践中相关问题的关注。本书坚持问题导向，采用广义的义务教育制度概念，从义务教育研究中的问题入手，以1978年以后义务教育制度的实施为例，通过对历年来相关研究文献关注的问题进行梳理，以此来展示义务教育制度的研究现状。立法对义务教育具有基础性作用，法律是最重要的义务教育制度。关于义务教育的相关研究，以义务教育立法作为阶段划分的依据，大致分为三个阶段，每个阶段研究关注的重点问题略有不同。

1. 第一阶段：从1978年到1986年义务教育法颁布前

这一阶段主要从学理、法理的角度，将"义务教育制度"作为一项整体制度进行研究，并探讨了我国实施义务教育制度的必要性与可能性。

当时关注的问题主要围绕义务教育制度的概念性质和特点、要不要实施义务教育制度、如何推行义务教育三大方面展开，包括实施义务教育的基本原则问题、管理体制问题、经费问题、学制问题、教育教学问题、师资问题、立法问题。具体如：义务教育应该坚持统一性还是多样性；义务教育需要"地方负责，分级（或分工）管理"还是"全面规划，区别对待"；义务教育是"全部免费"还是"两条腿走路"；义务教育的学制是"六三"还是"五四"；等等。①

2. 第二阶段：从1986年义务教育法实施到2006年新法颁布前

《中华人民共和国义务教育法》（1986）规定了九年义务教育制度，同时也规定了义务教育学制、地方负责和分级管理体制、学校设置及就近入学制度、免收学费制度、师资制度等。

但这一阶段，结合贯彻落实义务教育法、针对普及义务教育制度，围绕管

---

① 参见姚光智. 学习《中共中央关于教育体制改革的决定》——关于普及九年制义务教育的几个问题 [J]. 宝鸡师院学报（哲学社会科学版），1985（3）；张光喜，杨栋梁. 实施九年义务教育急需解决的问题 [J]. 人民教育，1985（9）；黄新宪. 义务教育立法刍议 [J]. 社会科学，1985（12）.

理体制、投资体制等问题的争论仍然存在。关于义务教育的管理体制，主要集中在中央政府的职责、中央和省级政府宏观调控的责任、对"办学主体多元化"的批评以及公办学校改制、"名校办民办"等问题。[①] 关于投资体制，一方面集中在对现行体制弊端和缺陷的批评上，包括义务教育经费比例太低、资金保障体系在管理上分散、公共投资严重不足、分担主体的重心过低、资金分布不平衡、对处境不利群体的支持不力等；[②] 另一方面是对现行体制的改革建议，包括构建"以县为主"的义务教育财政体制、重点加强中央和省两级政府的投资责任和供给水平、区分地区差异的农村义务教育经费分担机制、规范义务教育财政转移支付制度和取消乡级政府的义务教育财政责任等。[③]

收费问题、学制问题、培养目标问题依然是这一阶段研究的重要内容。义务教育是否收费依然存在争论，争论既围绕义务教育的性质展开，同时也考虑到了经济社会发展的实际情况。[④] 在学制研究中，在对"六三"学制和"五四"学制继续争论的基础上，提出了"九年一贯制"的问题。[⑤] 在培养目标研究中关注了合格公民与素质教育问题。研究者对义务教育学生课业负担过重、片面追求升学率、越来越强的"人才"培养特征、重视智育但忽视德体美劳育的情况进行了批评，明确义务教育是素质教育、应该培养全面发展的社会主义公民，并从

---

① 参见安文铸 . 义务教育办学主体是谁？ [J]. 中小学管理，1994（Z1）；方铭琳 . 有关我国义务教育的管理体制改革 [J]. 教育管理研究，1997（3）.

② 参见游正伦，吴德刚 . 关于我国义务教育经费筹措的研究 [J]. 新疆社会科学，1990（1）；苌景州 . 建立有利于义务教育均衡发展的资金保障体系 [J]. 贵州社会科学，1994（1）；高如峰 . 义务教育投资的国际比较与政策建议 [J]. 教育研究，2001（5）.

③ 参见袁连生 . 我国义务教育财政不公平探讨 [J]. 教育与经济，2001（4）；尹玉玲 . 关注我国"以县为主"的义务教育新财政体制 [J]. 上海教育科研，2003（2）；俞国良，郝志军，金东贤 . "以县为主"义务教育财政体制改革的问题及对策 [J]. 红旗文稿，2003（16）；高如峰 . 重构中国农村义务教育财政体制的政策建议 [J]. 教育研究，2004（7）；孙霄兵，夏娟 . 建立新的义务教育经费分担体制 [J]. 求是，2005（10）；范先佐 . 构建"以省为主"的农村义务教育财政体制 [J]. 华中师范大学学报（人文社会科学版），2006（2）.

④ 参见梅汝莉 . 从"择校生"说起——对义务教育本质特征和规范化的思考 [J]. 中小学管理，1995（11）；袁连生 . 对教育投入和义务教育收费问题的探讨 [J]. 教育与经济，1998（1）；叶之红 . 论义务教育的本质属性和非本质特征 [J]. 求是，1998（18）；孙士杰 . 试论我国实现完全免费义务教育的现实可能性 [J]. 河南师范大学学报（哲学社会科学版），2000（2）.

⑤ 参见佘永福，梁忠杰 . "五四"学制应为我国基本学制 [J]. 山东教育科研，1987（2）；郭茂利 . "三加一"制应是我国初中的基本学制 [J]. 教育评论，1987（4）；李群 . 农村小学、初中应逐步实行"五·四"分段的学制 [J]. 人民教育，1987（10）；刘理 . 简论"五·四"学制的优越性 [J]. 云梦学刊，1993（2）；钱林晓 . 以九年一贯制学校为主体的义务教育体制构建设想———一种基于效率与公平视角的经济学研究 [J]. 教育理论与实践，2006（21）.

七个方面提出了实现由应试教育模式到素质教育轨道转变的方法。有研究者批评了素质教育的个体取向被放大的问题，也有的提出要通过素质教育解决学校功能失衡的问题，强调素质教育的公共取向，促使义务教育的个人发展功能和选拔功能适度平衡。①20世纪90年代中期以前还有研究者关注了"差生"和"流生"问题。

另外，义务教育的择校问题、均衡发展问题、教育公平问题开始进入研究者的视野。关于择校，有的予以支持，有的予以反对，还有的基于择校失控的态势提出扭转的对策。②关于均衡发展，这一阶段对地区不平衡性问题予以重点关注，强调了政府对教育均衡发展的责任。有研究者提出均衡发展的对策，提出建立教育资源共享制度，通过义务教育县域均衡发展推进省域教育协调发展，强调在注重统筹资源配置的基础上，统筹结构调整，加强监督管理。③关于教育公平，有研究者提出，公平是教育社会性方面的主要表现，并对义务教育发展附和于"效率优先"的市场化经济原则进行了批评。关于教育公平的内涵、特征，诸如平等原则、差异原则、补偿原则的统一，教育权利、教育机会、教育过程和教育结果的平等，影响公平的因素以及底线公平的问题都予以了关注，同时提出了弱势补偿制度，强调了特殊群体的受教育权问题以及农村儿童、女童、

---

① 参见柳斌.谈基础教育的改革[J].人民教育，1987（1）；聂厚德.关于义务教育培养目标的思考[J].重庆师院学报（哲学社会科学版），1987（1）；汪西邦.义务教育中的问题与建议[J].群言，1992（2）；杨明光.实现由应试教育模式到素质教育轨道的历史性转变——论义务教育改革的方向与任务[J].求索，1993（2）；劳文.就近入学与义务教育的发展[J].中小学管理，1994（Z1）；冯建华.试析"学校恐怖症"[J].教育研究与实验，1997（2）；彭泽平，李茂琦.对当前我国义务教育培养目标定位的思考[J].西南师范大学学报（人文社会科学版），2003（1）；顾明远.又该呐喊"救救孩子"了[J].中国教育学刊，2005（9）；扈中平."人的全面发展"内涵新析[J].教育研究，2005（5）；劳凯声.素质教育挑战现代学校功能[N].中国教育报，2005-12-17（1）；叶澜.转换思路 进一步开创素质教育新局面[J].中国教师，2006（1）；谢维和.素质教育的两种取向及其选择[J].中国教师，2006（1）.

② 参见祖印.择校失控与教育公平[J].教育研究与实验，1996（4）；范先佐.中小学择校问题产生的原因探析[J].现代教育论丛，1997（2）；周文良.义务教育教育成本的分担、补偿与教育公平[J].江西教育科研，1997（2）；成有信.义务教育的社会价值选择：公平·效益·稳定——兼论义务教育学校高收费的性质与危害[J].教育研究，1997（5）.

③ 参见李喜平.努力使义务教育区域性均衡发展[J].普教研究，1997（5）；徐坚成，马树超.我国九年义务教育发展的地区不平衡性研究[J].上海教育科研，1997（2）；杜育红.中国义务教育转移支付制度研究[J].北京师范大学学报（人文社会科学版），2000（1）；曾天山.促进义务教育均衡发展的基本思路[J].教育研究，2002（2）；阎光才.均衡发展：义务教育制度的底线公平[J].教育科学研究，2003（1）；朱景坤.城乡二元结构与农村义务教育发展对策[J].现代教育科学，2003（10）；翟博.教育均衡发展：理论、指标及测算方法[J].教育研究，2006（3）；杨银付.教育均衡发展需要体制创新[J].南昌教育，2006（6）；蒋作斌.论省域教育协调发展[J].教育研究，2006（10）.

老少边穷地区儿童等弱势人群的义务教育问题。①

3. 第三阶段：2006年义务教育法修订以来

2006年国家修订《中华人民共和国义务教育法》，明确规定义务教育不收学费和杂费、学生按照户籍免试就近入学，明确规定学校均衡发展、不设重点学校、不设重点班，明确提出对教育规律的遵循，明确提出对学生身心发展的适应，明确提出全面发展的培养目标，同时强调加强薄弱校建设、强调财政的全面保障等。这阶段的研究增加了对新修订的义务教育法的研究，如有研究者提出，新法从关注"消极自由"走向追求"消极—积极双重自由"，从保证"起点平等"走向推进"起点—过程—结果三种平等"，等等。②同时研究者对资源配置、均衡发展、教育公平、弱势群体教育、城乡一体化、学校布局调整、择校治理、教育教学等问题重点予以关注。

教育资源配置问题。针对资源配置不合理的问题，有研究者提出重新划定义务教育事权，"重新界定中央、省、地、县四级义务教育的投入责任体制"，走多样化之路，合理引导市场、第三部门参与资源配置。③有研究者提出了义务教育资源公平配置机制，强调"公平优先、兼顾效率"的原则，调整资源配置向薄弱地区、学校和弱势群体倾斜。④

教育均衡发展问题。均衡发展依然是研究者关注的重点，并对均衡发展有了新的认识。有研究者提出了均衡发展的"兜底"问题、由外延性均衡发展向

---

① 参见吴刚平.我国义务教育的机会公平与质量公平 [J].河北师范大学学报（教育科学版），2000（1）；李慧.教育公平与教育效率关系再探 [J].教育与经济，2000（3）；赵传江.义务教育阶段学生受教育机会不平等现象探析 [J].郑州大学学报（哲学社会科学版），2002（4）；李芬，慈勤英.城市流动学龄人口义务教育问题的成因及对策 [J].湖北社会科学，2002（8）；范国睿.教育公平与和谐社会 [J].教育研究，2005（5）；袁振国.缩小教育差距 促进教育和谐发展 [J].教育研究，2005（7）；杨东平.试论促进教育公平的教育公共政策 [J].人民教育，2005（7）；吴德刚.关于构建教育公平机制的思考 [J].教育研究，2006（1）；谢维和.教育公平与教育差别——兼谈教育改革与发展的深层次矛盾 [J].人民教育，2006（6）；褚宏启.关于教育公平的几个基本理论问题 [J].中国教育学刊，2006（12）.

② 曾文婕，黄甫全.《义务教育法》的价值观革新：基于文本的分析 [J].教育导刊，2007（9）.

③ 参见邵泽斌，张乐天.存在于公共物品与私人物品连续谱系中的义务教育 [J].教育研究与实验，2008（2）；李秉中.完善我国义务教育投入制度的思考 [J].教育研究，2008（6）；张茂聪.教育公共性的理论分析 [J].教育研究，2010（6）；陈朗平，付卫东，刘俊贵.免费义务教育政策下教育财政公平性研究 [J].教育研究，2010（12）.

④ 参见田慧生，曾天山，杨润勇.以制度设计和体制创新保障教育公平 [J].人民教育，2007（1）；薛二勇.论教育公平发展的三个基本问题 [J].教育研究，2010（10）；蔡春.分配正义与教育公正 [J].教育研究，2010（10）；沈海驯，李丽.义务教育公平与民众的教育选择 [J].教育研究，2010（12）.

内涵性均衡发展转变的问题、由一般均衡向优质均衡转变的问题；也有研究者提出了"后均衡化时代"的概念，强调了从关注"物"转向关注"人"、从关注分配正义转向注重承认正义的问题。①关于如何推进教育均衡，有研究者提出要制定国家办学标准、加大监测和评估；强调县域内均衡发展的意义，研制均衡发展水平评估指标体系并建立数据模型进行监测。②有研究者提出通过解决多元化的利益冲突，构建利益整合机制促进均衡；通过政策倾斜缩小东、西部差距是更高层次的公平和均衡发展的关键。③

　　教育公平问题。有研究者提出了有质量的教育公平概念，强调教育公平必须在均衡发展基础上重视提高质量和效率，推进有质量的教育公平是政府的责任。④有研究者提出了教育公平从宏观到微观、从学校外到学校内、从起点到过程的问题，推进教育公平过程中的差异教学问题，以及完全平等和比例平等、形式平等和实质平等的区分问题。⑤义务教育公平需要通过制度推进，有研究者提出要设计评价指标体系，通过科学统筹，缩小影响教育公平的各种教育差距；新时期促进教育公平要以机会公平为关键，以公民受教育权为基本保障，合理配置教育资源，形成政府主导、全社会共同推进的良好社会氛围。⑥

---

　　①参见张旭昆，韩文婧.试论基础义务教育体制的改革——目标模式与实现路径 [J].浙江大学学报（人文社会科学版），2011（3）；杨启亮.转向"兜底"：义务教育优质均衡发展的重心 [J].教育研究，2011（4）；冯建军.优质均衡：义务教育均衡发展的新目标 [J].教育发展研究，2011（6）；冯建军.后均衡化时代的教育正义：从关注"分配"到关注"承认" [J].教育研究，2016（4）.

　　②参见中央教育科学研究所教育督导与评估研究中心.中国义务教育县域均衡发展报告 [N].中国教育报，2009-12-2（4）；董奇.均衡发展的关键在制度保障 [J].求是，2010（9）；朱家存，阮成武，刘宝根.区域义务教育均衡发展监测指标体系研究——基于安徽省义务教育政策实践 [J].教育研究，2010（11）.

　　③参见司晓宏.优化教育资源配置，促进西部农村义务教育优质发展 [J].教育研究，2009（6）；杨晓霞.义务教育均衡发展：利益冲突及整合 [J].教育研究，2016（4）.

　　④参见盛冰.转型时期政府的教育公平责任及其边界 [J].教育研究，2007（3）；刘复兴.教育改革的制度伦理：教育公平与政府责任 [J].人民教育，2007（11）；郝文武.教育既应均衡发展更要公平发展 [J].中国教育学刊，2016（1）.

　　⑤参见史亚娟，华国栋.论差异教学与教育公平 [J].教育研究，2007（1）；顾明远.公平而差异是基础教育的必然选择 [J].上海教育科研，2007（9）；冯建军.教育公正需要什么样的教育平等 [J].教育研究，2008（9）；辛涛，黄宁.教育公平的终极目标：教育结果公平——对教育结果公平的重新定义 [J].教育研究，2009（8）；杨小微，李学良.关注学校内部公平的指数研究 [J].教育科学研究，2016（11）.

　　⑥参见王善迈.教育公平的分析框架和评价指标 [J].北京师范大学学报（社会科学版），2008（3）；中央教育科学研究所调研组，袁振国，等.学有所教——为制定《国家中长期教育改革和发展规划纲要》提供的六十条建议 [J].教育研究，2009（3）；吴德刚.论促进教育公平成为国家基本教育政策的意义——学习《教育规划纲要》的体会 [J].教育研究，2010（12）.

弱势群体教育问题。作为公共资源，义务教育资源应更多地向弱势阶层和群体倾斜，保障弱势群体的受教育权利。针对进城务工人员子女，应从义务教育的制度伦理、教育法治等多方面给予其权利保障。有研究者提出，首先应打破城市内部的二元教育结构，推进城乡教育一体化，通过户籍制度改革将"农民工"转化为"新市民"；义务教育法中就近入学原则不应仅指户籍所在地更应包括经常居住地。① 鉴于经费投入是关键，有研究者提出应强化中央政府的主体地位、建立中央财政补偿和经费预算单列等几项制度。② 针对留守儿童的学业、心理、生活、安全等各方面的问题，有研究者提出要扩充优化农村教育资源，加强留守儿童受教育全程管理，构建社会关爱服务机制，发挥农村社区功能。③

城乡教育一体化问题。推进城乡义务教育一体化事关教育公平和均衡发展，是实现城乡教育协调发展的动态进程；城乡一体化体现在管理统筹化、布局合理化、资源配置均等化、吸引力同样化、学生发展机会平等化、与城镇化发展协调化等方面。④ 城乡教育一体化要通过破解城市"择校热"，克服县镇"大班额"等问题，走出"城挤、乡弱、村空"的困境，实现公平而有质量的教育。⑤ 推进城乡义务教育一体化，责任在政府，重点是通过综合改革破除制度障碍。⑥ 加强乡村教师队伍建设是城乡教育一体化建设的重点，有研究者提出要提升农村教

① 参见温辉.农民工子女义务教育平等权——问题与法律保障 [J].国家行政学院学报,2007（2）；杨东平,陶红,李阳."围堵"和创新：解决流动儿童义务教育的地方政府行为研究 [J].清华大学教育研究,2011（6）；邬志辉,李静美.农民工随迁子女在城市接受义务教育的现实困境与政策选择 [J].教育研究,2016（9）.

② 参见陈恒,邬跃.完善城市务工人员子女义务教育政策的思考 [J].华东师范大学学报（教育科学版）,2007（3）；付尧,孟大虎.农民工子女义务教育供给研究——基于成本分担理论的分析 [J].教育发展研究,2008（17）；范先佐,彭湃.农民工子女义务教育经费保障机制构想 [J].中国教育学刊,2009（3）.

③ 参见任强,唐启明.我国留守儿童的情感健康研究 [J].北京大学教育评论,2014（3）；段成荣,吕利丹,王宗萍.城市化背景下农村留守儿童的家庭教育与学校教育 [J].北京大学教育评论,2014（3）；梅纳新.创新社会治理体制下农村留守儿童教育问题探析 [J].中国教育学刊,2014（10）.

④ 参见李玲,等.城乡教育一体化：理论、指标与测算 [J].教育研究,2012（2）；张旺.城乡教育一体化：教育公平的时代诉求 [J].教育研究,2012（8）；张雅光.推进城乡义务教育一体化发展对策研究 [J].教育探索,2018（2）；杨挺,李伟.城乡义务教育治理40年 [J].教育研究,2018（12）.

⑤ 参见褚宏启.城乡教育一体化：体系重构与制度创新——中国教育二元结构及其破解 [J].教育研究,2009（11）；李玲,黄宸,薛二勇.新阶段城乡义务教育一体化发展评估研究 [J].教育研究,2017（3）.

⑥ 参见黄龙威,邹立君.城乡教育统筹发展：目标、责任与监测 [J].教育研究,2009（2）；褚宏启.教育制度改革与城乡教育一体化——打破城乡教育二元结构的制度瓶颈 [J].教育研究,2010（11）；柯春晖.城乡统筹发展中的教育政策取向和政策制定 [J].教育研究,2011（4）；邬志辉.城乡教育一体化：问题形态与制度突破 [J].教育研究,2012（8）.

师待遇，要提升农村教师专业水平，要建立中央统一领导、省级统筹、分级管理、专编专用的教师编制动态核定管理机制，加大交流力度，统筹安排城乡师资。①

学校布局调整问题。重点针对农村的撤点并校问题。有研究者提出，农村学校布局调整应以"就近入学"和"接受高质量教育"为前提，从实际出发，不能"一刀切"。②调整学校布局对政府来说不仅是权力，更是义务，不能因为追求效率侵犯学生"就近入学"的权利。③要科学规划农村学校布局，避免盲目的"学校进城"，要因地制宜地布局不同规模的学校。④

义务教育择校问题。治理择校一直是城市义务教育治理的重点，虽经多年治理，但没有完全根除问题，理论上关于择校行为的争论也较多，既有支持者，也有反对者。反对者认为择校行为根源于城乡二元结构和精英主义教育制度，违背了义务教育的普及性、基础性、公益性和公平性；择校现象与就近入学规则冲突，与免费入学规则冲突，使就近入学异化为"买房择校"；择校行为对因教育分层导致的社会分层有强化作用，反过来又会加剧教育机会的不公平。⑤一些支持者认为，现有的择校治理并没有发挥应有的效应，与其默许异化的"买房择校"，不如以择校政策作为落实学生受教育权的一种选择；从满足家长和学生需求的角度来看，择校应当是家长和学生的正当权利，而不是义务；义务教育均衡发展并不能成为禁止择校的理由，并且均衡只能是相对的均衡，应把

---

① 参见庞丽娟，金志峰，杨小敏.新时期乡村教师队伍建设政策研究 [J].中国行政管理，2017（5）；刘善槐，王爽，武芳.我国农村小规模学校教师队伍建设研究 [J].教育研究，2017（9）；周国斌，杨兆山.论城乡教师交流政策的完善与落实 [J].教育研究，2017（11）；邬志辉，陈昌盛.我国义务教育阶段教师编制供求矛盾及改革思路 [J].教育研究，2018（8）.

② 参见汪明.关于农村中小学合理布局的几点思考 [J].教育研究，2012（7）；刘善槐.科学化·民主化·道义化——论农村学校布局调整决策模型的三重向度 [J].教育研究，2012（9）.

③ 参见胡劲松，吴晓梅.论义务教育学校布局调整——保障受教育者"就近入学"的视角 [J].清华大学教育研究，2013（1）；杨东平，王帅.从网点下伸、多种形式办学到撤点并校——徘徊于公平与效率之间的农村义务教育政策 [J].清华大学教育研究，2013（5）.

④ 参见杨东平.关于深化教育领域综合改革的思考 [J].清华大学教育研究，2013（1）；傅维利，刘伟.学校规模调控的依据与改进对策 [J].教育研究，2013（1）；褚宏启.城镇化进程中的教育变革——新型城镇化需要什么样的教育改革 [J]教育研究，2015（11）.

⑤ 参见李湘萍.义务教育阶段择校行为与教育机会分布公平性研究——基于中国 18 个城市居民家庭教育选择支出的实证分析 [J].教育研究，2008（3）；刘远碧.从义务教育的性质反思我国的重点学校制 [J].河北师范大学学报（教育科学版），2008（11）；于忠海.义务教育择校收费问题反思：制度善和公正的视角 [J].教育发展研究，2009（9）；王代芬，王碧梅."买房择校"：被定格的教育机会 [J].教育学术月刊，2016（4）.

入学与就近入学区别开来，不断提高学生受教育的选择权。①

教育教学问题。基于义务教育中违背教育教学规律、违背义务教育培养目标的情况，研究者对育人为本理念、素质教育、核心素养等问题进行了探讨。有研究者提出义务教育必须以育人为本，把立德树人作为根本任务；德育应回归于人自身，观照人生幸福，让学生在教育中感受幸福；要警惕教育过程中"工具理性"的僭越，激发每个学习者的学习潜能，培养全面发展和个性自由的人。②关于素质教育，有研究者提出要承认儿童之为儿童的特性，保障儿童的基本利益，引导儿童生活的敞开，引导儿童享用生活。改变"以知识为本"的教育理念，改变过度看重分数和升学率的功利主义倾向。③有研究者提出加强核心素养为学生成长固本强基。核心素养总框架的建构应兼具个人价值和社会价值，包括社会参与、自主发展和文化修养三个领域十二项核心素养指标。应推进个性化教育，使核心素养成为课程改革的原动力，成为深化教育教学改革的新生长点。④

（二）合法性以及针对义务教育的合法性研究

合法性历来是政治哲学史的核心议题。哈贝马斯（Jürgen Habermas）曾指出，政治合法性研究的源头"至迟也是从亚里士多德开始的"⑤。从合法性理论的演变来看，其要旨是公众"对统治权力的承认"问题。⑥统治与被统治、命令与服从一直是合法性的主题，政治统治的权威和公众对政治系统的认同与忠诚，是关于合法性的最一般描述。不过直到马克斯·韦伯（Max Weber），才直接提

①参见周峰.试论基础教育均衡发展的若干问题 [J].教育研究，2002（8）；刘秀峰.初衷与现实：就近入学政策的困境与走向 [J].四川师范大学学报（社会科学版），2017（2）；王亚明."就近入学"和"自主择校"的平衡进路 [J].岭南学刊，2017（5）.

②参见孟建伟.教育与幸福——关于幸福教育的哲学思考 [J].教育研究，2010（2）；鲁洁.道德教育的根本作为：引导生活的建构 [J].教育研究，2010（6）；刘同舫.人类解放视域中的教育价值合理性探析 [J].教育研究，2010（8）；肖绍明，扈中平.教育人性化的个体价值取向 [J].教育研究，2010（9）；瞿博.育人为本：教育思想理念的重大创新 [J].教育研究，2011（1）

③参见张旺.人的类生命与素质教育 [J].教育研究，2010（8）；史宁中.推进基于学科核心素养的教学改革 [J].中小学管理，2016（2）；程亮.儿童利益及其教育意义 [J].教育研究，2018（3）；金生鈜.学校教育生活之于儿童的意义——对儿童享用教育生活的现象学解释 [J].教育研究，2018（6）.

④参见李艺，钟柏昌.谈"核心素养" [J].教育研究，2015（9）；褚宏启，张咏梅，田一.我国学生的核心素养及其培育 [J].中小学管理，2015（9）；刘鸿儒，凌秋千.基于"个性化"教育向度的"核心素养"培育 [J].现代教育管理，2015（8）；顾明远.核心素养：课程改革的原动力 [J].人民教育，2015（13）.

⑤[德]哈贝马斯.交往与社会进化 [M].张博树，译.重庆：重庆出版社，1989：186-187.

⑥[法]让-马克·夸克.合法性与政治 [M].佟心平，王远飞，译.北京：中央编译出版社，2002：12.

出"政治合法性"这一核心概念。围绕合法性的基础或来源，一直存在着不同的理论观点。规范主义合法性把正义和美德作为基础，经验主义合法性则将政治系统的合法性标准规定为被统治者对统治者命令的服从。哈贝马斯在对上述两种解释方式批判的基础上，提出了重建性的合法性理论，认为合法性意味着某种政治秩序被认可的价值，试图将规范主义与经验主义结合起来，克服规范主义和经验主义合法性理论各自的缺陷。之后，关于合法性的研究十分丰富，但基本上都离不开上述几种合法性的解释方式。

合法性作为政治研究的核心话题，对其他学科没有排他性。让-马克·夸克（Jean-Marc Coicaud）认为："哲学、政治学、法学、社会学、政治人类学也同样将合法性作为其优先研究对象。"① 合法性最初用于研究国家的统治类型或政治秩序。随着现代国家制度的发展演变，政治学科中关于合法性的研究视角，也在不断发生着变化。比如，伴随着行政国家的兴起和政府行政权力的扩张，公共行政因面临艰巨和复杂的挑战而出现深刻的危机，合法性研究因此成为当代公共行政中最重要的问题。随着公共管理理论的发展，以国家强制力为后盾的公共政策，作为政府行政职能的重要工具，其合法性问题也逐渐引起了研究者的关注。除此以外，还涉及法律、立法程序、非政府组织的合法性等。国外对教育的合法性研究，多集中在学校组织的内部合法性，集中在学校的管理层面，比如学校管理中的权威问题等。总之，国外对于合法性的研究，早期偏向于将合法性理解为统治者所认可的价值与被统治者认可的价值的同一性，其后开始注重合法性理论作为分析工具的价值，开始关注政府内部管理的合法性，并不断延伸到对组织合法性的形式、程度以及构成进行的研究。

国内合法性的研究也始于政治合法性，不过，现在已经由单学科概念发展为多学科概念，并由研究热点渐趋成为一种分析工具，研究涉及的领域越来越广。如上述提及的公共行政的合法性、公正政策的合法性等。如有研究者指出，公共政策"作为有约束力的行为规范，它应当与现行法律相一致；作为行动方案，它应当具有可行性和合理性"②。政策合法性是指政策的制定与执行符合法律，利益相关者对利益分配能达成共识，政策能获得认同、服从和支持。③ 关于教育

---

① [法] 让-马克·夸克. 合法性与政治 [M]. 佟心平，王远飞，译. 北京：中央编译出版社，2002：12.

② 占志刚. 公共政策的合法性与合理性分析 [J]. 行政论坛，2004（2）.

③ 柯士雨. 我国社会转型时期政策合法性问题研究 [D]. 福州：福建师范大学，2005：13.

制度的合法性研究，正是在这样的背景下展开的。

　　不过从现有期刊网站收集到的文献来看，就教育问题直接以"合法性"作为篇名的文献不足 50 篇，其中又分为关于学前教育、高中教育、高等教育制度及相关问题的，有关整个教育阶段相关问题合法性研究的不足 10 篇，其中直接针对义务教育制度或者义务教育问题合法性研究的更少，与本书研究主题最相近的是赵爽的博士学位论文《教育政策合法性研究》（2005，东北师范大学），另外还有个别关于在家上学、就近入学、择校的合法性问题研究。

　　还有一些义务教育制度或相关问题的研究文献，其关键词包括了"合法性"，但为数很少。另外也有一些文献的篇名和关键词中都不包括"合法性"，但实际上是从合法性的视角来分析研究问题，比如有的使用了"正当性""价值分析"等字眼，但更多的是从"合法律性"这一狭义的合法性角度分析研究问题的。

　　关于教育制度或政策的合法性问题，赵爽在《教育政策合法性研究》一文中提出，教育政策合法性是教育政策权威的根源，教育政策之所以有效，就源于教育政策在合法性基础上被认同和接受。该文从主客关系属性、合法性与合理性的证明关系、内容与形式的区分三个方面界定合法性的范畴，将教育政策合法性规定为教育政策规范的有效性，提出大众的认同是教育政策合法性的基础。"教育政策合法性就是人们对于国家调整的教育权利和教育权力、分配教育资源的依据的认同，并因此自愿遵守教育政策。"①该文有关权威、认同、有效等概念的使用，已切中合法性的关键，但对于狭义的合法性涉及不多，并且在论证过程中又提出"教育政策合理性问题是教育政策合法性的现实转化"②，具有一定的不彻底性。

　　《教育政策合法性研究》受到刘复兴关于教育政策价值的影响，在其教育政策价值中，教育政策合法性是其中的一个向度。"所谓教育政策的合法性，是指教育政策的价值选择符合某些普遍性的规则、规范，如法律、社会价值观、意识形态、传统典范乃至社会习惯等，并由此在社会范围内被承认、接受和遵守。"③在教育政策价值分析的三维模式中，教育政策合法性是其三维模式的一个问题域，教育政策的合法性的本质就被定义为教育政策价值选择的正当性，而正当性的基础是符合目的性。此种意义上的教育政策合法性具有一定的片面

---

① 赵爽 . 教育政策合法性研究 [J]. 长春：东北师范大学，2005：43.
② 同上，79.
③ 刘复兴 . 教育政策价值分析的三维模式 [J]. 教育研究，2002（4）.

性，但毕竟是开了教育政策合法性研究的先河，具有重要的意义。

不仅是《教育政策合法性研究》，此后关于义务教育相关问题的合法性研究，大多受到教育政策价值研究关于合法性概念或者《教育政策合法性研究》的影响。有研究者对"指标到校"政策进行研究时，首先追问政策的实际效果，同时也开始追问政策价值的合法性和理性边界，提出"教育政策的终极价值在于其正义性和正当性"，教育政策的"价值诉求及其面对的可能的价值困境，将是判断其政策合法性的价值基础和解决问题的逻辑出路"。①有研究者对"一费制"政策进行价值分析时也提出："合法性表明教育政策价值选择的正当性、有益性和公平性等特征，其本质是教育政策价值选择的目的性，也就是价值选择要符合人们的需要、价值理想和追求。"②不过总体而言，目前尽管也有零星关于义务教育具体制度合法性的研究，但还没有将义务教育制度作为整体进行合法性研究的成果。

（三）对义务教育制度及其合法性相关研究的反思

新中国成立以来，我国的教育总体上都由政府推动，教育也一直作为评价地方政府政绩的一个标准，在教育领域政府具有绝对的权威地位。反过来，教育制度的组织实施乃至教育改革也成为塑造政府权威的主要依据。然而，长期以来，在人们对义务教育改革发展的成就一片赞扬之时，对其存在的问题也有目共睹，尤其在新的条件下，人们对优质均衡教育的渴求，也使得各级政府在教育领域的权威面临着新的全面挑战。政府在教育领域的权威来源于什么？这无疑是一个教育制度的合法性问题。义务教育制度同样如此。通过上述的分析，笔者以为，目前义务教育制度及其合法性的相关研究存在三个方面的不足。

一是把义务教育制度作为整体研究对象的成果不多。从对改革开放以来义务教育研究关注的问题梳理来看，除了 20 世纪 80 年代初期义务教育立法之前对义务教育制度有过整体研究，探讨什么是义务教育、我国实施义务教育制度的必要性与可能性、如何推行义务教育以外，其后义务教育研究中关注的问题几乎都是针对具体制度的。资源配置、教育公平、均衡发展、择校治理、学校布局调整、弱势群体教育、培养目标、教学效果等等，这些问题可能在每一阶段的表现形式不完全相同，但这些问题反复出现，有的问题以新的面貌出现，

---

① 王东. 指标到校：价值困境及其突破 [J]. 教育发展研究，2016（12）.
② 吴郁芬. "一费制"政策的价值分析 [J]. 北京教育学院学报，2005（3）.

有的问题甚至愈演愈烈，呈现了剪不断、理还乱的现象。所以，如果不能从整体上对义务教育制度进行系统的研究，就很难形成整合性的理论，很难保证教育领域综合改革的深化，这也是长期以来义务教育中有些问题无法得到根本解决的原因。

二是从合法性角度对义务教育制度进行的研究较少。义务教育制度的有效性、公众对义务教育的认同、政府在推进义务教育制度中的权威，这些问题从根本上是义务教育制度的合法性问题。但目前从合法性的视角来分析、研究义务教育的还比较少。就义务教育制度中的具体问题而言，不同的研究者基于各自不同的学科背景，从各自的理论和视角出发，按照不同的评价标准，对同一个问题甚至给出了截然相反的解决方案。可以说，随着对义务教育的研究不断深入，研究的问题越来越细，复杂性越来越高，解决的难度也越来越大。如，有的研究者从法学研究的角度，将"就近入学"制度作为学生的一项基本权利来界定，对择校制度作出一种负面的评价；而有的研究者则从教育学的立场出发，提出自由择校是学生的一项基本权利，"就近入学"制度某种程度上侵犯了学生的自由权利。其实，"就近入学"制度的本意是出于保护学生的受教育权，并无限制学生自由选择权的初衷；而对择校的限制，也是出于教育公正的考虑。合法性理论可以作为一种整合性分析框架，更好地应对义务教育理论和实践中的问题与矛盾。

三是义务教育制度合法性研究不够深入、系统。除从合法性角度对义务教育制度进行的研究较少这个不足以外，就现有的研究来看，还缺乏深入性、系统性。主要有几个方面的表现。首先，是合法性概念的使用混乱。有的从合法律性角度使用合法性概念，有的则从合理性、正当性等角度使用合法性概念，甚至有的用了合法性之名，研究中并无合法性之实。其次，是对合法性理论的内涵把握不准。尽管不同学科对合法性理论的运用越来越普遍，但就义务教育领域的相关研究来看，由于本身对合法性理论把握不透，在将其作为工具进行使用时，难免有所错漏。最后，是合法性理论与义务教育制度的结合不够紧密，尚未建构起比较完善并且符合教育规律和特点的合法性逻辑体系，宏观上呈现为理论基础薄弱，微观上也不能为义务教育具体制度的研究提供有效的批判和反思工具。

上述义务教育制度及其合法性相关研究存在的不足，为本书的研究留下了空间。事实上，目前关于学前教育合法性的研究刚刚起步，关于高等教育合法性的研究相对来说更多一些，研究的内容也更广泛，但相关研究缺乏深入性和系统性、合法性概念使用混乱、合法性理论的内涵把握不准等问题在高等教育合法性的研究中同样存在。这一方面说明了教育制度合法性研究的紧迫性，另一方面也说明了开展义务教育制度合法性问题研究的价值和意义。因此，寻求合法性理论在教育学中的应用，以一种新的分析视角，实现义务教育制度的研究由对问题的关注向制度合法性的转换，成为一个重要的研究课题。要正确看待并从根本上真正解决义务教育长期存在的诸多问题，必须充分把握义务教育制度的整体，设计整合性的评价标准和分析框架。合法性理论作为一种分析工具提供了这样一种契机。在合法性的视角下，上述义务教育纷繁复杂的问题，在合法性框架下，都以新的形式展现出来，这些问题的核心指向义务教育的权威，权威的体现指向认同，认同的标准取决于义务教育的制度设计是否科学合理、义务教育的目标是否达成、是否取得实际的效果等。在对义务教育制度合法性反思的基础上，通过深化改革提升政府在推进义务教育制度实施上的权威，成为研究和解决义务教育面临的问题和危机的一种新的理论视角和实践路径。

三、研究思路和研究方法

本书将运用合法性理论对中国当代的义务教育制度进行阐释，把义务教育的合法性理论阐释作为研究对象，并以此探寻中国当代义务教育制度的整合性分析框架。研究思路如下：

首先，坚持问题导向，在对义务教育的制度基础、中国当代义务教育的制度运行及其改革发展中的现实问题进行分析考察的基础上，通过对教育制度理论逻辑及其实践中的逻辑异化现象进行研究反思，提出义务教育制度可能面临的认同危机和权威失落。

其次，以义务教育制度的认同危机和权威失落为起点，在对合法性概念和合法性理论的内涵进行分析的基础上，将合法性理论作为分析工具，创造性地运用于教育学和教育制度的研究，提出研究制度合法性的整合性分析框架。按照形式有效、实践实效和价值共识的合法性标准，提出教育制度合法性的三个维度，即规则维度——合法律性；价值维度——合目的性；实践维度——合实效性，并在此基础上构建义务教育制度合法性的理论逻辑体系。

再次，按照义务教育制度的合法性理论逻辑体系，分别对义务教育制度的合法律性、合目的性、合实效性的相关理论和实践问题进行分析考察，借此对教育制度的整合性分析框架进行检验。

最后，结合新时期教育现代化的目标和任务，对义务教育制度的完善和义务教育的改革发展提出建议，提出基于合法性建构的现代义务教育发展策略。

本研究的技术路线如图 1：

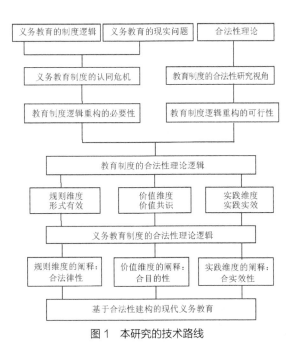

图 1　本研究的技术路线

基于上述研究思路和技术路线，本书将采用跨学科的分析视角，并从两个方面进行考虑。一是基于对教育性质的分析。教育是社会大系统的子系统。教育既有自身的逻辑，也受到其他社会子系统诸如经济、政治、文化的影响，当然教育也会对社会其他子系统产生影响。"社会的教育问题"和"教育的社会问题"事实上是同时存在的，一些教育中的问题，并非单靠教育系统自身就能解决，而需要社会大系统诸要素间的协同推进。二是出于合法性研究自身的需要。虽然合法性最早是政治学的主题，但合法性并不是政治学独有的研究对象，它本身就有跨学科的基因，正因如此才会成为多学科研究的分析工具。用合法性理论来研究教育问题，同样离不开跨学科的分析视角。

在跨学科的分析视角下，本书将主要采用理论建构的研究方法。具体就是充分借鉴和利用合法性理论，将其作为分析工具进行义务教育制度的研究，通过构建义务教育制度合法性理论逻辑体系，建立对义务教育制度研究的整合性分析框架，克服义务教育制度研究的碎片化、零散性的缺点。在进行理论建构的同时，本研究将坚持三个结合：

一是坚持问题导向与目标导向相结合。理论建构的直接目的是寻求义务教育制度研究的科学方法，更进一步的目的是解决义务教育制度运行中的问题；同时，为了解决义务教育制度运行中的问题，又必须从义务教育实践中的具体问题出发，来分析原因、寻求对策。以义务教育制度合法性理论建构为主旨，坚持问题导向与目标导向相结合，是避免制度研究中"头痛医头，脚痛医脚"现象的有效方法。

二是坚持历史分析与逻辑分析相结合。坚持历史和逻辑的统一，是马克思主义辩证法的基本要求，具有重要的方法论意义。本书将合法性理论建构的基础，建立在对义务教育的发展史、义务教育制度的变迁史、义务教育研究史的梳理之上，从历史事实、史料文件中发现理论逻辑的基础和规律，使理论逻辑充分反映历史发展规律，从而实现对义务教育制度的研究由"问题史"向合法性的理论转换，是一种通过历史认识现实、通过历史揭示规律的科学思维方式。

三是坚持整体建构与局部分析相结合。本书在坚持问题导向和目标导向，坚持历史与逻辑统一的基础上，构建整合性的义务教育制度合法性分析框架，同时又利用这一整合性分析框架回归对具体义务教育制度的研究，通过对义务教育中的权利义务关系、就近入学、撤点并校、择校治理、课程改革等重点问题的分析研判，在检验合法性整合分析框架的同时，也对义务教育制度的完善和义务教育的发展提出对策建议，充分体现了理论构建的意义和价值。

目前，无论是有关义务教育制度的研究成果，还是有关合法性的研究成果，都可谓汗牛充栋，但对义务教育制度和合法性二者结合进行的研究还比较少。本书以教育制度运行和义务教育实践中的问题为突破口，以对义务教育制度的认同及其权威性为切入点，将义务教育制度与合法性理论的研究相结合，通过构建教育学科中合法性分析的逻辑体系，将义务教育制度的研究从"问题史"转向合法性，并以跨学科的视野，将义务教育的实践问题转向理论思考，通过理论建构的方法，建立义务教育制度合法性的整合性分析框架，深化对义务教育改革与法治的认知路径，提出进一步推进义务教育改革发展的可行性建议，不仅丰富了教育制度研究的内涵，也是对教育基础理论研究的一种方法创新。

第一章

义务教育制度及其当代实践的反思

　　20 世纪 80 年代初，世界上已经有 168 个国家和地区实施了义务教育，我国当时还没有实行义务教育。1985 年，《中共中央关于教育体制改革的决定》首次正式作出实施九年义务教育的决定；1986 年，《中华人民共和国义务教育法》出台。此后，经过 30 多年的发展，义务教育的成就令世人瞩目。然而，这些成绩的背后也存在着许多问题，有的问题还呈现愈来愈严重的趋势。新时代面对新矛盾，我们应该以什么样的视角来看待义务教育，义务教育制度的理念、原则、机制如何优化，问题和矛盾如何去化解，这需要我们运用一个全新的视角和综合的分析框架，在历史和逻辑中不断寻找完善义务教育制度的现实出路。

第一节　新中国义务教育的发展历程

　　中国传统社会里没有义务教育。清末民初，在我国向民族国家过渡阶段，义务教育制度被从国外引进并逐步确立。1904 年，清政府颁布《奏定学堂章程》，规定了在全国实行的学制，将小学规划为强迫教育阶段。1915 年，中华民国也公布了《国民学校令》。但是，直到 1949 年新中国成立，学龄儿童的入学率都只有 1/5 左右。新中国成立以后，特别是改革开放以来，我国积极推行普及教育，大力普及和发展义务教育。根据教育部公布的数据，到 2018 年我国小学学龄儿童的净入学率达到 99.95%，中国也是唯一实现全面普及九年义务教育的发展中人口大国。

　　义务教育是国家统一实施和保障的公益性事业，尽管我国在清末即开始进行探索，中华民国时期也通过立法予以推进，但真正普及义务教育到新中国成立以后才得以实现。回顾新中国成立后的义务教育，大致可以分为三个发展阶段。

一、以小学为重点的普及教育的推行（1949—1976年）

从1949年新中国成立到"文化大革命"结束，为我国教育特别是小学教育的普及推广阶段，也可以说是对义务教育的艰难探索阶段。这一阶段的普及教育义可以分为三个时期。

第一个时期是1949—1957年，为普及教育的奠基时期。1949年12月新中国召开第一次教育工作会议，会后确立了由小学和中学组成的基本学制，并开始推动小学教育的普及工作，教育开始面向大多数人开放，先后提出两个普及小学教育的计划，并动员全国上下大力实施。

第二个时期是1958—1965年，为普及教育的调整提高时期。"大跃进"在初等教育领域导致了普及教育的攀比和浮夸，1959年中央调整工作方针，进行有重点的建设初等教育。1960—1962年间，按照"调整、巩固、充实、提高"的方针对教育加强管理。

第三个时期是1966—1976年，为普及教育的曲折发展时期。"文革"初期，中小学纷纷"停课闹革命"，其后尽管学校教育的纷乱情况有所好转，但教育质量整体不高。

这一阶段，总体来讲，党和政府非常重视普及教育的推广工作。虽然受到了"文化大革命""大跃进"等政治运动的影响和冲击，但当时普及教育的目标比较明确。除了两个普及计划提出小学义务教育的普及任务，在20世纪70年代前半期还提出普及初中甚至高中的目标。尽管目标有些不切实际，但也足见当时对普及教育的重视程度。除此以外，当时为实现中央的普及教育任务，广泛动员，实施了一系列重要的制度、经费、师资等保障措施。

一是明确三级财政管理模式。为了普及小学教育，当时实行中央、省（市）、县三级财政管理模式，教育经费以县级政府投入为主，但在乡村，主要通过征收地方附加公粮解决。1955年，财政部、教育部规定中小学收取杂费办法，进一步扩大基础教育经费的来源。不过为了提高普及率，当时收取的学费比较低，对贫困家庭的学生还有减免和补助政策。

二是坚持"公办为主、民办为辅"的原则。具体就是城市学校和农村公办中小学由政府负责资金保障，工矿企业、农场、林场自己出资举办子弟学校。乡村民办中学、小学，尤其是村小，主要由社队集体和农民筹集经费、物资进行建设。

三是出台了提高教育质量的保障制度。首先是注重师资队伍建设，分别针对公办教师和民办教师提供基本的生活保障及福利待遇，吸引和稳定教师队伍。其次是实施城市和乡村、重点和非重点的教育双重二元结构。当然，这与当时城乡分治的二元管理模式密不可分。再次是制定学校规程或条例等教育制度，推行检查评比等各种措施，规范办学行为。

经过积极努力，小学教育的普及程度得到提高，1976 年小学学龄儿童入学率为 96%。1969—1976 年间，初中毛入学率平均也达到了 69.16% 左右。[①]当然，这些普及教育的成绩是在经费紧张、条件不足的情况下实现的，办学质量不高，初中的普及程度还偏低，需要通过普及义务教育进一步加强。

二、义务教育的起步实施和基本普及（1977—2000 年）

1977 年教育体系在"文化大革命"之后开始恢复调整，2000 年底基本普及九年义务教育，这是义务教育的第二个阶段。这一阶段又可以分为两个时期。

第一个时期是 1977—1990 年，在普及教育的基础上开始义务教育的起步。中共中央、国务院于 1979 年、1980 年多次对普及小学教育提出要求，并要求具备条件的进一步普及初中教育。1982 年，《中华人民共和国宪法》中规定普及初等义务教育；1985 年通过《中共中央关于教育体制改革的决定》，我国实现了由初等义务教育向九年制义务教育过渡的制度安排；1990 年，约占全国人口 90% 的地区普及初等义务教育，[②]初中的普及程度也得到了提高。

第二个时期是 1991—2000 年，为义务教育的加快推进和基本普及时期。1992 年，党的十四大提出，到 20 世纪末基本普及九年义务教育，基本扫除青壮年文盲（简称"两基"）；1993 年，《中国教育改革和发展纲要》重申，使基本"普九"成为 20 世纪 90 年代"重中之重"的国家战略。

义务教育从 1977 年的恢复调整，到 2000 年底的基本普及，得益于几个方面的共同作用：

一是义务教育的法制化建设。1982 年，《中华人民共和国宪法》首次以根本法的形式确立义务教育的法律地位。1986 年，新中国第一部义务教育专门法律颁布实施，此后于 1992 年出台实施细则，推进义务教育法的贯彻落实。1995 年，

---

① 廖其发. 新中国 70 年义务教育的发展历程与成就——兼及普及教育 [J]. 西南大学学报（社会科学版），2019（5）.

②《中国教育年鉴》编辑部. 中国教育年鉴 1991 年 [M]. 北京：人民教育出版社，1992：152.

《中华人民共和国教育法》颁布实施，该法对各级各类教育中的法律关系进行了规范，也有专门条款对义务教育中的权利、义务、法律关系以及义务教育的经费筹措等进行规定。该法颁布实施后，义务教育的法治化进程不断加快。

二是义务教育的规范化管理。首先是细化目标和标准。国家制定出台一系列制度文件，国务院于1989年批转《关于实施〈义务教育法〉若干问题的意见》，国家教委于1994年公布《关于在九十年代基本普及九年义务教育和基本扫除青壮年文盲的实施意见》等。其次是重视监督检查。1994年，国家教委出台《普及义务教育评估验收暂行办法》，对评估验收的范围、目的、项目、要求、程序、表彰、处罚等各项内容作出具体规定，强化对普及义务教育的检查评估，评估验收工作每年进行一次并公布结果，真正落实九年义务教育的普及。

三是义务教育的有力保障措施。中央和地方进行了广泛的社会动员，社会各界包括农民都踊跃出钱出力。20世纪90年代后，中央和地方政府加大经费投入力度，尤其在《中华人民共和国教育法》颁布实施后，大力扶持贫困地区的义务教育，各级政府积极履行普及义务教育工作的责任和义务，发挥了重要的保障作用。

经过全国上下方方面面的共同努力，2000年底"全国85%以上的人口地区普及了九年义务教育"，[①]与前一个阶段相比，义务教育的办学条件得到了极大改善。但是，这一阶段的义务教育也存在一些不足，比如义务教育的巩固程度不高，有学生中途流失现象；办学重心过低，民众负担过重，地区和校际差距较大，教育公平有待进一步加强。

三、义务教育的全面普及和均衡发展（2001年至今）

在实现"基本普九"的基础上，我国的义务教育在21世纪进入全面普及和均衡发展的阶段。这一阶段，又分为两个时期。

第一个时期是2001—2010年，为义务教育的全面普及阶段，工作重心是突破瓶颈，进行"普九"攻坚，着力解决贫困地区和农村义务教育的普及问题，出台《国家西部地区"两基"攻坚计划（2004—2007年）》，推进西部地区义务教育的攻坚任务。

第二个时期是2011年至今，为满足人们"有学上"之后对高质量教育的迫

---

① 袁贵仁. 中国教育 [M]. 北京：北京师范大学出版社，2013：36.

切需求，工作重心转向均衡发展，并着力推进城乡义务教育一体化发展。早在2005 年以后国家出台《县域义务教育均衡发展督导评估暂行办法》（教督〔2012〕3 号）和《关于深入推进义务教育均衡发展的意见》（国发〔2012〕48 号）。2010 年《国家中长期教育改革和发展规划纲要（2010—2020 年）》明确了"推进义务教育均衡发展"①的核心任务。

21 世纪以来，党和国家围绕义务教育全面普及和均衡发展采取了一系列措施。

一是健全义务教育管理体制。20 世纪 90 年代，由于"以县为主"的体制没有落实好，造成了义务教育的政府责任主体过低等一系列影响义务教育发展的问题。2001 年，《国务院关于基础教育改革与发展的决定》（国发〔2001〕21 号）颁布，其中对农村"以县为主"的体制作了进一步强调②。《中华人民共和国义务教育法》于 2006 年修订时，对义务教育的管理体制进行改革，在保留国务院领导、以县为主的基础上，首次提出省级政府的统筹问题，不再强调"地方负责，分级管理"，而是用以省统筹、以县为主的方式，对原有的体制进行了重大调整，对均衡发展的意义重大。

二是完善城乡经费保障机制。为规范收费和减轻学生经费负担，2001 年开始在农村贫困地区义务教育学校试行"一费制"收费办法；2004 年底，在全国全面推行，免收部分贫困学生学杂费，免费提供教科书，并补助贫困寄宿学生生活费（简称"两免一补"）。2005 年，《国务院关于深化农村义务教育经费保障机制改革的通知》（国发〔2005〕43 号）决定："全部免除农村义务教育阶段学生学杂费，对贫困家庭学生免费提供教科书并补助寄宿生生活费。"③2006年，《中华人民共和国义务教育法》专门对中央和地方负担的财政比例作出规定，明确义务教育阶段"不收学费、杂费"，同时也将"两免一补"由政策上升到法律，并于 2008 年秋季落实到位。

三是推进均衡发展。国家有针对性地采取措施，保障义务教育均衡发展。均衡合理地配置办学资源，对农村、边疆民族等贫困和薄弱地区加大投入；实施特岗教师计划，统筹义务教育教师资源；实施农村寄宿制学校建设工程、贫困地区义务教育工程、中小学危房改造工程，加强薄弱学校建设；关注特殊群体，

---

① 《中国教育年鉴》编辑部 . 中国教育年鉴（2011）[M]. 北京：人民教育出版社，2012：5.
② 《中国教育年鉴》编辑部 . 中国教育年鉴（2002）[M]. 北京：人民教育出版社，2002：62.
③ 《中国教育年鉴》编辑部 . 中国教育年鉴（2006）[M]. 北京：人民教育出版社，2006：75.

对流动人口子女、特殊儿童、农村女童的就学权利等予以专门保障。

四是推进城乡一体化发展。2015 年，《国务院关于进一步完善城乡义务教育经费保障机制的通知》（国发〔2015〕67 号）颁布，建立了城乡统一、重在农村的经费保障机制。2016 年，《国务院关于统筹推进县域内城乡义务教育一体化改革发展的若干意见》（国发〔2016〕40 号）规定，同步建设城镇学校、努力办好乡村教育等十项措施，对乡村及城乡接合部进行重点加强建设。2018 年，《中共中央 国务院关于实施乡村振兴战略的意见》和《中共中央 国务院关于打赢脱贫攻坚战三年行动的指导意见》先后出台，从乡村振兴、脱贫攻坚的新高度落实城乡义务教育一体化。城镇化是我国改革开放以来最显性的社会变迁过程，义务教育的发展仍然任重道远。

21 世纪以来，我国的义务教育得到了较高水平的发展，到 2010 年底全面普及义务教育，全国 2 856 个县（市、区）全部实现"两基"，全国"两基"人口覆盖率达到 100%。① 义务教育体制机制得到完善，均衡发展和城乡一体化发展得到了强化。但是在推进义务教育发展的过程中也出现过一些问题，比如农村的撤点并校问题，教育公平、择校治理等一些问题还没有得到根本解决，面对人们日益增长的对更加公平、更高质量的义务教育需求，还有不少问题需要解决。

第二节　义务教育的制度基础

从生物学和社会学的角度来看，教育是使个人记忆社会化和维持种族生存的必要手段，是个人与个人、集体与集体、上一代与下一代之间交流传递经验的主要形式。由于教育的演进经历了相当漫长的过程，我们甚至可以说它是作为人类社会的一种自然特征出现的。当然，这种作为自然特征的教育是一种非制度化的教育。随着文字、书写的发明，以及各种必要的政治经济条件的支撑，教育自出现以后也在不断发展，学校逐渐建立起来，教育进入制度化阶段，学校教育成为一种基本的制度。不过制度化教育的初期是一种特权教育，具有等级森严的各种歧视性限制，直到现代来临，因为义务教育的出现，世俗化、大众化的教育才由此产生。

---

① 《中国教育年鉴》编辑部 . 中国教育年鉴（2011）[M]. 北京：人民教育出版社，2012：168.

一、义务教育的内涵与特征

在中国，义务教育这个概念是舶来品，起源于西方，经由日本传入我国。义务教育的英文表述为"compulsory education"或"compulsory schooling"，意为"强制教育"，日本将其翻译成"义务教育"。按照学界通常的理解，义务教育是指由国家通过立法的形式，要求一定年龄阶段内的儿童、少年到学校接受的教育，学生接受义务教育通常要达到一定的年限或达到一定的程度。

虽然义务教育的理念已经有了数百年的历史，但关于义务教育的定义和内涵，从不同的角度，历来就有不同的解读。

从教育学的角度来看，义务教育的本质特征主要通过其功能来体现。从教育学的角度定义义务教育，除了强调义务教育的内容外，通常更加强调其功能，突出义务教育的基础地位，强调义务教育的对象是全体国民，并且是对个体进行的一种最低限度的教育。

从法学的角度来看，对义务教育的概念更加强调"义务"的规定性，强调法律要求公民接受义务教育的年限、程度等，或者是义务教育应该达到的标准。义务教育中的"义务"是多方面的，是针对不同主体的，既包括父母或监护人，也包括国家，当然不同义务主体的义务内容也是不同的，相比较而言，国家是义务教育中最主要的义务主体，应该承担义务教育的全面责任。

中国近代教育家姜琦等在《义务教育之研究及讨论》一书中针对义务教育，既强调义务的一面，又提出了权利的一面。关于义务，其指出义务教育是政府通过法令强迫父母让儿童入学去接受最少限度的教育，这对父母和儿童来说是义务；但同时也强调，使国民接受适当的教育，对政府来说也是义务，反过来，对国民来说，接受教育就成为国民的权利。[1]这是从权利、义务双重角度对义务教育含义的概括。

清末民初教育家袁希涛则在《义务教育》一书中，分别提出了国内人民、父母或其家长、国家及一般社会在义务教育中的义务。[2]当然，袁希涛虽是从义务的角度出发，但同时说明了上述不同主体各自的权利、责任和义务，具有一定的代表性。

---

[1]姜琦，等.义务教育之研究及讨论[M].上海：商务印书馆，1925：7.
[2]袁希涛.义务教育[M].上海：商务印书馆，1929：6.

《教育大辞典》将义务教育定义为："根据国家法律规定对适龄儿童实施一定年限的普及的、强迫的、免费的学校教育。"①《中国大百科全书·教育》将义务教育定义为："国家用法律形式规定对一定年龄儿童免费实施的某种程度的学校教育，也称为强迫教育、免费教育或普及义务教育。因其开始时实施的均属初等普通教育所以又称为初等义务教育。"②后者在对义务进行解释时，除了对学生入学的起始年龄、离校年龄以及义务教育应达到的标准进行强调外，也强调了父母或监护人的责任、国家的责任以及全社会的责任，与上述袁希涛关于义务教育的含义基本一致。

由以上不同定义或含义可以认为，义务教育是公民应该接受的最低限度的教育，是公益性事业，由国家统一实施并承担主要的保障责任。义务教育的公益性在国外也被充分强调，比如美国的《教育百科全书》就将义务教育明确为公共教育。③义务教育作为一项公益性事业，属于国民教育的范畴，所有适龄儿童、少年平等享有权利和义务。当然对于国家而言，更多强调的是其对举办学校、发展义务教育、保障公民受教育权的保障责任。

《中华人民共和国义务教育法》规定，凡具有中华人民共和国国籍的适龄儿童、少年，不分性别、民族、种族、家庭财产状况、宗教信仰等，依法享有平等接受义务教育的权利，并履行接受义务教育的义务。通过对上述国内外关于义务教育定义或含义的不同分析，义务教育的几个特征可以简单地概括为：普及性、强制性、保障性、时限性等。

普及性是义务教育最基本的特征，这一特征主要针对义务教育的实施范围，是对义务教育对象的说明。在实行义务教育的国家，对所有适龄儿童、少年一视同仁，平等对待。因此，义务教育的普及性实际上隐含着权利的平等性，这种平等体现为不分阶层、不分民族种族、不分家庭贫富，所有适龄儿童、少年在义务教育中享有机会平等、资源均等的平等权利。

与普及性密切相关的是强制性，强制性也是体现义务教育"义务"的最本质特征。"义务"一词在汉语中有强迫和免费两个基本的含义，同时义务教育

---

① 顾明远.教育大辞典（增订合编本）[M].上海：上海教育出版社，1998：1896.

② 中国大百科全书总编辑委员会.中国大百科全书·教育 [M].北京：中国大百科全书出版社，2002：487.

③ Lec Deighton. The Encyclopedia of Education Vol. 2 [M]. New York: The Macmillan Company & The Free Press, 1971: 375.

概念中"义务"英文单词的原意也具有"强迫"之意，而从各国义务教育立法的具体内容来看，义务教育对于个人来讲更是具有鲜明的强制性，因此义务教育才被称为强迫教育或强制教育。这种强制，一是指由国家强制力来推行，二是指由国家通过立法来保障。就所有的教育阶段来说，除义务教育以外，其他阶段的教育都带有自愿性。作为与其他阶段教育最显著的区别，"强制性"表现为三个方面：首先，义务教育对适龄儿童和少年来说是"强制性"的，不管是否愿意，适龄儿童、少年都必须入学，否则要承担法律责任；其次，义务教育对家长来说是"强制性"的，不履行送适龄子女接受义务教育这一强制性的义务，父母就要受到法律的制裁；最后，也是最需要强调的，义务教育对政府来说也是一种"强制"，政府要保障义务教育的实施以及教育服务的质量，这是法律对政府的要求，也是政府应该履行的责任和义务。

义务教育既然是强制性的，对国家和政府来讲，就要提供基本的保障，保障性因此成为义务教育的另一个特征，即"国家和社会必须为实行义务教育提供经济的、物质的条件和其他社会保障"[①]。保障性最重要的是经费保障，其核心又是义务教育是否免费的问题。就已有的相关研究来看，大部分人认为义务教育应该是免费的，即义务教育具有免费性。但各国提供的免费范围不同，有的仅仅免收学费，除此之外，有的还免收杂费，有的国家甚至还免费提供制服、早餐或者午餐、牛奶以及交通等等。我国的义务教育经历了由免收学费到免收学杂费的过渡，现在还免费提供教科书，同时国家设立助学金，帮助贫困学生就学，体现了义务教育免费性的特征。是否收费、收取部分费用还是费用全部免除，在义务教育的不同发展阶段，各国的做法不尽相同，但免费的义务教育将是必然的趋势。

义务教育的普及性、强制性、保障性，决定了义务教育的时限性，即义务教育提供的是具有一定时限的全民性基础教育，其长短由各国根据自己的国情和国力确定。在实行义务教育的国家和地区中，有实行 4 至 6 年义务教育的，有实行 7 至 9 年义务教育的，也有实行 10 至 12 年义务教育的，总的特征是随着经济社会的发展，出现了逐步延长的趋势。

---

① 王雁飞. 谈谈义务教育与义务教育法 [J]. 政法论坛，1986（4）.

二、义务教育的源起与发展

义务教育是全球性的教育现代化进程的一部分，中国的义务教育发展虽然有自身的特点，但也不会脱离全球教育现代化的整体进程。对中国义务教育制度的考察，也必须将其放到全球性的历史进程中去分析和把握。

义务教育制度自产生以来，得到了不断发展，这一方面得益于经济的进步以及义务教育制度自身的不断完善；另一方面也得益于相关教育理论、公共管理理论乃至政治理论的发展。这些理论通过回答以下几个问题，从不同方面促进了义务教育的发展。这几个问题是：为什么要发展教育？或者更进一步说，为什么要发展义务教育？义务教育的责任应该由谁来承担？这几个问题与教育的功能相关，与义务教育阶段的教育在整个教育和个人发展中的独特价值相关，最后也与义务教育的根本属性相关。综合起来分析，义务教育的产生和发展，一是工业革命对劳动者素质的要求，二是公民平等的受教育权的体现，三是由教育作为公共产品的属性决定的。

（一）工业革命对劳动者素质的要求

"生产的发展，科技的进步，劳动者素质的提高，科技尖端人才的培养，无一能离开教育的作用……教育是劳动力再生产的重要手段，它能够再生产人的劳动能力，可以改变人的劳动能力的性质和形态。教育也是科学技术再生产的重要途径，教育能够传达、储存和创造科学知识，教育又是把科学知识转化为生产者的劳动能力的中介环节。"[1]事实上，巨大的经济运动总是伴随着教育的扩展，这些事实也得到了西奥多·舒尔茨（Theodore W. Schultz）、保罗·罗默（Paul M. Romer）、罗伯特·卢卡斯（Robert E. Lucas）等人的现代人力资本等理论的论证。有研究表明美国在 1930—1960 年间，劳动力受教育为国内生产总值（GDP）的年均增长率提供了 25% 的贡献；长期教育的积累，对明治维新后日本经济的崛起作用巨大；诺贝尔经济学奖获得者詹姆士·海克曼（James Heckman）提出，教育投资对中国经济的回报率，甚至可能高达 30%~40%。[2]

教育对经济发展的作用毋庸置疑，为经济目的而对教育提出的需求不断增多。虽然教育的历史非常久远，但义务教育的出现才有几百年的时间。16 世纪，

---

[1] 黄济. 关于教育功能的几个问题 [J]. 北京师范大学学报（社会科学版），1991（6）.

[2] 赵全军. 中国农村义务教育供给制度研究（1978—2005）——行政学的分析 [D]. 上海：复旦大学，2006：19.

德国的新教运动领袖马丁·路德（Martin Luther）认为，个人只有通过受教育才能明敏地参与宗教和政府事务，这是最早的关于义务教育的概念。[①]17世纪，德意志魏玛公国公布学校法令，确立强迫教育制度，也就是从那时开始，才有了第一次通过立法来推行义务教育的实践。什么原因催生了义务教育在当时出现？一方面，随着人类社会生产的不断进步，为教育发展提供了充足的物质条件，使教育活动的物质手段发生了根本性的变化，特别是印刷出版术的采用，作为知识载体的书籍大量普及，为义务教育的出现提供了物质基础，但从根本上来说，对义务教育最直接的推动是资本主义生产方式和工业革命的出现。

在文艺复兴、宗教改革与启蒙运动的持续影响和推动下，从17世纪中叶开始，资产阶级革命先后在欧美主要国家爆发，在摧毁封建制度的同时，确立了资本主义制度的统治地位。资本主义制度的建立，极大地解放了生产力的发展，引发了轰轰烈烈的工业革命。工业革命是从工场手工业向机器大工业过渡，以机器为主体的工厂制度代替以手工技术为基础的手工工场的革命。第一次工业革命发生在18世纪下半叶，以蒸汽机的广泛使用为标志；第二次工业革命发生在19世纪下半叶，以电气的广泛使用为标志。工业革命不仅推动了技术的进步和生产的发展，还对社会产生了方方面面的影响，欧美初等教育的革命性变化也源于工业革命的深刻影响，这是因为教育培养人的劳动能力的规格，以及与培养劳动能力有关的教育内容，都受到社会生产力的制约。在工业革命的影响下，人们开始依靠知识代替和延伸人的体能进行生产，单靠在直接的生产劳动中进行的教育难以适应，社会生产力开始要求学校教育把培养从事机器大工业生产的工人和技术人员作为自己的重要任务。

随着工业革命的不断发展，社会不仅要求占人口大多数的生产工作者具有初等教育水平，也对社会全体成员提出了具有初等教育水平的要求，这就促使欧美各资本主义国家对教育普及产生了强烈的需求，也就逐渐产生了普及教育和强迫入学等新观念，也就是所谓的义务教育。事实上，资本主义生产方式和工业革命对社会的影响是全方位的，对义务教育的需求也不仅仅出于单纯的经济因素。义务教育通过使教育世俗化和大众化，促进了教育的根本性转型，对人类社会的生产生活带来了广泛而深刻的影响，一方面通过提高大众的知识、能力和素质，满足了经济发展对合格人才的需求；另一方面通过教育实现了促

---

① 张瑞璠，王承绪. 中外教育比较史纲（近代卷）[M]. 济南：山东教育出版社，1997：584.

进国民对民族国家政治和文化认同的作用，保障了国家意识形态的需求。据联合国教科文组织的调查报告，通过义务教育扫除文盲，对加速和保证国家的统一非常重要。特别是新独立国家，教育发展"是整个非殖民化过程的一个重要方面"。①正是经济、政治、文化等多方面的需要，促使资本主义国家在基础教育中加大投入，同时也将基础教育中的小学和初中等不同的阶段，通过国家立法的形式确立为义务教育。

（二）公民平等的受教育权的体现

制度化教育的初期是一种特权教育，直到义务教育，才出现世俗化、大众化的教育。世俗化、大众化教育的一个重要特征应该是平等的教育，不过，受教育权平等并不是在义务教育一出现就实现的。初期的义务教育在各国都是强迫教育，本质特征体现为父母的义务，并非学生和家长的权利。应当说，义务教育的推行一方面是因为资本主义发展经济的需要，另一方面，工人阶级出于对自身利益的维护，也对义务教育的发展起到了推动作用，并且直接促进了义务教育由义务向权利的逐步转变。

事实上，公民平等的受教育权的实现经过了漫长的发展过程，直到目前仍然是需要在实践中不懈追求的目标。在义务教育实施很长时间之后，直到第一次世界大战之前，西方资本主义国家的学校教育仍然划分为两个系统，一是专为资产阶级子弟设立的学校，二是为劳动人民的子弟设立的学校，在教育史上称为"双轨制"。"双轨制"在第一次世界大战以后才被取消，这除了是生产力发展要求的结果，当然也出于政治上的考虑和公民权利的发展。"教育有什么用处？对个人、对社会有什么价值？这讲的就是教育的职能或教育的功能问题。"②关于教育的功能，可以有个体功能与社会功能、本体功能与派生功能等不同的分类。从具体内容来讲，经济功能、政治功能、文化功能等，是教育的社会功能或教育的派生功能的主要内容；教育的个体功能与本体功能，则是指教育活动对个人的发展功能，发展人是教育首要的和最本质的功能。③上述工业

---

① 联合国教科文组织国际教育发展委员会. 学会生存——教育世界的今天和明天 [M]. 华东师范大学比较教育研究所，译. 北京：教育科学出版社，1996：56.

② 成有信. 教育的职能和教育的阶级性 [J]. 北京师范大学学报，1992（4）.

③ 关于教育的本体功能与社会功能的划分，学界也有不同的观点。有研究者不同意将教育的社会功能排除在本体功能之外，倾向于将社会功能有条件地纳入教育本体功能之中。本书基于社会发展最终是为了个体的完善这一立场，把个体功能视作本体功能，同时也将个体的社会化和个体的个性化视作教育的本体功能。

革命对劳动者素质的要求，一方面，说明了义务教育产生的原因；另一方面，也说明了教育的经济等派生功能。不过，除了派生功能，教育还有本体功能与个体功能，公民平等的受教育权主要是针对教育的个体功能而言的。

"教育的首要作用之一是使人类有能力掌握自身的发展……应使每个人都能掌握自己的命运，以便为自己生活于其中的社会的进步作出贡献。"[①] 这一论断就指明了教育的个体功能或者本体功能，就其实质而言，发展人是教育首要的和最本质的功能，受教育权是公民的基本权利，而国家则承担保障的义务。国家为什么要保障公民平等的受教育权？这是由公民受教育权的性质决定的。按照现代人权的理论，公民受教育权属于第二代人权，具有社会权的色彩。"有别于人身自由、精神自由和经济自由这样以避免国家过度干预为核心的第一代人权，第二代人权以要求国家积极履行作为义务的社会权利为主。"[②] 当然，消极权利与积极权利、第一代人权与第二代人权的划分，都不是非此即彼的关系，但不管如何划分，公民的受教育权需要政府的积极作为才能实现已经成为大家的共识。特别是发展义务教育，更是公民平等受教育权的直接体现。

教育是发展人的本质力量的重要手段，受教育权是其他一切人权的基础。基础教育是国民应该接受的最基本的教育，属于培养人和提高国民素质的奠基工程，义务教育是基础教育中的基础，狭义的基础教育就是指义务教育，因此，实施义务教育是公民平等受教育权的最好体现。进一步来讲，在义务教育过程中，也要将权利的平等作为基本要求。这一方面来源于受教育权的重要性，另一方面则来源于义务教育的性质。义务教育中的平等受教育权，要求国家和社会提供经济的、物质的条件和其他社会保障，因此，义务教育的平等权是一个不断实现的过程。目前义务教育中的平等受教育权，已是国际社会普遍承认的基本人权。联合国通过的《儿童权利公约》要求各缔约国实施机会均等和全面免费的小学教育，《经济、社会及文化权利国际公约》规定缔约国实施免费的初等教育。

（三）义务教育作为公共产品

公共性是经济学、政治学、管理学等多个学科使用的概念，与公共产品、

---

① 国际 21 世纪教育委员会.教育——财富蕴藏其中 [M].联合国教科文组织总部中文科，译.北京：教育科学出版社，2014：43.

② 湛中乐.公民受教育权的制度保障——兼析《义务教育法》的制定与实施 [J].华南师范大学学报（社会科学版），2016（3）.

公共组织等紧密联系。通常认为，教育涉及社会公共利益，属于公共事务，公共性一般也被视作教育的本质属性之一。虽然对教育的公共性问题仍然存有争议，不同的历史阶段或者从不同的视角来分析，也有不同的理解，但就义务教育而言，笔者以为，公共性是义务教育的本质属性，义务教育是一种公共产品。

公共性"指的是一种公有性而非私有性，一种共享性而非排他性，一种共同性而非差异性"①。根据公共经济学理论，个人消费公共产品不会导致别人对该种产品消费的减少，效用的不可分割性、消费的非竞争性和受益的非排他性是公共产品与私人产品的主要区别。在美国，义务教育的公共性最初通过"公共教育"或"公立学校"来体现。但最近二三十年来，义务教育的公共性也遇到了择校、教育民营化等问题，并因此带来关于其属性的争议，甚至有研究者提出义务教育只是出于效率目的"公共供应的私人产品"。②在国内，也有类似的争论。笔者以为，义务教育公共产品的性质决定了政府对义务教育的首要责任和主体地位，这种责任最直接的承担方式是由政府自己提供义务教育供给，不过从理论上讲，这并不排除市场等其他主体也能承担义务教育的供给，实践中的民办校等就是市场提供义务教育供给的方式，但是，我们也不能因其他社会力量提供义务教育的供给，就否定了义务教育的公共性。义务教育的责任主体和供给主体是两个不同的概念。

之所以会有上述争论，根本原因还是对于公共性的内涵有不同的理解，比如有研究者将公共性作为一种有关公共利益的精神和观念，有研究者将公共性与国家权力等特定对象联系在一起，还有研究者认为公共性代表公有性，等等。在不同内涵的基础上，对于公共性的实现方式也有不同的观点，如典型的自由主义公共观、干预论的公共观以及参与型公共观。③考虑到上述的争论，笔者认为，我们在看待义务教育的公共性时，既要考虑经典经济学的相关理论，又不能单纯地对标经典经济学的分类标准，"教育的公共性不应当是按照经典性经济学理论推演的结果，而应当是由教育在人类共同体所独有的使命决定的，即是由公共教育的教育学属性所决定的"④。因此，"公共性"并不是一个静态

① 王保树，邱本. 经济法与社会公共性论纲 [J]. 法律科学，2000（3）.

② [英] 安东尼·B. 阿特金森，[美] 约瑟夫·E. 斯蒂格里茨. 公共经济学 [M]. 蔡江南，等译. 上海：上海三联书店，上海人民出版社，1994：619-637.

③ 郭凯. 公共性与义务教育公共性述评 [J]. 广东教育学院学报，2009（2）.

④ 邵泽斌. 从"义务教育是公共物品"到"公共物品实行义务教育"——对教育公共性的一种教育学辩护 [J]. 广西师范大学学报（哲学社会科学版），2010（3）.

不变的概念，但其体现的利益共享性的本质属性不会变化。"教育作为公共事务，是公共领域中的通过知识自由创造、交流、传播而培养公民的社会实践。"①"教育的公共性内在于人类共同体的公共性追求和教育的公共性价值之间的深刻关联性。"②

从西方义务教育的发展历史来看，义务教育制度刚刚建立的时候，"主张自由放任、反对政府干预社会经济生活"是西方经济学理论的主流，但即使在当时，义务教育也不属于自由放任的范围。相关理论从未成年人保护、国家利益及其市场供应不足等几个方面予以论证。到公共物品理论产生以后，教育特别是义务教育的公共性更加明确。义务教育作为公共产品和具有公共性，导源于其外部正效应，"不仅仅受教育者本人会从义务教育产品的消费中受益，整个社群乃至社会也均会从中受益"③。上述基于经济学的分析，可以在教育学上得到证明，并通过分析义务教育的功能来体现。上文提到，教育不仅具有个体功能，而且具有社会功能，教育具有的社会功能是教育公共性的基础。

有研究者指出，"教育的事业性和产业性，也不是教育的固定属性，而是对教育活动在某一历史阶段运行特征的规定"④。也有研究者指出义务教育具有"公共性和私人性"的全息特征，⑤但这并不影响我们对义务教育公共属性的判断。教育的公共性是公民追求教育公共利益之基础，是教育公共权力行使和教育公共政策制定的依归。义务教育是现代民族国家重视发展教育的历史性选择，公共性是推进义务教育的改革发展所应考虑的首要因素。基于此，政府应该在教育中普遍地负有责任，就义务教育来说，政府更是要负完全责任。

三、义务教育制度的历史变迁

目前，虽然全球绝大多数国家实施了义务教育制度，但义务教育制度从最初的艰难确立到现在的广泛普及，前后也经历了几百年的时间。19 世纪 70 年代

---

① 金生鈜.保卫教育的公共性 [J].教育研究与实验，2007（3）.
② 邵泽斌.从"义务教育是公共物品"到"公共物品实行义务教育"——对教育公共性的一种教育学辩护 [J].广西师范大学学报（哲学社会科学版），2010（3）.
③ 赵全军.中国农村义务教育供给制度研究（1978—2005）——行政学的分析 [D].上海：复旦大学，2006：6.
④ 袁振国.发展我国教育产业的观念创新与政策创新 [J].教育研究，2002（4）.
⑤ 邵泽斌，张乐天.存在于公共物品与私人物品连续谱系中的义务教育 [J].教育研究与实验，2008（2）.

以后，西方国家的义务教育先后实行免费，并且大都颁行了专门的义务教育法令。第二次世界大战以后，各国将义务教育的规定纳入宪法之中。正是通过漫长的立法和实践过程，义务教育才逐渐普遍推行，并成为民族国家和现代社会建设中不可或缺的组成部分。作为一种正式的国家制度安排，义务教育的权利义务法律关系、义务教育的主体责任、义务教育的供给质量和供给标准、义务教育的人才培养目标以及义务教育中政府和市场的关系，这几个方面决定了义务教育制度的发展走向。自义务教育实施以来，这几个方面不断发展变化，并对义务教育制度的整体变迁产生了重要影响。虽然不同国家义务教育发展的时间阶段并不完全一致，但义务教育在发展过程中普遍受到这几个方面的影响。作为全球义务教育发展变迁的历史总结，我国在推进义务教育发展进程中也要充分顺应这些变化趋势和发展规律。

（一）围绕"义务"产生的法律关系的发展变化

"谁之义务？"这是义务教育的核心问题。通过历史分析，从16世纪一直到19世纪中期，西方国家实行的都是强迫教育，并且不是免费教育，所以这里的义务主要是父母的义务。如，1619年德意志魏玛公国率先公布的"义务就学规定"，其最初因推行新教教育的直接目的而广设学校，并且规定父母有义务送六至十二岁的儿童入学，否则政府将予以强制，这就是"义务就学法"的开端。[①]在这一过程中，确立强迫而非免费的义务教育形式，一方面受制于当时的思想认识，另一方面也与当时的经济水平有关。

到了19世纪70年代，西方国家开始实施免费义务教育，如英国于1870年通过《初等教育法》、德国于1872年颁布《普通教育法》、法国于1881年颁布《费里法案》、日本于1886年颁布《小学校令》等，均明确了政府的供给责任。与此同时，义务教育中的"义务"，也由父母单方的义务，逐渐转向国家与父母双方的义务，并且更加强调国家的义务，由政府通过开办公立国民小学的形式，推行免费的义务教育。由非免费转向免费，并且由国家承担主要义务，主要是因为各国日益认识到教育在经济、政治上的重要作用，而且，人们也逐步认识到，在义务教育问题上，只有国家才有能力负责制定全面的教育政策。此外，工人阶级觉醒后出于对自身利益的维护，团结起来展开斗争，也推动了普及和免费

---

① 赵全军. 中国农村义务教育供给制度研究（1978—2005）——行政学的分析 [D]. 上海：复旦大学，2006：8.

义务教育的实现。伴随着"义务"法律关系的变化，学生接受义务教育被作为一种权利日益受到重视，并在实践中逐步得到实现，后文将予以充分阐述。

（二）国家"义务"责任履行的发展变化

就上述义务教育的历史发展来看，由谁担负教育责任的问题，通过法律关系中的义务来看，变化是巨大的，仅就国家而言，其责任由哪一级政府履行，在历史上也不是固定不变的。从西方国家的实践来看，义务教育的责任经历了一个由基层政府逐步上移的过程。我国的义务教育实践也体现了这一演变趋势。

义务教育事权由基层政府不断上移，可以从义务教育的公益性来解释。首先，义务教育虽然既能使个人受益，也能使社会受益，但个人如果仅仅接受义务教育，并不能在社会中具备比较优势和获得较高收益，从比较意义上来说，义务教育使社会受益更多，因此其根本属性更偏向公共物品。同时，培养合格的国民是义务教育的重要目的，由于受过义务教育的学生在社会中是自由流动的，因此其受益范围是全国性的。即使抛开这个政治因素，单纯考察各级政府的行为目标，也能得出结论，义务教育应该主要是中央政府的责任。因为从理论上讲，保障义务教育受教育权的实现是一个利益再分配的过程。以协调发展和公平分配为价值取向的再分配职能，对中央政府来说更具有比较优势，而且本来就是中央政府的基本目标；相反，地方政府不具有全面协调能力，因为其自身空间和范围的区域性，决定了其目标的局部性。因此，从理论上讲，义务教育责任的履行必然向较高级别的政府乃至中央政府转移。

（三）义务教育供给质量和标准的发展变化

义务教育是由国家统一实施并承担主要保障责任的最低限度的教育。义务教育供给质量和标准的变化，主要体现在国家保障责任的内容上，突出表现为义务教育的年限和义务教育的免费范围。一是义务教育的年限不断延长。年限延长是指在义务教育发展过程中，先是普及初等教育，随后逐步延长义务教育的时间，向普及中等教育过渡，如英国在 1944 年通过《巴特勒法案》将义务教育的年限延长为 11 年，日本在 1947 年通过《教育基本法》把义务教育的年限延长为 9 年，法国在 1958 年通过《贝图安法令》将义务教育的年限延长为 10 年。[①]在不断延长义务教育年限的同时，学生学习的课程也得到了不断发展。二是免

---

① 赵全军．中国农村义务教育供给制度研究（1978—2005）——行政学的分析 [D]．上海：复旦大学，2006：9．

费范围不断扩大。这有两层含义，一是指义务教育不仅免收学杂费，而且还开始免收书本费、文具费等上学所需的其他费用，这是一种意义上的扩大免费范围；还有一种扩大免费范围的做法，就是在免费的基础上，国家还提供一些补贴，如有些国家针对困难群体和困难家庭，为其子女就学提供午餐及交通补贴。

就我国的义务教育政策来看，先是提出普及初等教育，1986 年立法规定普及九年制义务教育；开始实行"人民教育人民办"，后来逐步过渡到"义务教育政府办"，义务教育从收费到免费，再到对特殊困难群体补助也经历了一个发展的过程。

（四）义务教育人才培养目标的变化

义务教育的人才培养目标是义务教育制度独立性和独特价值的主要体现。但由义务教育的产生发展来看，教育自其产生之日起，就受到经济、政治、文化等其他社会实践活动的影响，具体到义务教育的人才培养目标同样如此。不过随着社会的发展，教育的独特价值越来越受到重视，在义务教育中的体现，就是人才培养的目标日渐从促进经济增长转变为实现人的发展，即由精英教育向大众教育转变。义务教育不再像过去那样，只是从教育对经济发展产生影响的角度来确定培养目标，而是更多地以一种促进人的发展的角度来确定培养目标。历史上，由于世界经济增长的不均衡，出于技术进步和现代化的压力，大多数国家出现了为了经济目的和人力资源的需求，而对教育提出的要求。但是，世界经济社会的发展已经证明，纯经济的增长已经不能对人的发展提供足够的保障。

现在，人的发展概念比传统的促进经济发展的理论要广泛得多。基础教育，特别是义务教育成为主要旨在促进人的发展的教育。教育的首要作用之一是使人类有能力掌握自身的发展。义务教育要为人发挥潜力创造条件，人既是发展的第一主角，又是发展的终极目标。因此，义务教育要通过下列四种学习，助推个人实现全面发展，这四种学习将是每个人一生中的知识支柱：学会认知；学会做事；学会共同生活；最后是学会生存，这是前三种学习成果的表现形式。[1]

（五）政府与市场关系的变化

在义务教育发展到一定阶段以后，主要由国家承担免费义务教育的供给责

---

[1] 国际 21 世纪教育委员会 . 教育——财富蕴藏其中 [M]. 联合国教科文组织总部中文科，译 . 北京：教育科学出版社，1996：75.

任，义务教育被视作公共事业，与义务教育相关的机构也成为政治制度或行政机构的一部分。但是，随着义务教育的进一步发展，到了 20 世纪 80 年代以后，由国家垄断的教育供给方式因其僵化的体制无法满足高效和多样化的教育需求，逐渐引起人们的不满。义务教育制度作为公共事业遭遇的危机，在西方国家进而在世界范围内带来了一场教育变革。"这场运动的核心就是引进市场机制，希望通过市场的力量提高教育效率、确保教育质量，以更灵活的方式满足消费者的不同需要。"①但西方国家市场化因素的引入，已经对义务教育造成负面冲击，包括义务教育的公平性、公益性都受到了一定程度的冲击，政府与市场的关系成为义务教育面临的一个长期问题。

中国的义务教育在发展过程中也经历了类似的变化。尤其是在计划经济体制下，义务教育由政府举办，被视作政治上层建筑，与市场没有任何关联。随着中国逐步由计划配置资源转向主要由市场配置资源，中国的社会结构也发生了深刻变化，市场因素被引入教育后，甚至一度出现了教育的市场化和产业化倾向，对教育尤其是义务教育产生了巨大影响。政府与市场关系的处理，当前仍然是中国教育改革需要面对的重要课题。

第三节　义务教育制度运行的逻辑反思

从发生学意义上讲，教育制度本来就是为了应对现实教育问题而出现的，教育制度转化为日常的行为规范是制度发挥作用的实现形式。教育制度及其运行的好坏，直接影响社会大众的认同度，直接决定教育制度的权威性，这一方面有赖于教育制度目标的实现程度，另一方面也有赖于相关主体的评价，这是从制度执行的结果意义上来评价和检验的。不仅如此，一项制度是否有效，在其执行前就已经包含了是否有效的种子。当代中国义务教育制度的运行情况如何，公众认同度和权威性如何？本节将从义务教育制度运行中存在的问题出发，来探讨教育制度变迁的逻辑。

---

① 周光礼，刘献君. 政府、市场与学校：中国教育法律关系的变革 [J]. 华中师范大学学报（人文社会科学版），2006（5）.

一、当代中国义务教育制度运行中的主要问题

通过前文关于新中国成立以来义务教育发展历程的回顾，结合义务教育制度研究的现状特别是义务教育研究关注的主要问题的梳理，对照世界义务教育制度发展变迁的脉络，可以认为，一方面，我国义务教育成就显著，或者可以说我国义务教育制度的运行情况良好；但另一方面，当前义务教育实践中也存在着一些问题，这些问题的存在，有的是因为随着社会发展和主要矛盾的变化，人们对义务教育有了新的更高要求，既有的制度还不能有效适应造成的；也有的问题是因为原有的制度设计本身没有得到完全有效的实施，导致问题长期得不到根本解决，并在新的历史阶段，以新的形式不断呈现。

（一）影响教育公平的义务教育差距

新中国成立以后，在经济社会发展水平较低的情况下发展教育，为满足当时社会对人才的迫切需求，在教育普及程度较低、教育资源稀缺的现实困境下，逐步形成了精英教育模式，在义务教育中的集中体现就是"重点校"政策以及城乡二元的义务教育供给模式。改革开放以后，义务教育的公平价值受到重视，大众教育模式产生，但由于长期的积累和惯性使然，其公平问题并没有得到彻底解决。

义务教育是公益性事业，由国家保障并统一实施。义务教育的最基本特征，就是公平地保障义务教育的受教育权，这也是由其普及教育的性质决定的。义务教育的公平，包括权利、机会、结果、资源等多个方面，公平是义务教育价值理性的首要目标。不过，由于各种现实情况的影响，义务教育在区域、城乡、校际、群体之间的差距一直存在，并因此影响了义务教育公正的实现程度。

首先是义务教育的区域差距。我国幅员辽阔，长期以来，义务教育主要由地方政府投资，其发展水平受到地方经济发展状况的制约，区域经济差距导致的教育事业投入力度差别，造成了资源配置上的不均，致使中西部地区义务教育的普及落后于东部地区，而中西部地区之间也存在差距。

其次是源于城乡二元结构的城乡差距。在城乡二元结构下，优质教育资源大多集聚在城市，相比较而言，农村地区极少，甚至在很长一段时间内，农村需要依靠自筹的方式解决教育经费问题。教育经费、硬件设施、师资力量等方面的差距，使得农村的义务教育质量明显低于城市。

再次是根源于"重点校"制度的校际差距。重点校和非重点校是历史形成的，长期以来，重点校在经费和资源等各方面都有优势，从而造成了不同学校

在机会平等和资源平等上的差距。"学而优则仕"的传统观念加剧了这一现象。虽然"重点校"制度现在已经不存在，但其造成的强势影响一直存在。近年来，民办学校靠着灵活的办学机制、高昂的收费、"掐尖"招生的特殊便利，对公办学校造成巨大的冲击，是校际差距的一种新的形式。

最后是义务教育的群体差距。这主要是指弱势群体在义务教育上面临的劣势，最突出的是进城务工人员子女和农村留守儿童两个群体。他们是弱势群体的典型代表，进城务工人员子女由于受户籍限制，很难享受到城市的优质教育资源，而留守儿童，其平等权利也经常受到侵害，农村大规模的撤点并校，就对农村儿童受教育权的实现造成重大影响，而留守儿童，由于特殊的家庭状况，受到的影响更大。

义务教育现实差距的造成，当然有上述多方面的原因，但在义务教育制度设计及其运行中的价值理性缺失是一个不容忽视的重要原因。从当代中国义务教育的实践来看，现实中一直存在着工具理性优先的问题，对价值理性的重视不够，直接造成了义务教育中对效率优先的偏向。如果说在义务教育普及之前对效率优先还可以理解的话，那么在义务教育的后均衡发展时代，义务教育的公平理念应该被放到更加突出的位置。因为，随着经济社会的发展，人们对义务教育公平的关注更加突出，相对于"有学上"，"上好学"更加难以解决，而其中的公平问题和矛盾也更加难以协调。推进义务教育公平，并通过教育公正促进社会公正，应该是义务教育制度运行中需要关注的重要问题。

（二）仍需强化的义务教育政府责任

公共性是义务教育的本质属性，是推进义务教育改革发展所应考虑的首要因素。教育是公共产品，政府在教育中普遍地负有责任，就义务教育来说，政府更是要负完全责任。但以义务教育的城乡差距为例，在当代中国义务教育的发展进程中，中央政府长期以来并没有完全履行好其完全责任，并在城乡之间形成了两种不同的政府包办与集体集资的义务教育经费供给机制。

新中国成立以后，严格的城乡二元户籍制度和优先发展城市的策略取向，加之"统收统支、分级管理"的财政框架使中央政府没有足够的能力同时承担城市和农村的义务教育供给。[①]在这种情况下，城市义务教育由政府包办、农村义务教育由农民和社队集资举办的局面形成了，这一方面消解了中央政府的责

---

① 张旸，吴婷婷.新中国成立70年义务教育供给的变迁逻辑与展望[J].中国教育学刊，2019（10）.

任，另一方面也造成了乡镇政府和农民过重的经济负担，严重影响义务教育的发展质量。这种"低重心"的农村教育经费政策维持了很长时间。为了应对"以乡为主"带来的问题，1999年《中共中央 国务院关于深化教育改革 全面推进素质教育的决定》颁布，要求加大县级政府对义务教育经费的统筹权，此后，农村义务教育经费的问题才逐步得到解决。需要指出的是，目前城乡义务教育一体化虽然取得了很大的进展，但仍然任重道远，政府义务教育完全责任的充分履行是其成功的关键。

长期以来，农村义务教育经费保障缺位是政府责任缺失的一个方面，其本质上是政府义务教育的供给不足问题。除此以外，区域差距、校际差距等也是政府义务教育供给不足的表现。新中国成立到改革开放初期，我国教育投入的总量不足，区域间教育经费投入虽有差距但不是十分突出。改革开放以后，国家确立按东部、中东、西部的顺序安排发展重点，将东部地区作为"增长极"，率先推动东部沿海地区加快发展。随着区域经济发展水平的差距拉大，区域间教育经费投入的差距也越来越大，客观上导致了区域义务教育间的差距。这也是义务教育全面普及之后，中央政府推进义务教育均衡发展，缩小区域差距，加大对西部支持力度，实施西部地区"两基"攻坚计划的主要原因。事实上，区域义务教育差距不仅仅是经费的问题，师资队伍也很关键，而要实现师资队伍均衡发展，可能比缩小义务教育经费差距的困难更大。

推进义务教育优质均衡发展和城乡一体化发展是义务教育的未来发展重点，成效如何，取决于政府完全责任的履行，实际考验的是政府的供给能力。当然，政府是义务教育的供给主体，这并不是说义务教育的供给主体仅仅只能由政府来提供，因为政府单一供给会陷入政府失灵等困境。[1] 面对日益增长的优质义务教育需求，吸收其他社会力量参与办学，"充分发挥公民志愿组织的作用，实施多元的义务教育资源配置方式"[2]，建立以政府为主导的多元主体协同发展的供给格局应该是未来的发展方向。但无论如何，在现阶段，仍然要强化政府的完全责任，并将提升资源优化配置和供给能力作为政府履行责任的重点。

（三）无法回避的义务教育失范现象

义务教育属于基础教育。更进一步讲，狭义的基础教育等同于义务教育的范畴。

---

① 张旸，吴婷婷.新中国成立70年义务教育供给的变迁逻辑与展望 [J].中国教育学刊，2019（10）.
② 邵泽斌，张乐天.存在于公共物品与私人物品连续谱系中的义务教育 [J].教育研究与实验，2008（2）.

所谓基础教育，其根本的宗旨是面向全体适龄儿童、少年，为他们的终身学习打基础，为他们参与社会生活作服务，为提高全民族的素质作保障。基础性是基础教育的本质内涵，基础性体现在它所提供的教育是最低限度的，是个人发展必需的。在基础教育阶段，"每个人都在获取有助于提高推理能力和想象力、判断能力和责任感的手段，也都在学习如何对周围世界产生浓厚的兴趣"①。

义务教育，在整个教育系统内具有独立的价值，与其他教育阶段相比有自身的特点。首先，它着眼于全体人民或者说整个民族的素质，而不是针对一部分人或少数人；其次，它注重养成基本素质，不针对专业学习。简单来讲，义务教育其实在本质上就是素质教育。2006年修订的《中华人民共和国义务教育法》第三条明确规定在义务教育中要实施素质教育；第五章明确规定实施素质教育的具体要求，要求促进德智体美等方面的统一与协调发展等。

义务教育的独特价值及其特点，决定了义务教育的主要功能应当是育人。当然，这并不割裂其与更高一级教育的关系，其输送生源的任务是客观存在的，但是如果仅仅或主要将其视作选拔人才的工具，就背离了其根本。义务教育在现实中出现的失范现象，大都与义务教育的独立价值被忽视相关，也与义务教育的育人功能被扭曲紧密相连。目前，广受批评的就是义务教育的应试教育倾向。应试教育导致了将考试分数作为评价学生的唯一标准，也进一步将升学率作为评价学校的唯一标准，教育教学违背教育规律，违反少年儿童身心成长规律，学生课业负担越来越重。与之相关的是重点学校被愈炒愈热，学区房"一价难求"，以及校内减负校外增负、如影随形的"影子教育"等。人们在享受校内免费义务教育的同时，却在校外承担着巨额的教育经费，根本原因就在于应试教育。

应试化教育如此顽强，从根源上来说是义务教育的独立价值被放弃，其评价标准被输送生源的标准替代。多年来，素质教育难以推进，都与此相关。可以毫不夸张地说，目前整个社会都处于对义务教育的普遍焦虑之中，这种焦虑，源于对义务教育价值认识的误区，而对义务教育价值认识的误区，却源于对整个社会的认知。中国作为一个高度筛选型的社会，不仅高等教育的分化剧烈，普通高中也分化严重，完成义务教育阶段学业的学生在进入普通高中和中等职业教育学校的时候又有个"五五分成"的比例，相当于50%的学生上不了普通

---

① 国际21世纪教育委员会.教育——财富蕴藏其中[M].联合国教科文组织总部中文科，译.北京：教育科学出版社，1996：105.

高中。如此一来，高等教育激烈竞争的压力就逐层传递到义务教育，甚至导致了从幼儿园就开始择校的普遍现象。

总体而言，义务教育产生诸多失范现象的原因，是人们在一个高度筛选型的社会中，对义务教育赋予了育人以外的更高期待，将义务教育不恰当地与社会选拔机制挂钩，从而对义务教育寄予超出其作为基础教育功能的期望。笔者以为，人们对义务教育的认识误区，不仅仅在于义务教育本身，还在于对义务教育与其他教育之间关系的认识。但是，义务教育问题的解决，最终还要依靠义务教育制度的自身完善，正如我们不能寄托于高考制度的改革来根除义务教育的问题。在义务教育制度的改革完善和义务教育的发展上，教育部门、学校和家长，都有不可推卸的责任。

长期以来，义务教育一直是问题伴随着发展，义务教育中也似乎存在着不断发展与始终无法有效满足需求的悖论。除了上述提及的宏观方面的问题，义务教育中还有不少诸如"城挤、乡弱、村空"、大中城市"择校热"、县镇"大班额"、农村薄弱校、教师结构性不足、教师负担重等一系列制度和实践问题。新老问题交织，影响了人们对义务教育制度的评价，如果不能彻底解决，必将形成义务教育制度的认同危机，影响义务教育制度的权威。就教育制度政策的认同而言，随着时间的推移，认同的基础和条件会发生变化，就需要在新的基础和条件下，对既有的制度政策进行反思，寻求不断改进的策略，这就牵涉到义务教育制度的现实性与前瞻性问题，牵涉到义务教育的基本理念和制度逻辑问题，只有从制度运行的逻辑层面去分析研究，才有可能从根本上解决义务教育的现实问题。

二、教育制度运行的理论逻辑及其实践异化

制度，"是一系列被制定出来的规则、守法秩序和行为的道德理论规范"[①]。逻辑，"意指人们在实践活动中，站在某种立场、采取某种视角或方式思考与解决问题时所遵循的规律、规则或原则"[②]。"制度逻辑指某一领域中稳定存在的制度安排和相应的行动机制。这些制度逻辑诱发和塑造了这一领域中相应的行为方式。"[③] 目前，制度逻辑受到广泛关注，新制度主义研究者认为，"社会

---

① [美] 道格拉斯·C. 诺思. 经济史中的结构与变迁 [M]. 陈郁，罗华平，等译. 上海：上海三联书店，上海人民出版社，1994：225.

② 阎亚军. 对教育改革"列表逻辑"的反思 [J]. 教育发展研究，2010（4）.

③ 周雪光，艾云. 多重逻辑下的制度变迁：一个分析框架 [J]. 中国社会科学，2010（4）.

是由多重制度秩序构建的，而这些制度秩序受到特定的制度逻辑主导"①。根据这一观点，早期的相关研究认为，制度逻辑冲突只是暂时的，是从一种主导逻辑到另一种主导逻辑的过渡阶段。②不过，近年来新制度主义学者对由制度逻辑衍生而来的制度多元性问题进行了较多的关注。制度多元性，是指场域内受多个逻辑的影响和引导。③研究者认为，在多元性制度环境下，制度逻辑冲突不是短暂的现象，多重逻辑持续竞争，冲突会长期存在。

教育制度的逻辑，就是指导人们在推进教育改革发展时坚持什么原则、持有什么目的、采取什么方法的认识路线、决策模式和行动策略。制度逻辑理论认为，"组织在特定制度体系下受到多种制度逻辑的多元性影响"④。教育作为特殊实践，有着自身的特殊规律，教育活动自然也应以遵循教育规律为根本；教育活动既有自身特点，又与政治、经济和文化等其他社会实践相互影响，这就形成了教育制度运行中的多重逻辑现象。一般而言，制度逻辑分为主导逻辑和辅助逻辑，教育制度的主导逻辑是其内部逻辑，辅助逻辑是其外部逻辑。

教育活动具有自身的特殊规律和特定目的。教育活动的逻辑起点，是在遵循教育规律的前提下，实现教育自身的特殊目的。从根源来说，教育要"把促进学生健康成长成才作为改革的出发点和落脚点，扭转片面应试教育倾向，坚持正确育人导向，践行社会主义核心价值观，深入推进素质教育，培养德智体美全面发展的社会主义建设者和接班人"⑤。教育规律是教育制度的基本遵循。遵循教育规律是教育制度的内部逻辑和主导逻辑。教育制度的内部逻辑和主导逻辑由教育的基本职能或主导功能——育人功能决定。鲁洁教授等早在20世纪90年代初期就提出，"在我们对教育体制、教育结构、教育内容和教育方法等进行改革时，根本的标准应当是是否符合教育规律、是否有利于促进人的全面发展"⑥，"教育的目的是培养全面发展的人，一切变革都必须在这一原则下进行。这应成为教育改革的指导原则"⑦。

---

① 李宏贵，蒋艳芬.多重制度逻辑的微观实践研究 [J].财贸研究，2017（2）.
② 毛益民.制度逻辑冲突：场域约束与管理实践 [J].广东社会科学，2014（6）.
③ 李宏贵，蒋艳芬.多重制度逻辑的微观实践研究 [J].财贸研究，2017（2）.
④ 杜运周，尤树洋.制度逻辑与制度多元性研究前沿探析与未来研究展望 [J].外国经济与管理，2013（12）.
⑤ 冀晓萍.教育改革的逻辑 [J] 人民教育，2015（2）.
⑥ 鲁洁，项贤明.论教育的主导功能和教育的理想性——兼论社会主义市场经济体制下的教育改革 [J].江苏高教，1993（4）.
⑦ 霍生.经济转型期的教育改革漫议 [J].江西教育科研，1993（6）.

教育除了有主导功能，还有派生功能。但所有派生功能，都由其主导功能来决定。社会大系统，由教育与政治、经济、文化等子系统，通过共同发挥不同的社会功能予以维持。教育因此与政治、经济、文化产生关联性。政治逻辑、经济逻辑、文化逻辑因此也成为教育制度运行的外部逻辑。教育制度的政治逻辑，指教育与政治、行政因素相互影响、相互作用及其运行的机理。教育制度的运行一方面对政治发展要有适应性，并能对政治发展发挥积极的作用；另一方面，在面对利益冲突时，教育子系统也需要借助政治权力或行政权力来化解冲突。教育制度的经济逻辑，指在社会大系统中，教育制度在受到社会经济条件制约的同时，教育子系统通过自身的运作也具有经济功能。目前随着经济社会的发展，教育也更加受到重视。但从教育的本体功能来看，发展经济不是教育的直接或本源性目标。"教育有其为推动社会经济发展服务的功能，这种功能的发挥最主要的途径是通过培养的人为社会服务来实现，而不是直接创造经济效益来实现教育功能。"[①]教育制度的文化逻辑，指教育与文化因素相互影响、相互作用及其运行的机理。教育与文化具有天然的内在联系，文化环境是教育制度运行的基础，而教育本身也发挥着文化传递、文化选择、文化创新的功能，通过教育实现文化的创造和更新，是一个文化再生产的过程。

新制度主义理论学者弗里德兰（Friedland）和阿弗德（Alford）指出，制度具有多元逻辑的特点，每一个重要的制度都有一个中心的逻辑。这种多元的制度逻辑可能是互补，也可能是矛盾的。[②]在制度运行过程中，制度的多重逻辑通常是并存的，虽然常常不是一种逻辑替代另一种逻辑，但会出现多重逻辑之间的矛盾或冲突，并导致制度的合法性不足。而矛盾或冲突的根源，与多元性的社会构成密切相关。

考察中国教育制度的运行，我们发现在教育实践中不仅存在着制度多元逻辑的矛盾和冲突，而且还进一步呈现出逻辑异化的现象。教育作为重要的民生工程，牵涉多方面的利益主体，教育制度的复杂性可想而知。在教育制度运行中，尤其当需要通过改革来推进教育发展时，这种复杂性就更加明显，并受到多种因素的影响，包括教育改革发展的环境、主体和目标等。教育制度的多重逻辑，特别是多方利益主体的博弈，决定了教育的复杂性。在多方利益主体之中，政

---

① 梅泽铭.走向市场——我国教育改革的现实选择 [J].教育评论，1993（3）.

② 邓锁.双重制度逻辑与非营利组织的运行——一个新制度主义视角的解释 [J].华东理工大学学报（社会科学版），2005（4）.

府长期占据强势地位，并对功利主义过度依赖，对政治和经济维度过度考量，从而使经济和政治逻辑在教育制度运行中出现异化，对教育的发展造成了许多负面的影响。

在教育制度运行中，经济逻辑有两种异化现象。一是教育事业的整体产业化倾向，具体表现包括教育被划分在第三产业、公立学校的"一校两制"、学校转制、股份制和教育集团的市场化运作等。始于 20 世纪末的高等教育大扩招就是教育产业化的典型代表。之所以将高等教育大扩招作为教育产业化的典型代表，除了"拉动内需、刺激消费、促进经济增长、缓解就业压力"被作为扩招的直接动因外，还包括通过公办高校大规模举债，以及举办高收费的"独立学院"来推动教育发展的具体做法，这两个方面都体现了教育的产业化属性。二是在推进教育发展过程中的效率价值取向。由于长期的教育产业化倾向，造成了"效率优先、兼顾公平"的导向和结果，并导致了教育不公进而影响了社会公正。农村之所以出现大规模撤点并校，其直接原因就是地方政府对经济效率的片面追求。据21世纪教育研究院发布的《探索农村教育的科学发展之路——农村学校布局调整政策的评价与反思》调查报告，从 2001 年至 2011 年全国小学的平均减幅超过同期在校生平均减幅的 5.63 倍以上，[①] 教学点的减幅更是超过了一半。地方政府在推进学校布局调整的过程中，出于减少财政支出的考虑，主导动机是减少学校和减少教师，撤点并校本身就变成了施政的直接目的，而撤点并校的科学精髓没有被真正领会和贯彻。教育具有公共性，是公共产品，这属于教育制度内部逻辑和主导逻辑的范畴。但是，当教育产业化大行其道，在效率和公平两个选项前片面追求效率，将教育的经济功能当作主导功能来追求，就超出了经济逻辑的范畴，造成对教育公共性的侵害和对教育制度主导逻辑的僭越，显然就超出了制度逻辑多元化应有的限度。

在教育制度运行中，政治逻辑也有两种异化现象。一是教育长期沦为"政治的附庸"，在各个时期都有这种现象。张乐天教授在分析新中国"前十七年"教育改革的遗产时就指出："新中国成立初期对旧学校的接管与改造，紧随其后的对知识分子的思想改造、在教育战线则是教师的思想改造，再到 1958 年教育为无产阶级政治服务、教育与生产劳动相结合的方针的提出，以及 1958 年开

---

① 过度撤并校　小学辍学率回到十年前 [EB/OL]. 人民网（2012-11-20），http://edu.people.com.cn/n/2012/1120/c1053-19633036.html.

始的教育大革命，这一系列的教育改革要求与行动，都十分鲜明地显现出教育改革的唯政治化倾向。"① 这种现象在改革开放后有所缓解，但教育作为"政治的附庸"没有彻底改变，通过对改革开放后历次改革文件的分析，教育改革一方面是教育议题，但从某种意义上讲更是政治议题。二是教育的改革发展主要由政府强力主导。虽然教育活动的主体包括政府、学校、教师、学生、家长、社会力量等多个方面，不过由于教育对政治的附庸关系，政府就自然而然地成为教育改革的当然主体，而教育改革也几乎成为政府的单方行为，教育改革其他主体的地位也几乎被完全剥夺。"改革无不由政治官员提议形成，并具有主观性与功利性；改革方案无不由政治官员延请专家学者论证形成，并具有选择性与合谋性。"② 以教师为例，他们在改革中多被赋予接受者或执行者的地位，不仅没有发挥改革动力作用，有时反而成为改革的阻力，造成教育改革被支离破碎地执行，使教育改革形式上变化较多，实质性进步很小。③ 学生家长也存在主体地位缺失的现象，上述撤点并校就是一例。教育制度运行的政治逻辑要求教育与政治良性互动，各自发挥其主导功能和辅助功能，但教育沦为政治附庸，并以政治化倾向作为教育制度的主导，在遵循政治逻辑借助政治权力或行政权力来化解教育制度运行过程中的矛盾时违背教育规律，忽视教育的公共性，就出现了主导逻辑和辅助逻辑的错位。

石中英教授等提出，改革开放以后"教育改革的根本动因不在于教育自身，而在于社会经济和科技进步提出的客观需要"④。但教育不是单纯的经济行为，不能完全受经济规律支配。一方面，教育制度的运行必须科学地回应经济体制的变革，既不能被动滞后，也不能盲目超越；另一方面，教育制度的运行更不能违背其根本，教育规律不能被经济规律替代。同样，教育制度运行应该考虑政治因素，但绝不能由政治逻辑主导教育制度的运行。教育改革进入"深水区"，教育制度运行的政治逻辑也日益导向民主，行政主导教育改革的政治逻辑必须予以纠正。⑤

---

① 张乐天. 新中国"前十七年"教育改革的遗产 [J]. 复旦教育论坛，2013（6）.
② 容中逵. 基础教育改革的政治逻辑 [J]. 当代教育与文化，2015（1）.
③ 郝德永. 变革的陷阱——教育改革的误区 [J]. 全球教育展望，2011（10）.
④ 石中英，张夏青. 30年教育改革的中国经验 [J]. 北京师范大学学报（社会科学版），2008（5）.
⑤ 徐纬光. 社会形态、政治权力和教育体制——当代中国教育体制改革的逻辑 [J]. 复旦教育论坛，2004（4）.

三、构建教育制度理论逻辑体系的设想

教育制度运行的外部辅助逻辑僭越为教育制度运行的主导逻辑后，造成了教育实践的价值偏离。一是人才培养的工具主义理性泛滥。这种价值偏离由教育产业化直接造成，而教育产业化又由教育制度运行中的效率价值取向决定。在这种价值取向里，学生被作为"工具"来培养，培养过程是工业上的"流水线"生产，培养成果就是成批量的"流水线"产品。鲁洁教授等指出："过分强调教育的经济功能，忽视了教育在其他方面的社会功能的丰富内涵。这种以偏概全，简单地把教育当作一种纯粹的经济现象，进而试图以经济领域里的某些规律取代教育规律，甚至把教育当成一种商品生产来'经营'的思想，是一种危险的形而上学的思想。"[①]二是公平与效率取舍上的价值偏移。这种价值偏移是政治和行政主导的结果，其之所以出现，又源于教育制度在运行中对政治的过度附庸。长期以来，在双重城乡二元结构的影响下，坚持效率优先，对教育公平造成了直接影响。特别是重点学校制度，对城乡教育的差距影响巨大。重点学校制度后来虽然在政策层面被叫停，但其不良影响长期存在。

育人是教育的主导功能。教育制度的运行必须紧紧围绕教育的主导功能展开。学校教育具有自身的规律，具有内在的价值追求，教育制度绝不能以满足政治、经济的需要为其最终目的，教育必须为了学生发展。从根本上来说，连教育系统自身的发展都不足以作为教育制度运行的目标，"教育改革如果不将促进所有学生的发展作为明确的最终目的，那是不可思议的。这样的所谓'教育改革'，不是糊涂的改革，便是'反教育的'改革。"[②]"高等教育改革必须从高等教育育人的本质属性出发，为了高等教育中的学生的发展而改革，而不是为了方便政府的管理而改革，更不能为了通过高等教育来攫取更多的政治经济利益而改革。"[③]在全面深化教育领域综合改革的进程中，通过对教育实践的深入考察，通过对教育制度运行逻辑的深刻反思，可以看出构建教育制度理论逻辑体系的迫切性。

制度逻辑具有多元性，多元的制度逻辑之间的矛盾或冲突，在制度变迁的

---

① 鲁洁，项贤明. 论教育的主导功能和教育的理想性——兼论社会主义市场经济体制下的教育改革 [J]. 江苏高教，1993（4）.
② 吴康宁. 教育改革成功的基础 [J]. 教育研究，2012（1）.
③ 王建华. 重启高等教育改革的理论思考 [J]. 高等教育研究，2014（5）.

过程中尤其明显。始于 20 世纪 70 年代末期的改革开放引起了中国社会的巨大变迁，不断改变着教育制度运行逻辑的存在状态。由于教育改革在教育变迁过程中的突出地位，目前研究者多以教育改革的视角来研究教育制度的理论逻辑。

为了科学确立教育改革的标准，明确教育改革的方向，科学评价教育改革的成效，在对教育制度运行中的逻辑进行反思的基础上，特别是结合逻辑异化的研判，有研究者提出了教育改革的文化逻辑观念。"教育改革受制于政治、经济与文化三重逻辑。这三重逻辑之间的关系是复杂的，相容与冲突并存。只有以文化逻辑为中心协调三重逻辑，教育改革才能取得真正的成功。"[1] "教育建基于文化，教育的变革必然涉及某种文化的变革，因此可以说，教育改革在根本上是一种文化的变革。"[2] "当下中国教育改革必须考虑文明的整体性问题并回到文化建设的轨道上来。"[3] 也有研究者提出社会—文化逻辑的构想，"作为政治—经济改革的教育改革，要么沦为政治的工具，要么用于经济的筹码，或者受二者钳夹，效果堪忧"[4]，有必要改革教育改革，走向作为社会—文化的教育改革，并保有文化视野。

不过，结合前文关于教育制度逻辑的基本分析看，文化逻辑和社会—文化逻辑关注的重点都是教育制度的外部和辅助逻辑，因为文化逻辑和社会—文化逻辑着力的关键都在教育系统之外。因此，无论对文化逻辑还是社会—文化逻辑的强调，都很难避免外部逻辑、辅助逻辑对内部逻辑、主导逻辑的僭越，都很难彻底消除教育制度运行中的逻辑异化现象。笔者以为，在教育制度的理论建构和教育制度的运行过程中，避免外部逻辑、辅助逻辑对内部逻辑、主导逻辑的僭越，仍然是一个基本的理论和实践命题。因此，在总结前文的基础上，笔者提出有必要构建一个教育制度理论逻辑的整合性分析框架。这个分析框架应满足三个前提：一是内部、外部逻辑统一，内部逻辑主导；二是理论与实践统一，并能有效避免实践中的逻辑异化；三是逻辑体系具有自洽性，内蕴教育制度的检验标准。任何一场制度的变迁，总是始于旧制度的合法性危机。[5] 在教

① 刘猛. 论中国教育改革的三重逻辑 [J]. 当代教育科学，2012（4）.
② 阎亚军. 文化自觉与中国基础教育改革——基于中美不同文化特质的比较分析 [J]. 教育学术月刊，2013（3）.
③ 高伟. 中国教育改革的文化逻辑 [J]. 教育学报，2014（4）.
④ 程天君. 衔接·配套·协调——教育改革和发展的政策支持之要领 [J]. 教育学报，2014（4）.
⑤ 曹如军. 制度创新与制度逻辑——新制度主义视野中地方高校的制度变革 [J]. 高教探索，2007（5）.

育制度的运行中，无论是教育制度的有效性、公众的认同度，还是政府的权威性，其直接应对的就是教育制度的认同危机，认同危机正是合法性理论的中心议题。合法性理论为构建教育制度理论逻辑的整合性分析框架提供了契机。事实上，制度逻辑本来就是一种合法性机制，即社会承认的逻辑。

合法性最初是政治学的核心主题，后来成为哲学、法学、社会学、政治人类学等多学科研究的对象，特别是随着政治学科的分化，公共行政、公共管理、公共政策等研究的兴起又为合法性理论提供了广阔的适用平台。目前，已有很多研究者开始将合法性理论视作分析工具，在这样的背景下，笔者以为，运用合法性理论来构建教育制度的理论逻辑，可以满足整合性分析框架对上述关于制度逻辑的三个前提，并具有三个方面的理论优势和应用价值。

一是作为一个综合的分析评价体系，具有科学性。作为综合性的分析工具，合法性理论具有严密的逻辑体系，这一体系包括了规则（制度）层面、价值（理论）层面和实践（认同）层面，涵盖了从客观到主观、从发生到目的，乃至从法制到法治的研究进路，综合利用了政治学、管理学、法学、哲学、社会学等相关学科的理论成果，顺应了学科交叉研究的趋势，具有极强的应用价值。

二是自身彰显了一种价值诉求体系，具有合理性。有研究者提出："伴随现代自我的出现而生成的合法性叙事以及叙事的合法性证明，同时揭示出作为合法性构成要素的'危机''认同''权威''尊严'等价值诉求。"[1]对合法性问题具有决定意义，从而能支撑合法性理论作为一种分析工具的，是合法性理论所持的价值立场。合法性作为一种分析工具，表面上追寻的是某事物被认可的程度，本质上则是对一种价值存在的追问，是一种关于价值标准、价值秩序的反思和应对，这种对价值标准和价值秩序的批判反思，实际上是对合法性存在前提和基础的反思，这种反思增强了合法性自身的辩护力量，从而使这一分析工具的合理性得到不断强化。

三是能主动回应现实社会的需求，具有针对性。合法性问题的实质是权威问题。近年来，中国学界不断掀起的关于社会制度的合法性、政府行为的合法性、合法性对于党执政能力建设的意义以及上述诸多关于制度、政策等合法性的研究热潮，反映了社会对权威理论研究的需求。从实践来看，无论是发达国家还是发展中国家都面临着如何重构权威、如何重新解析权力合法性的问题。中国

---

① 王葎.合法性：现代语境中的价值叙事 [J].哲学研究，2007（11）.

特色社会主义进入新时代，社会主要矛盾发生变化，面对利益的分化重组，制度政策的权威问题更加凸显。从这个角度看，合法性理论从政治领域拓展开来，对整个社会领域的启蒙都具有非常深远的现实意义。

如何避免教育实践中的逻辑异化现象，有效解决义务教育中的现实问题，实现教育制度的有效性，增强社会公众的认同度，提升政府治理的权威性，通过深化教育制度的理论逻辑研究，建立教育制度的合法性逻辑体系，为教育的改革发展提供基本的理论遵循，成为一个可供选择的方案。

小结

本章研究的主题是义务教育制度及其当代实践的反思，目标是通过本章的分析，提出义务教育制度的合法性问题，为下一章构建教育制度的合法性理论逻辑奠定基础。本章共分三节，分别为新中国义务教育的发展历程、义务教育的制度基础、义务教育制度运行的逻辑反思。本章的研究思路是：

首先，通过对新中国成立以来义务教育三个阶段的回顾，结合绪论中关于义务教育制度研究的现状，特别是义务教育研究关注的主要问题的梳理，对照世界义务教育制度变迁的历史脉络和义务教育制度发展变化的总体趋势，在肯定我国义务教育取得突出成就的前提下，提出当前义务教育实践和义务教育制度运行中存在的诸多问题，提出义务教育制度可能面临的认同危机和权威失落。

接着，鉴于中国义务教育的发展一直伴随着不断演变的各种问题，本章提出，义务教育中始终存在着不断发展与无法有效满足需求的悖论，这是因为义务教育中的现实问题，有的根源于现有制度不能有效适应人们对义务教育的新要求，有的根源于现有制度本身没能得到完全有效的实施，义务教育现实问题的根本解决，必须上升到基本理念和制度逻辑层面，通过对教育制度理论逻辑的研究分析来寻求解决问题的方案。

最后，在对教育制度运行的理论逻辑及其实践中的异化现象进行考察的基础上，本章提出，在教育制度的理论建构和教育制度的运行过程中，避免外部逻辑、辅助逻辑对内部逻辑、主导逻辑的僭越，构建一个整合性的教育制度理论逻辑体系，仍然是一个基本的理论和实践命题。合法性理论作为一个综合的、彰显价值诉求和面向现实社会需求的分析工具和评价体系，为构建教育制度理论逻辑的整合性分析框架提供了契机。

第二章

教育制度的合法性逻辑建构及其理路

中国当前的义务教育还存在一些问题，解决不好，会影响义务教育制度的公信力，使义务教育改革和义务教育制度面临失去权威的风险。根本上解决义务教育存在的诸多问题，必须从理论入手，构建整合性的教育制度逻辑体系，用以指导义务教育的改革发展实践。合法性理论提供了这样的一种契机。教育制度的合法性分析框架成为一个可供选择的方案。在合法性的视角下，上述义务教育纷繁复杂的问题，都以新的形式展现出来，这些问题的核心指向义务教育的权威，权威的体现指向认同，认同的标准取决于义务教育的制度设计是否科学合理、义务教育的目标是否达成以及是否取得实际的效果。对义务教育制度进行合法性反思，成为研究义务教育制度和解决义务教育问题的一种新视角。

第一节　合法性理论及其分析框架

吴康宁教授曾提出教育改革成功的三个基本条件：一是促进所有学生的发展，这是教育改革道德正当性的来源；二是对积极支持并参与教育改革者予以合理的利益回报，这是教育改革社会合法性的前提；三是采取民主的推进方式，这是教育改革过程有效性的保证。[①] 无疑，上述三个条件对于教育制度理论逻辑的重构具有重要参考价值，因为这三个条件直接指向教育制度的核心，即教育实践的目标定位和价值选择、教育实践的社会认同和动力机制、教育实践的参与主体和推进方式。笔者以为，这三个条件及其指向的核心问题，正中合法性理论的内核，为教育制度合法性理论逻辑的建构提供了指引和参考。

---

① 吴康宁.教育改革成功的基础 [J].教育研究，2012（1）.

一、合法性的概念与内涵

合法性一词来源于西方，最初即指政治合法性，"合法性事实上主要与治权有关。合法性就是对治权的认可。"[①] 作为一种本源性问题，政治合法性"由一整套支持着政党、政府的意识形态解释系统构成"[②]，决定着政治秩序的稳定性和政治体系的有效性。随后合法性概念被拓展到法学和社会学等领域，用于讨论社会的秩序、规范或规范系统。随着合法性概念使用的范围越来越广，也出现了将合法性作为理论分析工具的倾向。

（一）合法性的概念

在英文中与中文"合法性"对应的词汇有两个，一个是"legitimacy"，另一个是"legality"。目前，社科研究领域对"合法性"的使用非常广泛，并且存在着混乱状态，对该词的概念界定也没有形成非常一致的共识。为了使"legitimacy"和"legality"在英语中的区别体现在汉语中，中国学者在翻译时采取了不同策略，在将"legitimacy"译为"正当性"时，就将"legality"译为"合法性"；在将"legitimacy"译为"合法性"时，就将"legality"译为"合法律性"。有研究者专门对"合法性"的翻译作出分析，有代表性的文章有《正当性与合法性概念辨析》"（刘杨，2008）、《"合法性"与"正当性"译词辨》（刘毅，2007）。

关于"legitimacy"，《布莱克法律词典》的解释是：（1）合法性（lawfulness）；（2）个人在合法婚姻内因其出生所获得身份或因父母之行为所获得身份。[③] 就该词的词源而言，"legitimacy"的词根为拉丁语词"lex"，意指法律，其拉丁语的原形则是"legitimus"，意为合乎于法（lawful）。[④] 因此，合法性与法具有不可分割的关系，不过这里的"法"并不单纯意指实在法，而是更倾向于超乎实在法的价值评判标准，包括自然法以及正义、理性。目前，国内对"legitimacy"一词比较流行的译法有"合法性""正统性"和"正当性"，有学者指出，"legitimacy"一词翻译的不统一制造了不少麻烦，尤其是"合法性"和"正当性"这两个概念经常被混用，而且出现了由"合法性"代替"正当性"的趋势。这两个概念

---

① [法] 让 - 马克·思古德. 什么是政治的合法性 ?[J]. 王雪梅，译. 外国法译评，1997（2）.

② 苏长和. 正确认识、使用合法性概念 [J]. 领导科学，2017（7）.

③ Bryan A. Garner. Black's Law Dictionary (8th edition) [Z]. Eagan: Thomson West, 2004：920.

④ Sternberger Dolf. "Legitimacy", International Encyclopedia of Social Sciences, Vol. 9 [M]. New York: Macmillan and Free Press, 1968：244–248.

被混用并且以"合法性"代替"正当性"的原因有两个。首先，"正当性"是一个法学、社会学、人类学、政治哲学等多学科共享的概念，但由于各学科的概念框架不同，因此对同一类对象也会使用不同的概念，从而"造成名称有异、实质相同或名称相同而实质有异的现象"①。其次，中西文化传统中对"法"的定义的差别也是造成对"合法性"不同理解的原因。根据上述分析，目前中文语境中的"合法性"有广义和狭义两种使用方法，狭义的"合法性"仅指法学意义上的概念，即"合法律性"，实证主义法学对此最为明确；广义的"合法性"除此以外，还包括"正当性"，"正当性"主要是法哲学、政治哲学范畴中的意义。

国外也有学者对"合法性"与"正当性"这两个概念加以明确区别，如卡尔·施米特（Carl Schmitt）和罗尔斯（John Rawls）。罗尔斯提出：正当性是理性的概念，合法性是"合理的"概念。②在中文里面如何准确地表达"legitimacy"和"legality"的意思，并将二者区别开来，关键是看想要表达的实际内容。本书根据研究内容和语义表达的需要，将"legality"理解为"合法律性"，将"legitimacy"理解为"合法性"，并且取"合法性"广义的含义，同时包含"正当性"与"合法律性"的含义。本书将"legitimacy"理解为广义的"合法性"，从形式上看，主要是"合法性"的使用已经比较普遍；就语义上来说，"合法性"意义上的"法"在中文语境中，也不仅仅指法律，它也有"正义""规范""标准"等不同的含义。此外，结合国外不同法学流派的观点，也应该用"合法性"来对应"legitimacy"，因为这样就可以将不同学派关于"legitimacy"的理解涵盖在内，因为这里的"法"，既可以指自然法，也可以包括实证法学派和社会法学派对法律的界定。

"合法性"概念以及随之而来的相关研究由马克斯·韦伯在20世纪初最先提出。取最直观的含义，合法性是指：一种政治统治或政治权力能够让被统治的客体认为是正当的、合乎道义的，从而自愿服从或认可的能力与属性。③对于合法性的含义可以从两个角度来理解：从统治的主体来说，合法性意味着统治者有能力使被统治者认为其统治是"应当服从"的，从而由被统治者主动认可和自愿服从；从统治的客体来看，合法性意味着政治统治基于的某种价值和信

---

① 刘杨. 正当性与合法性概念辨析 [J]. 法制与社会发展，2008（3）.
② 同上.
③ [美] 杰克·普拉诺，等. 政治学分析辞典 [M]. 胡杰，译. 北京：中国社会科学出版社，1986：82.

念及其认可和支持的"正当"或"应当"的理由。① 因此，合法性概念最为关键的含义，与人们内心对统治与权力的认可相关，无论是"合道义性"还是"正当性"都是发自人们内心的认同，与通常法律意义上的"合法"是不同的。法国法学家雅克·马里旦（Jacques Maritain）也曾指出不正义的法律不是法律。这里就是指统治者制定的法律如果本身是不公正的，即使在形式上于法有据（合法），也得不到人们的认可，据此进行的统治从人们内心的主观感受来说，也是"不合法"（不正当）的。所以，在英语中，"legality"所指的"合法性"是法律意义上的，而"legitimacy"所指的合法性，则由认可或自愿服从产生。

（二）合法性的三种解释方式

合法性研究始于对政治的分析，贯穿于西方政治思想史的始终。作为政治的关键议题，合法性"必须回答政治的来源和正当性基础、有关公民服从的道义本质等问题"，即"让社会成员不是仅仅因为害怕暴力而服从政府的命令，而是出于对政府行为的认可和服从义务而自觉遵守政府的命令"。② 到底什么是合法性理论？要搞清楚这个问题，必须从合法性解释的三种方式入手进行研究，即规范主义合法性理论、经验主义合法性理论和重建的合法性理论。

合法性最初是作为政治统治方式的论证提出来的，因此，规范主义的合法性理论认为，某种统治的合法性，来源于这种统治符合永恒的正义，即使大众不认可，也不影响符合永恒正义的统治的合法性；反之，不符合永恒正义的统治，不管大众是否认可，都是不合法的。这种解释强调合法性的理性标准，如公平、正义等。这种合法性理论的历史也很悠久，从柏拉图（Plato）的"理想国"，到奥古斯丁（Saint Augustine）的"上帝之城"，都可以说是对规范主义合法性的理论探讨。柏拉图强调正义，"城邦以正义为原则。由正义衍生的礼法，可凭以判断人间的是非曲直，正义恰正是树立社会秩序的基础。"③ 亚里士多德（Aristotle）认为善就是"正义"，正义以公共利益为依归，④ 背离正义的政体及统治很难维持和存在。近代以来，《社会契约论》被用来解释政治的合法性，代表人物有霍布斯（Thomas Hobbes）、洛克（John Locke）、卢梭（Jean-Jacques

---

① 张星久. 论合法性研究的依据、学术价值及其存在的问题 [J]. 法学评论，2000（3）.
② 李炳烁. 国家政治的法理：以合法性概念为核心的分析 [J]. 法制与社会发展，2019（1）.
③ [古希腊] 柏拉图. 理想国 [M]. 郭斌和，张竹明，译. 北京：商务印书馆，1986：37.
④ [古希腊] 亚里士多德. 政治学 [M]. 吴寿彭，译. 北京：商务印书馆，1965：148.

Rousseau）等。卢梭认为，对于政治合法性来说，"公意"是唯一基础。[①]

经验主义的合法性理论依据被统治者对统治是否拥护为标准，将合法性的统治理解为大众信赖、支持并自愿对其忠诚的统治。经验主义的解释注重合法性的形式性，强调实际服从和忠诚的状态，不考虑统治背后深层次的价值追求，马克斯·韦伯是其最早的代表人物。他认为，社会系统由命令和服从构成，每一个社会系统的存在"都取决于它是否有能力建立和培养对其存在意义的普遍信念"[②]。合法性是使人产生服从命令的动机，人们之所以听从这些命令，是出于对统治系统合法的确信。[③]因此，这里的合法性其实是一种功利主义的合法性，也即统治是否合法，取决于统治系统本身是否稳定，而统治系统的稳定，则来源于人们在内心里认同权威，并自愿服从命令。因此，"任何统治都企图唤起并维持对它的'合法性'的信仰"[④]，统治者必须有能力培养被统治者对其统治的信念以赢得支持。在此基础上，韦伯总结出传统型的统治、合法型的统治、魅力型的统治等三种理想类型，合法型统治具有法理性权威。在韦伯之后，阿尔蒙德（Gabriel Almond）、李普塞特（Seymour M. Lipset）等学者基本上都遵循着他的研究路径，对合法性问题采取了经验主义的研究取向，从而使经验主义逐渐成为合法性研究的一种基本范式。阿尔蒙德认为，如果公民愿意遵守当权者制定的法规，并且遵守的动因不是害怕不遵守受到惩处，而是内心里确信遵守是应该的，这个政治权威就是合法的。[⑤]

哈贝马斯对经验主义和规范主义的合法性理论分别进行了批判，认为经验主义的合法性将被统治阶级的相信、赞同与否作为合法性的标准，缺乏对大众赞同、认可依据的说明，从而陷入"历史解释的无标准性"；而规范主义的合法性排斥大众赞成、认可的经验基础，使永恒正义的合法性基础陷入一种抽象的思辨。[⑥]哈贝马斯指出："如果合法性信念被视为一种同真理没有任何内在联系的经验现象，那么，它的外在基础也就只有心理学意义。"[⑦]合法性意指秩序

①[法]让-雅克·卢梭.社会契约论[M].何兆武,译.北京:商务印书馆,1982:35.

②李炳烁.国家政治的法理:以合法性概念为核心的分析[J].法制与社会发展,2019（1）.

③傅永军.哈贝马斯"合法性危机论"评析[J].马克思主义研究,1999（4）.

④[德]马克斯·韦伯.经济与社会（上卷）[M].林荣远,译.北京:商务印书馆,1997:239.

⑤[美]加布里埃尔·A.阿尔蒙德,小G.宾厄姆·鲍威尔.比较政治学——体系、过程和政策[M].曹沛淋,等译.上海:上海译文出版社,1987:35-36.

⑥白钢,林广华.论政治的合法性原理[J].天津社会科学,2002（4）.

⑦[德]尤尔根·哈贝马斯.合法化危机[M].刘北成,曹卫东,译.上海:上海人民出版社,2009:106.

应该得到认可，"意味着某种政治秩序被认可的价值——这个定义强调了合法性乃是某种可争论的有效性要求，统治秩序的合法性也依赖于自身（至少）在事实上被承认"①。在哈贝马斯的理论当中，合法性指向这样一种政治秩序，这种政治不仅应当被大众认可而且值得被大众认可，这种合法性既强调大众主观上认同的经验感受，也强调对价值规范的符合程度。也就是说，合法性建立在价值之上，同时获得社会公众的赞同和信赖。哈贝马斯自认为他的合法性不同于经验主义和规范主义，因此他自己称之为重建的合法性。

尽管哈贝马斯自己提出了"重建的合法性"概念，国内也有众多学者认为，哈贝马斯对合法性研究的方法超越了规范与经验，属于第三种形态。不过，也有研究者提出，哈贝马斯的合法性研究路径仍然属于规范面向的。②因为，哈贝马斯尽管在其合法性理论中批判了古典气浓重的理性建构方法，但他并没有反对规范的方法，并没有突破经验研究和规范研究的方法论框架。尽管哈贝马斯"重建的合法性"概念可能不够彻底，但毕竟指出了经验性与规范性合法性各自的缺陷，目前在对合法性进行分析时，充分考虑经验性和规范性两个方面的要求已成为一种共识。如罗尔斯认为合法的国家既要有效地维护安全与秩序，又要保证公共理性和制度正义。③伊斯顿（David Easton）在区分"特定支持"与"散布性支持"的基础上，将散布性支持中的合法性区分为事实与价值两个层面。④

二、国内合法性相关研究的分析框架

国内对于"合法性"概念的使用已经非常普遍。但有的研究者并未把握"合法性"的内涵本质，甚至有的名不符实，有滥用之嫌。有的研究者在"合法律性"的意义上使用"合法性"概念，并将合法性、合理性、正当性作为几个并列的概念使用。当然更多的研究者围绕"合法性"的内涵，将"合法性"理论作为分析工具运用于不同的学科。下文以政治合法性、政策合法性和法律合法性为例进行简要梳理。

关于政治统治的合法性，研究者多从意识形态、绩效和程序等视角来分析。

---

① [德] 尤尔根·哈贝马斯. 交往与社会进化 [M]. 张博树，译. 重庆：重庆出版社，1989：184.
② 胡伟. 合法性问题研究：政治学研究的新视角 [J]. 政治学研究，1996（1）.
③ [美] 约翰·罗尔斯. 万民法 [M]. 陈肖生，译. 长春：吉林人民出版社，2013：24.
④ [美] 戴维·伊斯顿. 政治生活的系统分析 [M]. 王浦劬，译. 北京：华夏出版社，1999：298.

有研究者提出合法性的基础是"程序合理、公共物品和服务供应、共同政治价值和理念、政治中立和共同商讨"[①]。也有研究者提出，合法律性、有效性、人民性和正义性构成了合法性的概念体系。[②]有研究者提出，政治合法性的范畴包括民众对于政治体系正当性的认同，政治制度和政治行为法治化、规范化以及民众对于政治治理的综合认知。[③]有研究者从执政党的角度提出，合法性基础包括公众对执政党的价值、制度、政绩和利益四个方面的认同。[④]有研究者提出，国家权力合法性的观念基点是人民主权与法治观念上的共识，形式渊源是相关法律制度，现实基础在于公平对待人们的利益。[⑤]

关于利用合法性理论对公共行政和公共政策的研究，有研究者提出，公共行政合法性包括"行政过程合法性和行政绩效合法性"[⑥]。有研究者提出，公共政策合法性要从价值和法律两个角度去分析，"具有合法性的公共政策应该既合乎法律又合于民意"[⑦]。有研究者认为，政策的合法性包括政治系统的合法性和政策过程的合法性。政策通过法定程序获得法定地位，即除了要合乎法律性，政治系统本身正当与否，即人民群众对政治系统是否普遍认同也是影响政策合法性的重要因素。[⑧]这个分析框架是基于经验性的，没有考虑政策的价值因素。有研究者提出，政策合法性包括政策合乎法律性以及政策能被政策对象自觉地认同与服从。[⑨]从政治系统本身正当到政策能被政策对象自觉地认同与服从，此变化增加了合法性价值方面的考虑，是经验性与规范性相结合的一种分析方式。有研究者从执行的角度，提出政策的合法性包括有效性、规范性和正当性。[⑩]

关于法律的合法性，有研究者提出，法律合法性的内涵包括"正当性"意义、合乎"法律性"意义、合乎"程序性"意义。[⑪]有研究者从司法改革的视角，提

---

① 臧雷振.政治合法性来源的再审视——基于中国经验的政治学诠释 [J].求实，2019（2）.
② 杨光斌.合法性概念的滥用与重述 [J].政治学研究，2016（2）.
③ 李炳烁.国家政治的法理：以合法性概念为核心的分析 [J].法制与社会发展，2019（1）.
④ 刘宗洪.构建执政党的合法性基础——兼论中国共产党如何增强自身的合法性基础 [J].岭南学刊，2003（4）.
⑤ 李寿初.论现代国家权力的合法性 [J].浙江大学学报（人文社会科学版），2010（3）.
⑥ 肖祥平.行政实践合法性的演变路径及发展趋势分析 [J].湖南行政学院学报，2018（1）.
⑦ 占志刚.公共政策的合法性探析 [J].探索，2003（6）.
⑧ 桑玉成，刘百鸣.公共政策学导论 [M].上海：复旦大学出版社，1991：193-195.
⑨ 谢明.公共政策导论 [M].北京：中国人民大学出版社，2002：191-195.
⑩ 雷尚清，龙云飞.政策执行的合法性危机 [J].成都行政学院学报，2007（3）.
⑪ 黄爱教.论法的合法性 [D].桂林：广西师范大学，2004：10.

出合法性也包括形式合法性和实质合法性两个层面，其中任何一个层面的缺失都会导致司法改革的合法性危机。①有研究者从法律解释的角度，提出法律解释的合法性结构包括形式理性的法律推理、"价值理性"的价值判断和交往理性的社会认同。②

上述关于合法性的分析框架可谓纷繁复杂，不同的研究者基于不同学科的特点，结合各自的研究对象，关注了不同的合法性构成要素，"合法律性""有效性""合理性""正当性""规范性""程序性"等，不一而足。总体来说，这些分析框架结合了经验主义与规范主义两种方法，但存在的不足是，不同学科甚至是相同学科间不同的分析框架，造成了概念界定的混乱，不利于对合法性内涵和外延的把握。从理论上来讲，作为不同的研究方法，无论是经验性还是规范性，都有其方法的局限，在经验性和规范性合法性的基础上，对合法性进行分析，即使是对二者的结合，也具有天生的弱点。因此，对合法性的研究，可能还要突破两种研究范式的限制，寻求一种新的综合性分析框架。

关于综合性的分析框架，有研究者围绕政治合法性，从基础性来源、补充性机制和技术变革三个视角及其互动来构建合法性分析框架。其中，基础性来源包括法律性、有效性与宗教性（限于政教融合类国家）；补充性机制包含开放型机制或控制型机制；技术变革指互联网的影响。③也有研究者按照理想类型的研究方法研究法律的合法性，提出了分析法律合法性的三个命题，即"有效—遵守""实效—接受"以及"共识—认同"。"有效—遵守"考察合法性问题中的客体，主要研究法律为什么能被人们遵守，强调对法律所具有的规则性进行界说。"实效—接受"强调受众的因素，注重人们对接受法律事实的证明。"共识—认同"着重探讨价值多元的情况下，法律存在的为人们所认可的价值因素。④

笔者以为，这两个分析框架的学科特点比较鲜明，而且，政治合法性的分析框架，将合法性的要素分为基础性来源、补充性机制和技术变革，离合法性原来的概念和内涵走得太远。而上述法律合法化的分析框架，则由于法律的特殊性及其与合法性天然的紧密联系，使得这种分析框架对于一般的社会制度而言也过于"法律化"。所以在进行一般的制度合法性研究时，这两个分析框架

---

① 史立梅. 论司法改革的合法性 [J]. 北京师范大学学报（社会科学版），2005（6）.
② 魏治勋. 论法律解释合法性的逻辑结构 [J]. 理论学刊，2004（1）.
③ 臧雷振. 政治合法性来源的再审视——基于中国经验的政治学诠释 [J]. 求实，2019（2）.
④ 熊伟. 问题及阐释：现代法之合法性命题研究 [M]. 北京：中国政法大学出版社，2012：76.

具有一定的参考价值，但不能直接拿来应用。现在，合法性已经由社科研究的热点转变为一种分析工具。本书在绪论中也提出，目前关于义务教育制度合法性的研究不够深入、系统，尚未建构起比较完善并且符合教育学规律和特点的合法性逻辑体系。结合上述国内关于合法性研究的分析框架，笔者以为，有必要建立一个整合性的制度合法性分析框架，能紧紧围绕合法性概念的内涵，既坚持制度合法性研究的通用性，又坚持开放思维，可以为各学科在运用时结合各自的特点，留有充分的余地。

三、合法性综合分析框架的构建

建立整合性的制度合法性分析框架，不能脱离合法性概念的本来内涵。回到上述关于合法性解释的三种方式，尽管哈贝马斯自己提出了"重建的合法性"概念，但他并没有突破经验研究和规范研究的方法论框架。笔者以为，在哈贝马斯之外，法国学者让 - 马克·夸克在《合法性与政治》一书中关于合法性的描述直击要害，而且分析得比较系统，可以作为我们把握合法性概念内涵的重要参考。

根据夸克对合法性概念的理解，合法性试图通过同时证明政治权力与服从性，来解决基本的政治问题，说明政治权力与服从性的统一是第一要务。除此以外，它还包括了以共识价值为内容的规范以及合乎法律的要求（形式合法性）。[1]从夸克对合法性概念的理解来看，政治合法性包括形式层面与实质层面，形式层面指的是合法律性；实质层面主要指向可接受性，可接受性就是指价值共识。因为有价值共识，所以才有服从的内在要求，才能够被各个主体所接受，实现政治权力与服从性的统一。

根据夸克的解释，我们可以从他的理论中提取出合法性的三个基本要素：服从、价值以及合法律性。这三个要素又对应着两个关系，关系的两方一个是客体，一个是受众。"合法性关系的参加者是客体和合法性的受众。除与受众相关联之外，没有任何东西能够自我合法化。一个合法性的主张产生于客体，而满足这一主张之条件的合法性标准，则依赖于作为关系另一方的参加者，即受众。"[2]合法性中的受众是指接受和服从政治统治的共同体成员，合法性中

①［法］让 - 马克·夸克．合法性与政治 [M]．佟心平，王远飞，译．北京：中央编译出版社，2002：10-30.

② Kaaralo Tuori. Critical Legal Positivism [M]. London: Ashgate Publishing Limited, 2002：246.

063

的客体是指政治统治本身，不过对政治统治的服从和接受并非仅仅取决于受众，政治统治自身也很关键。所以，夸克对合法性的研究已经不再单独拘泥于经验的或规范的方法，而具有了一种综合的分析视角。

基于夸克关于合法性概念的界定及其合法性的综合性分析视角，本书认为制度合法性的核心，是指制度对于相关的主体而言，本身所具有的价值上的可接受性，以及事实上被人们所接受的实际状况。在这样的制度合法性概念的基础上，参考夸克关于合法性的三个基本要素，借鉴上述法律合法性的理想类型，我们将广义合法性概念所包含的合法律性、正当性中的"正当性"予以分解，提出包含合法律性、合目的性、合实效性的合法性整合性分析框架，使之能作为一种分析工具，广泛应用于对社会制度进行的相关研究。之所以将正当性分解为合目的性与合实效性，是在坚持事实与价值二分的基础上，充分考虑价值的历史性与时代性，既克服"历史解释的无标准性"倾向，也克服对价值进行抽象思辨的倾向。在此基础上，本书提出的整合性的制度合法性分析框架就包括三个维度，即规则维度、价值维度和实践维度，规则维度以制度的形式有效为前提，价值维度以价值共识为基础，实践维度以实践实效为标准。

进一步分析，形式有效是指合法律性，主要针对规则层面和制度合法性的客体而言。任何制度要想取得成功，首先要满足形式有效的条件，具有规范性，符合法律的要求，这是前提。不仅如此，还有制度的程序正义问题、制度的科学性问题。价值共识是指合目的性，主要针对价值层面并受制于主体和受众。价值共识是公众认同的前提。价值层面也是制度整合性分析框架之开放性所在，价值既包括作为一般制度的价值，也涵盖特殊具体制度的价值。实践实效是指合实效性，主要是针对实践层面和制度的实施效果，也是合法性的实践检验标准。对于制度而言，如果在价值上得不到人们的认同，在实践中得不到人们事实上的遵守，就是徒具形式有效性的一纸空文。

政治合法性的危机来源于法律与道德、事实与价值之间的分裂，制度合法性的危机也是如此。上述构建的制度合法性的整合性分析框架，也以解决法律与道德、事实与价值之间的分裂为目标。形式有效、实践实效、价值共识等三个标准对应的规则维度、实践维度和价值维度，共同构成一个制度合法性的共同体，其中规则维度是合法性的基础，处于共同体的中心位置，实践维度和价值维度是合法性共同体的"两翼"，实践维度连接着事实一端，价值维度连接着价值一端，两者是对规则维度的有效补充，其中实践维度是合法性的实践检验标准，价值维度是合法性的防御机制。现代法治社会，坚持依法治国，制度的合法性首先要求制度的合法律性。价值是制度的根本，正义是制度的首要价值，公平正义是制度合法性的内在要求。生活是人类实践和经验的存在，经验和价值相互依存，不可分离。上述制度合法性的综合分析框架重视理论与实践的互动，坚持价值与事实的统一，避免了经验性与规范性方法的简单二分，具有内在的逻辑体系和完整的分析结构，是制度合法性研究的一种有效尝试。

第二节　教育制度合法性的三个维度

"合法性"既是实践问题，也是理论问题。大到国家的统治方式和社会的宏观体制，小到具体法规、规章甚至政策的制定，都需要回答合法性的问题，而针对不同的对象，合法性的内涵在保持基本一致的前提下，会随着对象的不同，在具体的表现形态上出现多样性，这也是笔者提出制度合法性分析框架应该具有开放性的原因。

通过对义务教育实践和义务教育制度运行中存在的问题及其可能引起的认同危机的分析，根据对教育制度理论逻辑及其实践中逻辑异化的反思，结合上文提出的"内部、外部逻辑统一""理论与实践统一""逻辑体系具有自洽性"等教育制度理论逻辑的思考，本书将基于规则、价值和实践三个维度，对教育制度的合法律性、合目的性、合实效性进行分析，构建教育制度合法性的整合性分析框架。

一、规则维度——合法律性

考夫曼（Arthur Kaufmann）曾言："一切法哲学，或直接或间接，须致力于厘分公正与非公正这一使命。从此使命中引发出法哲学的两个基本问题：1.何谓正确之法（richtiges Recht）？ 2.如何认识及实现正确之法？"[①]对于到底"法是什么？"，我国台湾的颜厥安有更精确的陈述，即何者是具有"法效力"之"规范"？[②]这一问题由三个相互关联的命题来回答，即权威颁布、社会实效和内容

---

① [德]阿图尔·考夫曼，[德]温弗里德·哈斯默尔.当代法哲学和法律理论导论[M]郑永流，译.北京：法律出版社，2002：51.
② 颜厥安.法与实践理性[M].北京：中国政法大学出版社，2003：33.

正确。①三个命题的不同侧重，分别对应着不同的法概念，如：自然法学派强调内容正确，实证法学派强调权威颁布，社会法学派则强调社会实效。②

即使上述是从纯粹法学角度作出的合法律性解读，也仍然具有一种综合的性质，对于我们思考教育制度合法性之合法律性也提供了参考，因为合法律性、合目的性、合实效性，在合法性中本来就是一体的。教育制度，作为一种特殊的社会实践制度安排，为了确定其合法律性，即形式有效的条件，要考虑下面几个因素：

一是要解决教育实践中制度层级和制度体系的规范化问题。对教育制度而言，首先应使教育制度体系内的各层级法律、规章制度、规范性文件符合宪法的精神，不与宪法的精神相违背；无论是义务教育还是高等教育，某一范围内有关教育制度的现行专门法律法规应是制定良好的法律法规，法规规章不得与法律相抵触，法规之间、规章之间、法规与规章之间不存在相互冲突和矛盾的地方；在执行法律法规的过程中，教育政策和教育文件作为法律法规的具体化，不能突破法律法规当然包括宪法的相关规定和权利义务的范围。总之，合法律性首先要保证教育制度体系的完备性，从一般意义上理解，下位法要服从上位法的规定。

二是要解决教育实践中相关法律制度内容的科学性问题。教育制度的自洽体系不仅有形式上的规范性要求，内容上也应该科学合理。教育制度内容上的科学合理，会涉及价值层面的要求，这也与教育制度的合目的性相关。尤其是教育法律法规，作为一种长期有效的教育制度，内容上必须完整，具有自洽性，同时教育法律法规还要具有可执行性。教育法律要保持稳定性，内容上应该具有前瞻性，不能朝令夕改。政策文件是对法律法规的运用和具体化，在内容上应与法律法规保持一致，同时应具有可操作性。

三是要解决教育实践中制度政策制定和执行的程序正义问题。这是教育制度执行的科学化问题，是一种基本的公开、民主等程序性的要求。程序正义直接关涉公众的认同问题，与教育制度的合实效性相关。在价值多元社会，教育制度合法性的取得与交往理性相关，程序正义作用重大。哈贝马斯认为："合

---

① Robert Alexy. The Argument from Injustice: A Reply to Legal Positivism [M]. trans. by Stanley L. Paulson, Bonnie Litschewski Paulson. Oxford: Clarendon Press, 2002：13.

② 熊伟. 问题及阐释：现代法之合法性命题研究 [M]. 北京：中国政法大学出版社，2012：4.

法性的唯一的后形而上学来源,显然是由民主的立法程序提供的。"①在现代社会,法律制度之所以能被认可和接受并不是因其单纯的道德性,也并不是仅仅因其自身的强制力,法律制度基于商谈的民主立法程序,对于人们的认可和接受具有重要的作用。只有同时作为教育法律制度的承受者和制定者,人们才能对教育法律制度产生真正的服从,而教育法律制度也因此更有可接受性。教育法律制度特别是教育政策的执行,在程序上,同样具有民主的要求,制度政策在执行过程中,其共识和认同的达成,也有赖于广泛的民主参与。

二、价值维度——合目的性

"合目的性是社会主体自觉趋向符合人类及社会存在和发展要求的终极目标的性质。"②合目的性作为制度合法性的价值维度,是指公众在价值层面达成的共识,以及在共识基础上对制度的制定、执行产生的认同。社会发展总是通过人的有目的活动来实现的,可以说,任何事情的发生都是预期目的和自觉意图的结果。而且,社会所处的发展阶段越高,合目的性就表现得越突出。

人类活动体现着人类价值观的选择,活动的结果是预定目的的产物,由于受到主体目的的制约,从而表现为合目的性的结果。简单来说,价值是指事物的意义,价值观则指对事物意义的观点。哲学意义上的价值,是指主体与客体之间的关系。哲学范畴的价值观则指在主体与客体的关系中,主体对事物及行为的目标、标准、规范的观念模式。从终极的意义上说,社会发展的主体是人,社会发展的目标是人的全面解放,是实现人的自由,这是人类社会的终极价值追求。一切教育制度的设计,都要以满足人的全面发展为目的。

人的全面发展,这也是教育制度的价值追求。全面发展是指人的完整的发展,即通常所说的,使受教育者在德智体美劳等各方面都获得发展。全面发展曾经是人类千百年来的不断探索和追求的目标,更是现代教育的共同追求。人的全面发展最早在古希腊时期就开始被人们思考,文艺复兴和启蒙运动时更得到重视,近代以来更是成为各种关于人自身发展理论关注的中心。马克思在汲取前人思想的基础上创建了他的人的全面发展理论,他的人的全面发展理论与以往种种有关人的发展的学说的不同之处在于,马克思主义坚持辩证唯物主义和历

---

① [德]哈贝马斯.在事实与规范之间:关于法律和民主法治国的商谈理论[M].童世骏,译.北京:生活·读书·新知三联书店,2003:684.

② 鲜开林.社会历史发展的合规律性与合目的性[J].东岳论丛,1991(1).

史唯物主义，因此在分析人的全面发展时，能通过对现实生产关系的分析，指出所需要的条件和手段，以及教育与生产劳动相结合培养的途径。作为马克思主义的基本原理之一，人的全面发展理论也决定了我国教育的基本方针。在马克思主义的这一基本原理不断中国化的过程中，人的全面发展与素质教育相联系，确立了我国教育方针新的内涵，并成为指导教育实践的一条根本准则。

教育制度也要体现一般社会制度的价值。"正义"是社会制度的首要价值。社会主义核心价值观揭示了人类社会历史发展的终极价值取向，是社会制度本质的精神体现。"自由、平等、公正、法治"，其之所以能作为社会制度的价值准则，是因为它们共同体现了制度正义的基本要求。教育制度作为社会制度的一个组成部分，同样应遵循"自由、平等、公正、法治"的价值准则。"自由"是人类追求的永恒真理之一，也是马克思主义理论中的重要问题。马克思对"自由"的认识与思考基于其对实现人类解放问题的不断探索。①教育制度要以社会主义自由为价值追求，实现人的生存发展是社会主义自由的基础。平等，是指社会主体在社会关系中的同等地位，是社会关系的标尺，平等体现在行使权利、履行义务、分享成果等各个方面。平等作为对人与人之间关系的追求，是一种终极理想，体现着人格的尊严。"作为一种观念和准则，公正是与人类文明史相伴随的。"②教育制度要体现公正的价值，公正首先要求平等，它是机会平等、程序合法、结果正义共同作用的结果。公正与自由、平等和法治内在统一，其本质内涵是以人为本，着眼于最广大人民的自由全面发展，是基本的价值理念和社会发展准绳，是社会主义的核心价值。教育制度要遵循法治的精神，法治是现代国家治理的基本方式。

三、实践维度——合实效性

合实效性，是指体现实践活动的预期目的与结果之间的一种张力关系的概念，是实践活动之目的实现程度的表征。合实效性作为制度合法性在实践中的检验标准，指制度在实践中取得人们的认可、被执行和被遵守的状况，如果制度在实践中得不到人们事实上的遵循，或者制度虽然在实践上得到了遵循，但并没有达到预期的目标，就表明制度的合实效性出了问题。

---

① 段妍. 社会主义核心价值观中"自由"真谛及其实现路径 [J]. 理论探讨，2016（2）.

② 吴忠民. 公正新论 [J]. 中国社会科学，2000（4）.

制度的合实效性与制度的效力是两个不同的概念。效力是指制度本身所具有的约束力，通常来源于制度的合法律性；而合实效性，除了要求制度本身具有效力外（形式上的效力，体现为法规、文件等），还要求制度在现实中得到实际的贯彻实施并取得预期的效果。在理想的法治状态中，制度的效力和实效应该是一致的。但在现实生活中，制度的效力和实效完全吻合几乎是不可能的，因为制度的合实效性受到多重因素的制约，包括制度本身的质量、制度被公正执行的情况、公众对制度的认可程度以及法律意识等。此外，社会的政治法治环境、经济发展水平、历史文化传统等也都会对制度的合实效性产生影响。

教育制度合实效性的理想状态，体现在教育实践目标的达成度、结果的有效度、公众的满意度三个指标上。目标的达成度指向教育制度本身，即制度设计的目标是否得到实施或执行；结果的有效度与执行主体的活动相关，即制度的实施或执行是否达到预期的效果；公众的满意度指向教育活动的主要承受者，即制度实施或执行的效果是否得到公众的认同。合实效性的三个"度"在理论上是层层递进的关系，但在实践中是一个整体。实现教育制度合实效性的理想状态，需要在现实中获得三个认同：一是价值认同，即教育实践中对应的各方主体对教育活动在价值上的共识；二是政策认同，这取决于教育制度本身是否科学合理；三是主体认同，教育实践举措得到公正执行，这是公众对教育制度执行者的认同。如此三个认同，最终共同指向教育制度的权威。

第三节　义务教育制度的合法性理论逻辑

按照教育的整体阶段划分，义务教育属于基础教育，而小学教育、初中教育目前属于义务教育。由于各个阶段的教育都有其自身的特点，各自遵循着不同的规律，即使作为教育的本质要求和价值诉求的"育人为本"，在不同的教育阶段中也有不同的具体要求。本节将以教育制度合法性逻辑的综合分析框架为基础，结合义务教育的性质、宗旨、目的，重点分析义务教育制度合法性理论逻辑的三个维度。

一、义务教育制度的合法律性

义务教育制度有广义与狭义、正式与非正式之分。本书使用广义的义务教育制度概念，除了指"九年义务教育制度"，还包括管理体制、财政体制、入学制度、教育教学制度等一系列具体制度；除正式制度外，将结合义务教育中的个别非正式制度，进行辩证的分析研究。

教育制度的合法律性要解决三个方面的问题，即教育实践中制度层级和制度体系的规范化问题；教育法律制度政策等内容的科学性问题；以及教育制度的程序正义问题。下面，分别从规范性、科学性、程序性三个方面对义务教育制度的合法律性进行分析。

（一）规范性

规范性是义务教育制度合法律性的基本前提，是义务教育制度形式有效的基本要求。对义务教育制度而言，首先要保证相关法律体系的完备性。这里的法律体系是指与义务教育相关的法律法规按照内在的秩序和逻辑组成的一个整体系统。宪法是国家的根本大法，除宪法以外，目前针对义务教育发挥实际效力的法律有《中华人民共和国义务教育法》《中华人民共和国教育法》等法律。关于义务教育，目前形成了以宪法中的"受教育权""教育"条款，《中华人民共和国义务教育法》及《中华人民共和国教育法》《中华人民共和国民办教育促进法》等法律的相关条款，共同组成的义务教育法律体系。除了立法机关制颁的法律，关于义务教育，国务院制颁的行政法规、国务院部委颁布的部门规章，以及各地立法机关制定的"义务教育法实施条例"等地方性法规和地方政府制定的规章，成为义务教育法律体系的重要组成部分。总体来说，义务教育的法律体系，既包括义务教育的专门性法律法规，也包括部分非专门性的法律法规。义务教育制度相关法律体系的完备性，要求制度体系内的各层级法律、规章制度、规范性文件符合宪法的精神，不与宪法的精神相违背；义务教育领域内的现行专门法律法规应是制定良好的法律法规，法规规章不得与法律相抵触，法规之间、规章之间、法规与规章之间不存在相互冲突和矛盾的地方；义务教育政策和文件作为法律法规的具体化，不能突破义务教育相关法律法规当然包括宪法的相关规定和权利义务的范围。

我国教育立法尚处于探索阶段，目前还属于行政法的范畴，没有独立的法律部门，立法的经验不足，再加上受到立法人员素质、立法程序等因素的影响，由此导致目前的义务教育法律体系还不健全，影响了义务教育法的权威和实施效果。教育法律体系不健全对作为其重要组成部分的义务教育立法产生了不利影响。一是受教育权规定得比较笼统。宪法是我国的基本法，在宪法中无法详细规定公民依法享有的受教育权利。但在现行的《中华人民共和国义务教育法》

和《中华人民共和国教育法》中，虽然受教育权规定得比宪法详细，但从其内容和形式来看，仍可将其归为概括性法律条文的范畴，仍然缺乏可操作性。二是缺少"学校教育法""教育投入法"等关于教育保障的法律。由此，导致学校的职责不清、责权不明，学生的权利和义务也不具体。义务教育中素质教育难行、应试教育难禁，都与此相关。《中华人民共和国教育法》关于教育投入和条件保障的规定属于比较原则性的，没有"教育投入法"具体贯彻实施，就造成了义务教育法中关于教育投入的规定同样缺少执行的刚性，经费问题成为长期困扰义务教育的主要障碍。

为实现义务教育制度合法律性的规范性要求，必须加强教育包括义务教育的法律体系建设。一是加强国家层面的立法。比如尽快出台"学校教育法"，适时制定"教育投入法"，在这些法律法规出台后，根据这些法律，再及时修订和完善《中华人民共和国义务教育法》。二是加强地方立法。2006 年国家对《中华人民共和国义务教育法》进行修订，凸显了追求教育公平的立法宗旨，核心是推进义务教育的均衡发展，应该说从基本法的层面上已经有了很大的发展。毕竟我国幅员辽阔、民族众多，加上我国义务教育制度的领导和管理体制的特点，真正贯彻实施义务教育法的相关规定，还需要地方结合实际情况制定实施细则。但长期以来，地方立法部门在立法时存在着较为严重的"抄袭"上位法现象，导致省级义务教育立法实用性不强。地方政府立法要着重对上位法进行"细化落实"，通过强化和提高地方政府的主体责任、创新保障受教育者合法权益的措施、具体细化违法责任，尤其是针对"在家上学"和"就近入学"等义务教育面临的现实问题，省级立法权力机关可以积极探索，先行先试，从而提升地方立法的针对性。[①] 充分发挥地方立法职能，通过地方立法把义务教育择校、素质教育等热点难点问题解决好，既破解义务教育均衡发展的困局，也为国家层面制定配套法规积累经验，还为建立真正意义上的义务教育法律体系奠定基础。

（二）科学性

科学性是义务教育制度合法律性维度对义务教育制度内容的要求。义务教育制度的自洽体系不仅有形式上的规范性要求，内容上也应该科学合理。义务教育制度内容上的科学合理，涉及价值层面的要求，这也与义务教育制度的合

---

① 胡劲松，陈朝勇.地方义务教育立法：问题与对策——基于省级义务教育地方性法规的文本分析 [J].华南师范大学学报（社会科学版），2016（3）.

目的性相关。尤其是义务教育法律法规，作为一种长期有效的教育制度，要保持稳定性，内容上应该具有前瞻性，不能朝令夕改。政策文件是对法律法规的运用和具体化，在内容上应与法律法规保持一致，同时应具有可操作性。

为实现义务教育制度合法律性的科学性要求，应不断提高立法的专业化水平。1986 年制定的义务教育法，并不是由立法机关，而是由国家教委负责起草。尽管由教育部门起草教育法案具有熟悉教育管理业务、便于贯彻党和国家决策层意志的优点，但是由于缺少法律和立法专家的参与，教育部门又囿于自身的局限性，只能把政策文件在形式上转化为法律，加上"宜粗不宜细"的要求，导致 1986 年的义务教育法政策痕迹比较重，远离"准确""一致""简明""庄重"的法条特质，法律条文成为政策宣扬的工具，严重制约法律的可操作性。就法律语言来说，1986 年义务教育法的法律语言带有宽泛性、模糊性，立法者（全国人大）把更多的自由裁量权留给现实的执法者，亦即义务教育法的政策执行者——政府行政部门。[①]为提高立法的专业化水平，首先要求立法主体适切，立法者的素质要高；其次要求立法文本符合法律的规范。就 2006 年修订的义务教育法而言，其相关条款中的瑕疵对法律的科学性也有影响。比如，有些条款有义务无责任。1986 年的义务教育法第十二条规定国务院和地方各级人民政府基本建设投资的义务，但 2006 年修订版法律中没有明确各级政府不履行义务的法律后果，因此无法追究相关违法行为的责任，无法保证相关义务条款的实施。再比如，有些条款表述含糊，缺乏可操作性。义务教育法律规范转化为具体的法律行为受多种因素制约，法律条款本身是否完善、表述是否准确也是一个重要的因素。2006 年修订版义务教育法第十二条，虽然规定了地方政府保障学生就近入学的义务，但对"就近入学"没有明确清晰的界定，比较笼统，不利于实施。另外，完善教育法规运行机制，在立法中强化义务教育执法、司法、法律监督的相关内容也是科学性所要求的。

考虑到教育政策在教育制度体系中的特殊地位，为实现义务教育制度合法律性的科学性要求，还必须妥善处理好义务教育政策与义务教育制度的关系。相对于义务教育制度而言，义务教育政策是具有动态性质的选择过程。政策总是在制度环境中发挥作用，并受制度环境的影响。[②]义务教育政策产生并服务于

---

① 邓汇文. 立法作为政策的一个过程：一个以中国新修订的《义务教育法》为例的制度分析的框架 // 2008 年中国教育经济学年会会议论文集 [C]. 中国教育学会教育经济学分会，2008：217.

② 张烨. 教育政策的制度分析：必要、框架及限度 [J]. 复旦教育论坛，2006（6）.

义务教育的制度框架，但同时也应该能动地反作用于制度，促进制度的完善。一方面，义务教育政策的制定必须依据义务教育制度的核心价值，因为义务教育的制度目标，决定着义务教育政策执行的方向，规定着人们的社会角色及行为取向，并最终影响义务教育政策的效果。义务教育政策只有沿着制度规范的要求推进，才能强化义务教育制度体系，完善义务教育制度框架。但政策反过来对制度又具有保护、修复或建构功能。^①当义务教育制度处于相对稳定的状态时，义务教育政策可以通过局部的调整来消除不和谐因素，促进制度系统的优化；但是，当义务教育制度处于不稳定状态，或者某项具体义务教育制度的价值取向与主流价值发生偏移时，义务教育政策应该有能力通过系统的调整来修正或建构新的制度。

（三）程序性

义务教育制度合法律性的程序性要求，是指在义务教育制度的制定运行中坚持程序正义，坚持公开、民主等基本的程序要求。程序性是义务教育制度合法律性的内在要求，是制度合法性的重要保障。只有既是义务教育法律制度的承受者，同时也是其制定者时，公众才能对教育法律制度产生真正的服从，也只有这样，义务教育法律制度才能具备合理的可接受性。教育法律制度特别是教育政策的执行，在程序上同样有民主的要求，制度政策在执行过程中，其共识和认同的达成，有赖于广泛的民主参与。公民对政策过程的参与已经成为社会共识，公众参与有利于保证义务教育制度的公益性，防止公共权力的异化，公众的广泛参与是义务教育制度程序正义的重要保障。

听证制度是"正当程序"的应有之义。在义务教育制度运行中坚持程序正义，应在保障义务教育各方利益主体平等地位的前提下，加强听证制度。通过听证制度可以有效消除制度运行中的信息不对称问题，一方面，决策部门可以通过听证程序吸纳民意赢得公众的支持和遵从；另一方面，公众据此可以加深对制度目标的理解，增强执行的主动性。听证作为制度化听取意见的方式，是立法或制定政策的一个重要程序，是立法与决策机关的法定义务，不履行这个程序，法律或政策就会丧失正当性与合法性。^②

法律是义务教育制度最重要的根据和来源。义务教育制度合法律性的程序

---

①蒋平，王正惠.城乡义务教育一体化政策的制度逻辑——基于制度分析理论的视角[J].教育学术月刊，2014（9）.

②占志刚.公共政策的合法性探析[J].探索，2003（6）.

性要求，对义务教育立法执法的要求更加严格。在义务教育立法方面，要进一步增强民主化程序，广泛听取意见和建议，改变少数人立法的方式，建立一种广泛参与和集中民智的立法机制。从根本上说，立法过程民主一方面有助于实现立法的科学化，另一方面也有助于实现人民民主权利，人民群众通过对立法过程的参与，达到了参与决策的机会，是人民当家作主的重要体现，也是保障最广大人民根本权益的重要途径。要实现立法过程民主，必须组织法律专家主持起草，在充分调研的基础上，广泛吸纳社会各阶层人士参与起草工作，通过多种途径广泛听取对法律草案的意见建议。同时应在更大的范围内通过法律，避免在立法中出现保护部门利益的倾向，或者各部门之间的不协调，给法律的实施带来困难。在义务教育制度的法律运行方面，要进一步完善机制。从总体上来看，我国教育的立法、执法、司法、守法和法律监督的运行机制不完善，也直接影响了义务教育法律的运行。比如，在教育立法上，存在下位法与上位法不一致的情况，也存在着部门法之间的不协调问题；在执法司法上，也存在着执法不严、司法不公的现象；在法律监督上，缺乏制度化的规范体系，对义务教育的法律监督更是形同虚设。只有不断完善法律运行机制，才能确保义务教育制度合法律性的程序性要求。

二、义务教育制度的合目的性

合目的性，是从价值维度对义务教育制度合法性展开的分析。所谓价值维度，是指义务教育指向的价值或目的。义务教育制度追求的价值及其实现的程度，可称作义务教育制度的合目的性。"正义"是社会制度的首要价值，"自由、平等、公正、法治"等价值原则，从不同侧面共同体现了制度正义的基本要求。义务教育制度自然要遵循正义的要求，符合自由、平等、公正、法治等社会制度的规定，但作为一种特殊的社会制度，在诸多价值选择中，义务教育制度的价值选择更导向公正。

当然，关于义务教育价值追求的认识，也经历了不断深化的过程。从国内教育学的相关研究来看，教育平等、教育公平、教育正义、教育公正是研究者在不同时期分别或同时使用的几个概念。平等、公平、正义、公正四者之间有着密切的联系，冯建军教授曾对四个概念的内涵进行过比较。[1] 相较而言，正义

---

① 冯建军. 教育学视野中的教育公正 [J]. 陕西师范大学学报（哲学社会科学版），2008（2）.

的应然性强于公正；平等相比公正，有可能会走向极端；公平和公正相比，前者包含工具性的因素，后者更强调正当性。针对平等、公平、正义、公正等概念的不同内涵及其相互关系，本书使用教育公正的概念来阐述义务教育制度的合目的性问题，即义务教育制度的价值追求及其实现程度。不过，此处的公正既包括一般社会公正的价值，也包括义务教育作为特殊制度的价值。

（一）公正与教育公正

关于公正的概念，《辞海》的解释是：从一定原则和准则出发对人们行为和作用所作的相应评价，也指一种平等的社会状况，即按同一原则和标准对待相同情况的人和事。[①]进一步展开来表述就是，在平等的社会状况下，"同样的情况应当同样地对待——或者使用平等的语言来说：平等的应当平等地对待，不平等的应当不平等地对待"[②]。

从上述解释来看，公正指向人的行为，与行为者的权利义务相关。按照亚里士多德的理解，公正就是平分，公正就是一种中道。[③]平等是公正的内在要求，是公正的题中之意，公正能不能实现以及公正的实现适度有赖于平等的实现程度。不过，平等也分为两种，一种是完全的平等，完全平等就是"无差别""等同""齐一"的状态或结果，这种平等基于人作为同一个种类而产生；另一种则被亚里士多德视为比例平等，"根据各人的真价值，按比例分配与之相衡称的事物"。[④]与完全的平等基于同一个种类不同，比例平等体现的是种类平等下的个体差异。平等地对待相同的人，以及对不同的人给予不平等的对待，同样都是公正的。[⑤]

除此以外，还有一种公正，可以称之为"补偿公正"，由罗尔斯的《正义论》发扬光大。罗尔斯提出："社会的和经济的不平等应这样安排，使它们被合理地期望适合于每一个人的利益；并且依系于地位和职务向所有人开放。"[⑥]

什么是教育公正？相对于公正的概念来说，教育公正的内涵更加丰富，研究者在对教育公正进行界定时，对其含义的解读也不尽相同。

---

① 辞海编辑委员会.辞海（彩图珍藏本）[M].上海：上海辞书出版社，1999：757.
② [美]汤姆·L.彼彻姆.哲学的伦理学[M].雷克勤，等译.北京：中国社会科学出版社，1990：330-331.
③ [古希腊]亚里士多德.尼各马科伦理学[M].苗力田，译.北京：中国社会科学出版社，1990：95.
④ [古希腊]亚里士多德.政治学[M].吴寿彭，译.北京：商务印书馆，1965：234.
⑤ 冯建军.教育公正需要什么样的教育平等[J].教育研究，2008（9）.
⑥ [美]约翰·罗尔斯.正义论[M].何怀宏，等译.北京：中国社会科学出版社，1988：61.

国内从 20 世纪 80 年代开始出现关于教育公正的研究，相关的著作和论述把教育公正同教师的职业道德、品德挂钩，把教育公正局限在教师的公正范围内。王正平在《教育伦理学》中把教育公正理解为在教学活动中合理对待和评价学生的问题。檀传宝教授提出："教育公正要求教师等教育主体在自己的教育活动中对待不同的学生要秉持正义和公平的原则。"[①]

这种对教育公正所作的伦理解读，基本上属于教育系统的内部公正，从微观层面，主要关注课堂教学、师生交往及教学评价中的公正问题。此后还有一种教育系统内部的在个体意义上的解读，认为"教育公正是一种个体公正"。[②]与伦理公正针对教师不同，这种个体公正指向学生，提出教育是人追求自我升华发展的一种力量，教育"公正"就是"公正"的教育，就是使学生实现自我，成为学校的主人，作真正意义上的"学生"，实现学生的全面发展。这种意义上的教育公正，可以理解为"教育民主，它们的出发点都是为了学生的'解放'，实现学生的'自由'，完善学生的'人身'"。[③]

也有学者把从宏观层面对教育公正问题的探讨称为外部公正，而外部公正又通常被指向制度层面，教育（制度）公正就是："规范化、定型化了的教育行为方式与教育交往关系结构的公正性，它表现为规范化和秩序化的特征。"[④]因此，制度层面的公正针对国家制度设计，这种公正要求通过宏观的制度安排，统筹分配教育资源以实现公正。

事实上，有关教育公正最多的还是从权利和机会平等的角度进行的研究，包括起点、过程和结果公正。平等接受教育是基本人权，起点公正是在入学机会上的平等。过程公正既对教育系统外部有要求，也对内部起作用。外部公正主要指制度层面的公正，即通过宏观安排合理配置资源，既保证教育的均衡发展，也保障弱势群体的权利。内部公正主要体现在学校的教育教学过程中，要求师生在教育教学中关系平等，要求教师在坚持一视同仁的前提下，能根据学生的个体差异因材施教。教育结果公正既包括目标也包括结果，并指向学生自由而全面的发展。

---

① 檀传宝. 教师伦理学专题：教育伦理范畴研究 [M]. 北京：北京师范大学出版社，2000：66.
② 苏君阳. 论教育公正的本质 [J]. 复旦教育论坛，2004（5）.
③ 王磊. 我国教育公正的伦理研究 [D]. 沈阳：沈阳师范大学，2012：6-8.
④ 李江源. 教育制度的现代转型及功能 [J]. 教育理论与实践，2004（1）.

教育公正不仅是社会公正的重要组成和基础，而且公正是教育的根本特质。[1]教育公正的定义是："通过合理的教育制度，恰切地分配教育资源，使每个人获得与其相适宜的教育，满足个体的学习需要，使个体得其应得，实现个性化地发展。"[2]这个定义已经具有了综合性的特征。

（二）基于合目的性的教育公正

教育公正是近年来在教育研究中使用较多的一个概念，在以往的研究中多使用"教育公平"或"教育平等"，也有一些研究者使用"教育正义"。当然，使用的核心概念不同，并不能否认教育公平、教育平等属于教育公正研究的范围。比如在罗尔斯的理论中，社会公正和社会平等就被看作两个等价的命题。从内涵上理解，平等是公正的第一要义，但问题是，平等并不是意义清晰的概念。"教育公正要致力于实现教育平等，需要清楚什么是教育平等，教育平等的边界与范围、类型与性质。否则，盲目、激进地追求绝对的平等，容易导致平均主义，反而不利于实现教育公正。"[3]

上述概念的演变体现了对教育公正认识的不断深化，也源于研究者基于不同的学科立场。如，经济学的研究视角将教育公正与资源配置相联系，强调教育公平；而政治学的视角则将教育公正与受教育权利、教育机会相联系，强调教育公平；教育社会学的视角则是把教育公平限定在"教育机会均等"上予以强调；等等。

基于以上分析，本书关于义务教育制度"合目的性"的教育公正研究，将以一种整体、综合的观点来展开。作为一种整体的、综合性的教育公正观，具有以下三个特点：

第一，这是一种克服了狭隘化理解的教育公正观念。过去关于教育公正的研究，过多地局限于教育平等、教育公平，平等多倾向于机会和权利平等，公平又多倾向于教育资源的分配。尤其是公平视角的教育公正，把问题的解决演化成教育资源公平分配的问题，远离了教育本身的问题。克服狭隘化理解的教育公正观念，就是要采用一种多学科融合的视角，既关注制度本身的公正，也关注教育资源的分配，还关注教育自身的价值，这样一种教育公正观是一种复合性的公正观。

---

① 冯建军.公正：教育的内在品质 [J].教育评论，2007（4）.
② 冯建军.教育学视野中的教育公正 [J].陕西师范大学学报（哲学社会科学版），2008（2）.
③ 冯建军.教育公正需要什么样的教育平等 [J].教育研究，2008（9）.

第二，这是一种保持教育自身独立性的教育公正观念。过去的研究，多把教育公正看作社会公正在教育领域的延伸，忽视教育公正自身独立的价值，经常以政治公正、经济公正来理解认识教育公正，强调教育公正的社会公正或外部公正问题，而教育自身或教育内部也存在公正性的问题，也存在价值追求和价值选择问题。教育自身的价值追求和价值选择是教育公正的内在要求。

第三，这是一种强调教育自身目的性的教育公正观念。教育的目的是实现学生个性化的全面发展。就教育的目的而言，过去的教育公正观念对这方面有所忽视，而强调更多的则是教育的资源配置。当然，通过教育资源合理配置、促进教育均衡发展，是为学生发展和成长服务的，但从根本上来讲，教育的资源配置终究只是一种手段。教育公正最终还是要落实到学生的个体成长和全面发展上面，教育资源配置也应以有助于实现个体发展的公正作为最终目标，否则就是一种本末倒置。过去在教育公正问题上对手段的强调，以及对个体发展和个体发展公正的忽略，也是使教育公正丧失自身独立性的一个重要原因。

（三）义务教育制度合目的性的三个价值向度

冯建军教授提出教育公正涉及三个层面：教育的社会公正（或教育的外部公正）、教育中的公正（或教育的内部公正）以及教育目的的公正。[①]在这三个层面上，目的的公正当然指向个体发展，另外两个层面，则指向资源配置，它们之间应该是目的与手段的关系。借鉴这种分类方式，参考上述关于义务教育制度合目的性的教育公正的三个特点，本书认为，作为义务教育制度合目的性的教育公正，是指义务教育制度及其实施，既要符合社会的主流价值，符合社会公正的理念，也要尊重教育的规律，符合人的天性，最终实现促进个体自由全面发展的教育本体目的。义务教育制度的合目的性应该具有下列三个价值向度和价值追求。

1. 合目的性的教育公正的宗旨

这是指教育公正将更加注重教育的本体功能，实现由强调教育的政治功能、经济功能，向强调教育的本体功能转变。回顾中国教育的发展历程，我们可以发现，新中国成立后的 17 年，教育的政治功能、经济功能被放到突出的位置，并且通过政治功能和经济功能，主要服务于巩固政权。"文革"期间，教育的政治功能更是被无限地放大，作为阶级斗争工具的教育完全背离了教育的本体

---

① 冯建军.教育学视野中的教育公正 [J].陕西师范大学学报（哲学社会科学版），2008（2）.

功能。改革开放以后，教育在发挥经济功能，在为经济建设做好服务的同时，也开始逐步强调教育的本体功能，这是尊重教育规律的必然选择。在新的历史时期，在经济社会发展的新阶段，教育的本体功能应该更加突出，在义务教育过程中，应该由注重学生的义务向注重学生的权利转变，应该由追求平等向注重自由转变，应该由注重教育的宏观公正向注重教育的微观公正转变，这应该是新时期义务教育公正的宗旨。

2. 合目的性的教育公正的路径

义务教育是纯公共产品，这就要求义务教育应由政府负责，否则就是政府的失职。现代教育的公共性，决定了保障每一位公民的受教育权是政府的基本职能，尤其是现阶段，义务教育已经向优质均衡阶段迈进，必须舍弃过去的精英主义人才培养理念，并转向为每一个公民的发展服务，并从起点平等走向过程均衡，由机会均等转向资源均等。合目的性的教育公正的路径，要求合目的性的教育制度，并要求通过公正的教育制度，实现教育资源的合理配置，而资源合理配置的依据，就是合目的性的教育公正的宗旨，就是服务于教育的本体功能，就是为了实现每个个体充分的发展。目前义务教育要在人人有学上的基础上，促进义务教育的优质均衡，为上好学提供大致相当的资源和条件。"中国义务教育均衡发展需要探索更加精准、更广地域水平的均衡发展政策安排与管理机制，如城乡统筹、薄弱学校建设、优质资源共享等。"[1]

3. 合目的性的教育公正的目标

上文指出，教育的目的是实现学生的全面发展，促进学生个性的不断完善。教育公正必须服务于教育的目的，也就是说，教育公正的目标，应该是使每个学生在接受教育的过程中，实现使他们个性不断完善的全面发展。什么是使他们个性不断完善的全面发展？就是要"使每个人获得与其相适宜的教育，满足个体的学习需要，使个体得其应得，实现个性化地发展"[2]。实现学生个性不断完善的全面发展目标，就要求首先遵循教育规律，在强调教育的政治、经济等功能的同时，更加注重教育的本体功能，使义务教育真正为学生的身心发展服务，使义务教育由英才教育向素质教育转变。"合目的的发展，指着眼于人的终身可持续发展，秉承理性原则，克服教育上的功利主义，如康德（Immanuel

---

① 柳海民，王澍. 中国义务教育实施 30 年：成就、价值与展望 [J]. 北京大学教育评论，2016（4）.
② 冯建军. 教育学视野中的教育公正 [J]. 陕西师范大学学报（哲学社会科学版），2008（2）.

Kant）所说，人是目的，义务教育的宗旨在于使得每个学生的潜能获得充分的自由的发展。"①

三、义务教育制度的合实效性

根据上文对合实效性的理解，义务教育制度的合实效性就是指义务教育制度在实施过程中被人们认可、执行和遵守的状况，以及在此基础上的实际效果。合实效意义上的合法性，尽管也强调结果意义上的效果，但更强调一种价值上的共识和主体内心的认同，而后者甚至更为重要，这就是通常意义上的实际效果与民众期待问题，直指合实效性的根本——认同。从总体上分析我国义务教育制度的合实效性，可以说达到了预期的目标，受到了广泛的社会认同，总体满意度较好。但就义务教育制度各方主体来说，个体意义上的认同还是有差异的。基于以上的认识，下面从义务教育制度目标达成度、结果有效度、公众满意度三个方面来分析义务教育制度的合实效性问题。

（一）目标达成度

目标达成度是义务教育制度合实效性的基础性标准。义务教育制度最直接的目标是保证每个适龄儿童、少年都能接受高质量的免费义务教育，保障个体受教育权的充分实现。就这一目标而言，我国的义务教育基本达成了其制度设计的目标。20 世纪 80 年代，根据第三次全国人口普查，文盲和半文盲（12 周岁以上不识字和识字很少的人）为 2.35 亿人，②约占统计人口的三分之一。"1988年 9 月 7 日国家教委宣布：从解放到 1987 年的 38 年中，全国'扫盲'1.57 亿。然而就在这时，联合国教科文组织的一份报告表明，中国仍有文盲、半文盲 2.2亿。"③2000 年，我国在 85% 以上的人口地区完成"两基"任务，基本普及九年义务教育，此后又通过十年的发展，2011 年全面普及九年义务教育。1949 年，我国 15 岁以上人口平均受教育年限仅为 1.6 初等教育当量年；1982 年为 4.8 年；1999 年为 7.11 年，我国首次在人均受教育年限上超过世界平均水平 6.66 年；2000 年为 7.85 年；2005 年为 8.5 年，比世界平均水平高出 1 年。④到 2018 年，

---

① 柳海民，王澍. 中国义务教育实施 30 年：成就、价值与展望 [J]. 北京大学教育评论，2016（4）.
② 国家统计局. 中国统计年鉴 1984 [M]. 北京：中国统计出版社，1984：94.
③ 武世英. 对我国人口质量的思索 [J]. 河北经贸大学学报，1989（6）.
④ 卓晴君. 从儿童入学率 20% 到实现九年义务教育目标——建国 60 年教育发展辉煌的重要标志 [J]. 中国教育学刊，2009（11）.

劳动年龄人口平均受教育年限提高到 10.5 年。

我国自 1986 年通过立法推行义务教育制度，仅用了 25 年的时间实现义务教育全面普及目标，"成为 9 个发展中人口大国中唯一全面实现普及九年义务教育的国家"[①]。义务教育在实现教育的本体功能的同时，也实现了教育的政治功能、经济功能、文化功能，促进了国家的长治久安，为社会主义现代化建设提供了大量的高素质劳动者，使成长起来的年轻一代保持对国家民族的认同感、荣誉感与责任感。[②]同时作为国际社会的一员，我国积极参加世界全民教育计划，提前 7 年高标准实现全民教育目标，我国推进义务教育改革发展的经验也先后被联合国有关组织向世界推广。但在这一过程中，"一些本该在课堂里接受义务教育的儿童、少年，或流落街头闹市，或为生计而奔波，在宽敞明亮的教室享受接受教育的权利，成了他们难以实现的奢望。"[③]农村留守儿童、进城务工人员随迁子女、流动儿童等弱势群体的受教育权保障方面还不是十分充分。另外，尽管义务教育阶段逐步实现了免费，但家庭教育经费特别是义务教育阶段的经费支出在家庭支出中的占比很大，与免费义务教育的初衷不符，实质上是一种异化现象。

增强义务教育制度的合实效性，必须进一步增强制度的目标达成度，并使义务教育制度从整体推进的策略，转向对个体关注的新路，保证每一位适龄儿童、少年都能得到高质量的义务教育，保障每一位公民义务教育受教育权的充分实现。要通过义务教育综合改革，进一步完善义务教育管理体制，进一步强化政府对义务教育的完全责任，科学合理地划分职责；强化政府作为投资主体的义务，完善经费保障机制；积极发挥社会力量办学的积极性，完善民办教育机制。改革的总体思路，是在适应由"有学上"到"上好学"转变的同时，增强对弱势群体的保护，要以保障最不利者的权利作为当前义务教育改革的基本立足点。

（二）结果有效度

义务教育制度合实效性中的结果有效度，是在义务教育机会、权利公平的前提下，关于义务教育过程和质量的标准，这基于对义务教育性质的认识和把握。从义务教育的性质来看，义务教育是保证每个人都接受的教育，是一种为了适

---

①　钟曜平.奠基中国的千秋伟业——写在中国全面完成普及义务教育和扫除青壮年文盲目标之际 [J].辽宁教育，2012（24）.

②　柳海民，王澍.中国义务教育实施 30 年：成就、价值与展望 [J].北京大学教育评论，2016（4）.

③　郝淑华.教育法实效问题探究 [J].沈阳师范大学学报（社会科学版），2015（3）.

龄儿童、少年全面发展的素质教育，"育人"是义务教育的核心功能。不可否认，教育具有政治功能、经济功能等工具功能，但教育的根本目的或者说教育自身的本体功能是"育人"。个人身心发展的基础一般在儿童时期就得以奠定，因此在义务教育阶段应当坚持"育人为本"，严格按照教育规律和学生身心发展规律组织教育教学活动，在教育教学中充分考虑学生的个性，将科学引导与因材施教相统一，促使每一个学生都能健康快乐、自由全面地成长。在弘扬法治观念、权利意识的基础上，重点要从"育人为本"的角度，加强义务教育法律法规、政策制度的宣传，宣传正确的教育理念，提高社会对义务教育制度价值理念的共识。

正确的义务教育理念是由义务教育制度的合目的性决定的，要充分实现义务教育制度的结果有效度，必须更新观念，强调"以人为本"是义务教育的基本理念，而不是竞争性的选拔教育。但受传统文化、社会现状、高考制度等方方面面因素的影响，政府部门、学校、家长等基于各自立场，在对义务教育本质价值的认同上，很难说已经达成充分的共识。应试教育屡禁不止，素质教育难以推行，禁止择校的文件年年发，择校现象依然存在，学区房持续升温，"影子教育"不断泛滥，整个社会处在对孩子教育的焦虑之中。尤其是家长对"影子教育"的追捧，折射出对义务教育价值理念认识的偏差。社会的教育问题，从某种意义上说，实际上是教育的社会问题，是社会问题、文化因素在教育领域的体现。教育问题的解决，有赖于社会问题的解决，其前提就是理念的更新。

提升义务教育制度的结果有效度，要求充分赋予中小学自主发展的空间，推进义务教育学校特色发展，真正贯彻以生为本的理念，鼓励学校加强特色化的课程体系建设。义务教育学校要带头改变"以分数为核心"的教育质量观，带头实行"以学生素养为核心"的评价体系，主动适应学生身心发展的规律，尊重学生个体的独特性，帮助学生学会自由选择，科学自主判断，挖掘自己的潜能。教育的关键在教师。义务教育学校的老师要尊重和欣赏不同学生个体差异的能力，发自内心地关爱学生，引导每一个学生真切地融入适合的教育之中，实现学生有个性的全面发展。

（三）公众满意度

认同是合法性中的重要概念，是制度权威性的关键。公众满意度是义务教育制度认同和权威的集中体现，也是义务教育制度合实效性的关键。尤其在社会转型期，除了个体在义务教育上的差距，教育的理想与教育的整体发展实际之间仍有差距。受制于经济发展等多方面原因，目前仍然存在的区域差距、城乡差距、校际差距和群体差距，也是影响义务教育制度公众满意度的重要因素。尽管随着经济社会的发展，国家义务教育主体责任得到不断强化，经费投入持续增加，但随着人民群众对优质教育资源需求的持续增长，下一阶段尤其需要推进义务教育的优质均衡发展和城乡义务教育一体化发展，使每一位学生都能得到优质公平的教育。

公众的满意度，除了有赖于义务教育的结果有效度，对义务教育制度本身的认同也是重要的因素。义务教育制度本身只有在公众当中赢得了广泛信任，才能促进公众把制度的服从和遵循当成自己的义务，而非仅仅是权利并陷入权利与义务的对立之中。义务教育制度赢得公众信任的前提是其制度本身的公正性。义务教育制度本身的公正性，受到义务教育性质的制约，基于公众对义务教育公共性的认知。除了对义务教育作为整体制度的认识，对义务教育中具体制度的不认同，也会影响义务教育制度的合实效性。从法律关系上看，国家是义务教育责任承担的主要主体，尤其是义务教育的投资主体，但长期以来，国家的主体责任履行并没有得到公众的充分认可，尤其对投资主体责任不满意一度比较突出。历史上，由于投资主体过低，致使义务教育经费在很多地区很难充分保障。比如1986年颁布的《中华人民共和国义务教育法》规定免收学生学费，但该法实施后很长时期内学校一直在收取相关费用。再比如就近入学制度，作为义务教育中的核心制度，在合法律性分析时也提到，由于法律规定不完善，各地在执行时没有普遍的标准，各地相继出现过关于就近入学的诉讼。提升义务教育制度的满意度，需要进一步推进义务教育体制机制的改革，不断完善义务教育的具体制度。

从理论和实践来看，在社会转型期，教育制度合法性的构成基础会发生变动。义务教育制度也会有合法性的维持期、问题期及其合法性的重建期。提升公众对义务教育制度的认同，必然要求将义务教育纳入法治化轨道。公众对义务教育满意度的提升，最终也将依赖义务教育法治化的不断推进。教育法治首先导向义务教育制度的合法律性，要求不断完善义务教育的立法，切实提高义务教育制度的科学性。教育制度的合法律性，一方面要求教育制度政策符合法律法规，首先做到消极意义上的依法治教，同时，也要求不断推动教育制度政策的法律化，不断提高义务教育的立法质量，不断推进教育实践本身的法治化。"首先要明确立法的价值内涵和价值取向，要把促进教育发展，充分保障和实现公民的受教育权放在第一位。"① 除了明确立法的价值内涵和价值取向，提高立法质量，还需要推进立法民主，提高立法的科学性、合理性和可操作性。在加强教育立法的前提下，要把法治作为教育治理的基本方式，确保严格执法，并保证执法的每个环节都能体现公正的要求。"还要建立制度执行的监督机制，实施制度违反的问责制，切实保证制度的公正执行。"② 通过厉行法治，在保障公民受教育权的同时，要加强法治宣传和法治文化建设，在全社会营造出崇法守法的良好氛围。

小结

本章的主题是教育制度的合法性逻辑建构及其理路，目标是构建制度合法性的整合性分析框架，并在此基础上建立教育制度、义务教育制度的合法性理论逻辑体系。本章共分三节，分别为合法性理论及其分析框架、教育制度合法性的三个维度、义务教育制度的合法性理论逻辑。本章的研究思路如下：

首先，本章在对合法性理论进行研究的基础上，以政治合法性、政策合法性和法律合法性的研究为例，提出基于经验和规范研究范式的合法性分析工具的弊端，以及构建制度合法性综合分析框架的必要性，并提出整合性的制度合法性分析框架应以形式有效为前提、价值共识为基础、实践实效为目标，在规则、价值和实践三个维度上，实现合法律性、合目的性与合实效性。

接着，本章分析了教育制度合法性的三个维度，分别提出了教育制度合法律性、合目的性、合实效性的内涵与外延，明确了三个维度在合法性中的不同地位和需要解决的主要问题。

最后，本章在教育制度合法性三个维度的基础上，结合义务教育阶段的教育性质和教育特点，研究了义务教育制度的合法性理论逻辑，从规范性、科学性、程序性三个方面分析义务教育制度的合法律性；围绕基于合目的性的教育公正，分析了义务教育制度合目的性的三个价值向度；从目标达成度、结果有效度、公众满意度三个方面，分析了义务教育制度的合实效性。

---

① 郝淑华．教育法实效问题探究 [J]．沈阳师范大学学报（社会科学版），2015（3）．
② 冯建军．政府在教育公正中的责任与限度 // 袁振国．中国教育政策评论（2008）[C]．北京：教育科学出版社，2008：73．

　　本章完成了义务教育制度合法性理论逻辑体系的建构任务，从下一章开始，将运用这一理论逻辑体系，分别从规则维度、价值维度、实践维度，围绕合法律性、合目的性、合实效性问题对义务教育的相关制度作进一步深入研究，以检验这一逻辑体系的可行性，同时也通过合法性分析，对义务教育的制度运行和相关问题的解决提出对策建议。其中，第三章规则维度的阐释，将主要围绕义务教育的法律关系展开论述；第四章价值维度的阐释，将分别围绕义务教育的内部公正和外部公正进行分析；第五章实践维度的阐释，将主要围绕公众关心的教育热点问题进行研究。当然，由于合法律性、合目的性及合实效性共同构成合法性的统一体，后面三章的主题只是相对独立的，比如论及合法律性问题的同时可能也会涉及合目的性问题，论及合目的性问题的同时可能也会涉及合实效性问题，如此等等。

第三章

规则维度的阐释：合法律性

本章从规则维度对义务教育制度进行合法性理论阐释。合法律性是义务教育制度合法性理论逻辑的基本要求，也是实现义务教育制度合法性的基础。规范性、科学性和程序性是义务教育制度合法律性的具体体现。本章将以义务教育的法律关系为切入点，选取义务教育中的权利义务关系、学生受教育权的保护以及政府义务教育责任的履行等几个视角，对义务教育制度的合法律性问题进行具体的分析和阐述。

第一节　义务教育中的权利和义务

义务教育法律关系是义务教育法律制度的核心。义务教育法律关系的主要内容是义务教育中各方主体之间的权利和义务关系。在义务教育的法律关系中，关于学生权利和义务的问题，多年来一直存有争议。厘清义务教育法律关系，明确相关主体的法律权利和法律义务，是义务教育制度合法律性要素当中的一个重要问题，对于确立义务教育制度理念、完善义务教育制度规范、推进义务教育改革发展实践具有重要的意义。

一、始于"义务"的义务教育

现行《中华人民共和国义务教育法》第四条规定了适龄儿童、少年在义务教育中的权利和义务。在中国已有的法律关系之中，既是权利又是义务的，也只有教育和劳动。《中华人民共和国宪法》第四十二条、第四十六条分别规定劳动和教育既是公民的权利，又是公民的义务。

从上述法律条文来看，目前在中国义务教育既是适龄儿童、少年的权利，也是其义务。关于义务教育的性质，在不同国家的法律中有不同的规定，或者说对义务教育权利义务属性的界定有较大差异，主要有三种类型：

第一种类型是义务型。如智利宪法规定，基础教育和中等教育具有强制性；阿尔及利亚宪法规定，初等教育应强制进行；爱尔兰宪法规定，国家要求儿童在道德、智力和社会方面接受最低限度的教育。[①]"强制性""强制进行""最低限度的教育"都指向义务教育的义务属性。

第二种类型是权利义务的双重属性型。义务教育对于公民来说，既是法定权利，也是法定义务，如我国关于义务教育的规定，另外越南等国宪法中关于义务教育也有双重属性的类似规定。

第三种类型是权利型。如摩洛哥宪法规定，基础教育是儿童的权利和家庭与国家的义务；巴西宪法规定，受教育权是全体巴西人的权利，也是国家和家庭的义务。[②]这种类型将接受义务教育作为权利赋予学生，国家和家庭则成为义务的承担者。

从全球范围考察整个义务教育发展的历程，在最初的义务教育法律关系中，接受义务教育是适龄儿童、少年的"义务"而非"权利"，当然这一义务也不仅仅是适龄儿童、少年的义务。根据马克思主义的基本理论，"权利永远不能超出社会的经济结构以及由经济结构所制约的社会的文化发展。"[③]义务教育最初的"义务"而非"权利"的法律关系，根源于当时的生产力和生产关系，受到当时经济基础的制约。

义务教育是随着近代的宗教改革特别是资产阶级革命而出现的。路德和加尔文作为改革先驱，都曾提出过普及教育的思想。资产阶级革命兴起后，资产阶级一方面谋求从教会手里夺取教育权，另一方面又利用普及教育，在全体国民中培养民族主义情绪，各国相继颁布了一些强制父母送儿童入学的法令。资本主义制度的建立以及两次工业革命，极大地促进了社会生产力的发展，也引起了社会生活的革命性变化，包括对初等教育的影响。新的生产力对工作者提出了能使用机器的新要求，马克思指出，"要改变一般的人的本性，使它获得一定劳动部门的技能和技巧，成为发达的和专门的劳动力，就要有一定的教育或训练"[④]。在这样的背景下，占人口大多数的生产工作者甚至社会的全体成员

---

① 段立章. 儿童宪法权利研究 [D]. 济南：山东大学，2016：79–80.

② 同上，80.

③ [德] 卡尔·马克思. 马克思恩格斯选集（第 3 卷）[M]. 北京：人民出版社，1975：12.

④ [德] 卡尔·马克思. 马克思恩格斯全集（第 23 卷）[M]. 北京：人民出版社，1972：195.

能够具有初等教育的水平，成为经济社会发展的迫切需求，同时社会生产力的发展也为普及初等教育创造了条件，到 19 世纪 50 年代，义务教育在欧美许多国家得到迅速发展。

在很长的一段历史时期内，家庭自治被认为是天经地义的事情，管教儿童就自然成为纯粹的家庭"内政"，未成年人作为家长的附属物，不是享有宪法权利的独立个体。与此同时，国家对于家庭抚养教育儿童的行为，不进行干涉，除非有父母极度滥用家长的权利对儿童造成了侵害。康德曾经断言，一个未成年的人如同学徒、仆人、所有妇女一样，没有公民的人格，其存在仅是附带地包括在国家之中。①但是，随着经济社会的不断发展，各个国家后来纷纷放弃了不干涉主义。与此同时，一种新的国家介入主义的观念开始出现。当然，这时的国家介入并不是基于对儿童独立人格的考虑，而是基于功利主义的考虑，将儿童视作国家未来发展的工具。

从 16 世纪到 19 世纪中期，也就是义务教育制度的萌芽和形成时期，义务教育明显带有"义务性"和"强制性"，相关的法令明确规定强制措施，以保证义务教育的实施。不过在相当长的一段时期内，义务教育的发展比较缓慢，因为这一阶段的义务教育，大都实行的是强迫教育，并且不是免费教育，而且这里的义务主要指父母的义务。如 1619 年德意志魏玛公国的学校法令，就要求 6—12 岁儿童要到学校就读，否则对家长课以罚金。②这一"学校法令"也被视为"义务就学法"的开端。这一过程中，强迫而非免费的义务教育形式，受制于当时的思想认识和经济条件。当然除了父母的义务，义务教育对于个人来讲更是具有鲜明的强制性，所以才有人将义务教育解释为强迫教育或强制教育。

随着经济社会的发展，在强迫教育逐渐得到巩固的同时，免费教育逐渐开始提上日程。在推行免费教育的过程中，各国大都经历了由部分学校或部分地区免费向全国免费的逐步发展过程，只不过有的国家经历的时间长，有的国家经历的时间短。第一次世界大战前后，西方各国开始对义务教育实行免费：1885 年，普鲁士在国民学校中实行免费；1907 年，日本实施六年制免费义务教育；1918 年，英国实施全面的免费的初等义务教育，美国全国实现了普及义务教育。③

---

① [德] 康德 . 法的形而上学原理——权利的科学 [M]. 沈叔平，译 . 北京：商务印书馆，1991：141.

② 张瑞璠，王承绪 . 中外教育比较史纲（近代卷）[M]. 济南：山东教育出版社，1997：579.

③ 汤林春 . 外国义务教育的演变、性质及其启示 [J]. 教育评论，1997（6）.

二、义务教育中权利义务关系的转换

受教育权尽管很重要，但在公民自由的历史中却姗姗来迟。虽然教育的历史几乎与人类发展的历史相伴，但直到现代世俗国家出现以后，受教育才作为一项权利。①从上述关于义务教育的产生历程也可以看出，自 16、17 世纪开始的早期义务教育的有关立法中，受教育不是个人的权利，只具有义务性和强制性，义务又主要是家长的义务，也是国家的义务。随着资本主义工业的发展，工人阶级在与资产阶级的斗争中，开始自觉要求得到受教育的权利，而不是最初意义上的"义务"教育。这样，伴随着围绕免费教育的斗争，人们的权利意识不断觉醒，并且随着义务教育立法的发展，权利的观念开始逐步进入义务教育领域。到 19 世纪后半叶，在英国 1870 年的《初等教育法》、法国 1881 年的《初等教育法》、日本 1886 年的《小学校令》中，虽然都仍然没有直接将受教育权作为个人权利，但这些立法都为受教育权在未来的确定奠定了基础。②

受教育权作为宪法权利，是 20 世纪以后的事情。有两个因素促成了这一现实，一是社会主义思潮，二是福利国家理论。公民有受教育权，由苏联 1936 年的《苏维埃社会主义共和国联盟宪法》第一次确立。伴随人权学说、人权运动的推动，到第二次世界大战后，受教育权开始在各国宪法中得到确立。1946 年日本公布的宪法、1946 年法国的宪法都明确全体国民包括成人及儿童的受教育权。③1948年《世界人权宣言》明确规定人人都有受教育的权利，也就是从《世界人权宣言》之后，受教育权成为一项基本人权。我国 1954 年的宪法也在第九十四条明确公民有受教育的权利。1966 年联合国大会通过的《经济、社会及文化权利国际公约》，对《世界人权宣言》相关内容再次明确，并细化了受教育权的内容。作为基本权利，受教育权的地位目前在世界各国得到普遍确立。

虽然，各国对受教育权的地位有共识，但对于其性质却仍有分歧，当然，不同性质的认定，会影响到保障方式的选择。义务教育既是全部教育的一个阶段，又有其自身的特点，义务教育对学生来说到底是权利还是义务，就是一个有争议的话题。我国现行的《中华人民共和国宪法》第十九条规定了国家举办教育

①[澳]道格拉斯·霍奇森.受教育人权[M].申素平，译.北京：教育科学出版社，2012：5.
②温辉.受教育权入宪研究[J].法学家，2001（2）.
③湛中乐.公民受教育权的制度保障——兼析《义务教育法》的制定与实施[J].华南师范大学学报（社会科学版），2016（3）.

的职责，第四十六条规定了公民有受教育的权利和义务。现行《中华人民共和国教育法》第九条规定了公民有受教育的权利和义务。现行的《中华人民共和国义务教育法》第一条强调将权利保障作为立法的目的；第四条规定接受义务教育既是学生的权利，也是学生的义务。

在学生的权利义务问题上，有三种主要的观点或模式：第一种是义务论，义务教育发展的初期主要被作为一种义务，目前这种观点已经被义务教育的立法实践否定；第二种是权利论，从世界范围来看，受教育权就是从义务到权利再到基本权利的过程，受教育权入宪，就是这一过程的直接体现；第三种是权利义务复合论，在坚持义务教育作为公民权利的同时，将义务教育也视作公民的义务，这与我国义务教育现行法律的规定相符。

义务教育是学生的权利，无须多着笔墨。那么，它是不是学生的义务呢？目前持权利义务复合论的研究者，多从社会角度，从教育关系到国家和民族未来的功能上，对义务教育中学生的义务进行论证。从世界范围内义务教育产生的早期阶段来看，其合法性最早就来源于经济社会发展的需求，来源于民族国家及其政治发展的需求，来源于培养经济发展对人才的需求，来源于为现代国家培养合格公民的需求，所以，义务教育正如其名称一样，首要特征是其义务性。

抛开学生的权利不论，对于将义务教育作为学生的义务，就国内的相关研究来看，支持者主要强调公民接受义务教育是为了使人类能够生存得更好，因而采取的必要行为，将义务教育作为学生义务的优点，就在于能够从义务的角度对上述问题加以分析说明。如郑贤君认为，公民接受教育的义务"是出于现代国家全面管理社会的需要，是国家为造就和培育经济生产和社会管理所需的人力资源的必要手段"[①]。受教育是公民成为社会主义现代化建设需要的合格公民所必须履行的义务。

不仅如此，从我国1954年宪法将教育规定为公民的权利，到1982年宪法及其之后的教育法、义务教育法都作出教育、义务教育既是公民权利也是公民义务的规定，更多的是出于政治功能，特别是经济功能的考虑。针对义务教育，1985年《中共中央关于教育体制改革的决定》明确其事关民族素质提高和国家兴旺发达，这也为1986年《中华人民共和国义务教育法》的制定打下了基础。

---

① 郑贤君．论公民受教育权的宪法属性——兼议社会权利的宪法地位 // 劳凯声．中国教育法制评论（第2辑）[C]．北京：教育科学出版社，2003：140.

在这种情况下，1986 年《中华人民共和国义务教育法》将义务教育规定为学生的义务就不难理解了。1986 年 4 月 2 日，时任国务院副总理兼国家教委主任李鹏将《中华人民共和国义务教育法（草案）》内容向第六届全国人大第四次会议进行报告时指出："这些行为妨碍了儿童、少年正当的接受教育的权利，不利于国家和民族的发展，也不利于儿童、少年和家庭的长远利益。"①报告中提到的行为包括家长让子女退学参加劳动、单位招收义务教育阶段的学生就业等，这就说明，当时将义务教育规定为公民的义务，也是有现实针对性的。

总之，从权利观到权利义务复合论，既是一个思想观念逐渐演变的过程，也是实践探索的结果。而且，到 2006 年《中华人民共和国义务教育法》修订时，修订版改变了之前将权利义务分开规定的做法，而将权利义务合一在第四条中进行规定，更加明确地表现出义务教育的"权利义务复合"性质。

有研究者指出，在日常生活中人们对某种行为的主流观点以及人们在社会中作出这种行为的概率，决定了行为在法律上会被规范为权利还是义务，"当人们对某种涉法行为的主流观点发生变化时，在法律上就可能出现权利与义务规范的互换。"②问题是，"受教育也是公民权利，但不能因学生不努力学习而将他作为未履行公民义务，从法律上予以追究，把劳动和受教育同时作为公民权利和义务加以规定，在解释上和执行中会产生许多歧义和问题。"③也有研究者认为，权利义务复合论不仅是对权利与义务主体关系的混淆，也是对马克思主义关于权利与义务对立统一的违背。④

权利义务复合论存在的上述问题如何化解？申素平、陈梓健提出了将受教育权实现的过程区分为起点、过程和结果三个阶段进行解释的一种新尝试，指出："起点主要是指入学机会的获得，过程主要关注在学阶段的条件和身份保障，结果意味着最终达到受教育的目的或目标。由此可以把受教育的权利理解为起点式及过程性的权利，把受教育的义务理解为结果式及目标性的义务。"并提出了此观点的优势：一是可以解决同一主体既享有权利又必须履行义务的逻辑两难问题；二是可以改变因"入学"作为权利义务实现的唯一途径而造成

---

① 李鹏 . 关于《中华人民共和国义务教育法（草案）》的说明 [R]. 中华人民共和国国务院公报，1986（12）.

② 高淑贞 . 论受教育权 [D]. 长春：吉林大学，2007：80.

③ 许崇德 . 中华人民共和国宪法史（下卷）[M]. 福州：福建人民出版社，2005：451.

④ 张光博 . 坚持马克思主义权利义务观 [M]. 长春：吉林人民出版社，2006：30.

的单一教育格局；三是可以使公民选择适合自己的教育形式以更好地实现受教育权。①申素平、陈梓健对权利义务复合论提出的新解释，对于我们更好地理解义务教育中权利义务的关系，无疑具有一定的意义。

三、由权利义务复合导向权利本位

笔者将申素平、陈梓健对权利义务复合论提出的新解释称之为"有条件的权利义务复合论"。所谓有条件，一方面是指作者对受教育权实现的三个阶段的划分，并根据不同阶段分别界定权利和义务，这种将受教育权实现的过程划分为三阶段即是条件之一；另一方面，所谓条件，是指这种解释是立足于中国国情和当前语境，并建立在尊重历史、尊重立法原意的前提下的。因此，笔者以为，这种"有条件的权利义务复合论"仍然是现阶段的权宜之计。从义务教育的发展趋势来看，随着个人基本权利理念的张扬，义务教育对于受教育者而言，主要是一种具有自由因素的权利。"在一个空前要求教育的时代，人们所需要的不是一个体系，而是'无体系'。"②义务教育与人相比较，始终是工具。义务教育的发展已经经历了由学生的义务到学生权利义务复合论的转变，在未来普遍尊重人权和人的尊严的时代，义务教育的权利义务复合论最终将导向权利本位。

首先，坚持义务教育的权利本位，是基于对义务教育性质和现状的考察。发展人是教育最本质的功能，义务教育是个人成长发展必不可少的教育阶段。目前接受教育已经成为公民的主动需求，从总体上看，义务教育已经没有强迫、强制的必要，从义务"消解"的角度来看，义务教育更应该被视作一种权利。就教育实践来看，2018年我国小学学龄儿童净入学率已达 99.95%，义务教育已经由全面普及向优质均衡发展转变，就前面分析的当前义务教育中存在的问题而言，无论是义务教育的价值理性需要进一步彰显、义务教育的政府责任需要进一步强化，还是义务教育的制度政策有待进一步落实、义务教育的育人效果需要进一步提升，所有这些问题的解决，都指向对公民教育权的高度重视，都有赖于公民教育权的充分保障。坚持义务教育的权利本位，是义务教育实践的现实选择。

其次，坚持义务教育的权利本位，是基于对受教育权性质和现状的考察。

---

① 申素平，陈梓健.权利还是义务：义务教育阶段受教育权性质的再解读 [J].北京大学教育评论，2018（2）.

② 联合国教科文组织国际教育发展委员会.学会生存——教育世界的今天和明天 [M].华东师范大学比较教育研究所，译.北京：教育科学出版社，1996：200.

受教育权作为宪法权利已经得到世界各国普遍承认，是其他一切人权的基础。受教育权既有社会权的性质，又有自由权的性质。就社会权而言，自从国家通过义务教育专门立法以来，积极提供经济的、物质的条件和其他社会保障措施推进义务教育，为公民实现受教育权提供了重要保障。但就自由权来说，其在义务教育中的实现还有不少空间。受教育之所以是权利，源于其是个人自由成长的必要条件。权利是个人应当享有的某种自由或者利益，而行为之所以被定义为权利，则源于该行为的自由对个人的必要性，受教育之所以是权利，也是因为受教育的自由对个人存在的必要性。受教育权当中的自由权的实现，体现为适龄儿童、少年在接受教育的过程中，自由平等地选择自己最为合适的教育的权利，但这一方面的保障目前还不充分。上文提出，"有条件的权利义务复合论"力图改变因"入学"作为权利义务实现的唯一途径而造成的单一教育格局，使公民选择适合自己的教育形式以更好地实现受教育权，就是对公民受教育自由权的一种充分关照。从自由权实现的角度来看，权利本位应当成为今后义务教育的一种主导价值理念。

最后，坚持义务教育的权利本位，是基于对教育法治及其现状的考察。依法治国是国家治理现代化的必然要求。推进教育法治是坚持依法治国和建设法治政府的重要内容。权利是人的基本价值追求，是社会发展的活力源泉，也是民主政治的集中体现。随着人权观念及人权运动的发展，权利已经成为保障个人利益的有效武器。权利本位是法治国家的明显特征。[①]权利本位就是以权利作为法律的出发点，在国家权力与公民权利的关系中，公民权利是决定性的；在权利义务之间，权利是起主导作用的。"义务应当来源于权利服务于权利并从属于权利。"[②]坚持依法治国，在义务教育领域科学立法、依法行政、依法治理，要坚持权利本位，并以权利为先导，带动义务的履行。在义务教育制度中坚持权利本位，为受教育权的实现提供了充分的理论支撑，对推进教育改革具有重要的指导意义，是推进教育法治的必然选择。

---

① 卓泽渊. 社会主义法治国家的基本特征 [J]. 重庆行政，2003（4）.

② 郑成良. 权利本位论——兼与封日贤同志商榷 [J]. 中国法学，1991（1）.

第二节　受教育权的保护

义务教育法律关系中权利、义务的明晰，为实现义务教育制度的合法律性奠定了基础。进一步而言，如何正确理解适龄儿童、少年受教育权的内涵，并通过对义务教育制度及其实践的反思，推进义务教育中受教育权的保障和实现，成为义务教育制度合法律性的关键。

一、受教育权的概念和内涵

2006年《中华人民共和国义务教育法》第一条明确把公民的权利保障作为该法首要的立法目的，克服了1986年义务教育法立法中的不足，由工具本位向权利本位转变，强化了公民受教育权的法律保障。

那么，到底什么是受教育权？目前，学术界对受教育权的概念有不同的表述，有研究者提出："所谓的公民受教育权利是指由宪法确认和保障的公民基本权利，是达到一定年龄并且具有接受教育的能力的公民，从国家和社会获得文化教育的机会和物质帮助，从而进入各种学校或者其他教育设施，学习科学文化知识的权利。"[1] 也有研究者提出，受教育权是"为确保公民健全人格及健康幸福的符合人性尊严的生活，而由学习协助者协助学习的一种权利；它要求国家提供学习条件及机会，并要求学习内容由国家、教育协助者在不损及学习权之目的及增进学习效果的条件下确定"[2]。尽管不同研究者对受教育权有不同的定义，但对受教育既是社会权又是自由权的意见基本一致。上文在对义务教育是学生权利还是学生义务进行分析时，也已经涉及社会权和自由权的问题。

一般认为，社会权与自由权是从个人与社会关系角度对个人权利所作的一种分类。自由权是指人与生俱来的权利，是先于国家而存在的私人空间，不受国家控制和干涉，相对于公民的权利，国家的义务在于保障私人空间的自由，是一种消极的义务。与自由权相反，社会权需要国家通过积极的作为才能实现。从这种意义上来讲，自由权是一种"防御国家的自由"，社会权是一种"依靠

---

① 劳凯声.公民受教育权利的性质及实现方式 // 劳凯声.中国教育法制评论（第10辑）[C].北京：教育科学出版社，2012：3.

② 胡锦光，任端平.受教育权的宪法学思考 // 劳凯声.中国教育法制评论（第1辑）[C].北京：教育科学出版社，2002：49.

国家的自由"。①受教育权以自由权为前提，并随着国家和宪法理念的发展而逐步具有了社会权的性质。公民义务教育的受教育权，因此也兼具自由权和社会权的特点，其实现既需要国家消极意义上的保障，也需要国家积极意义上的保障。

（一）受教育的社会权

社会权，强调为实现公民的权利，而要求国家所实施的积极作为，突出公民权利主体的地位。"国家应当按时、足额地划拨教育经费，举办公益性质的学校教育机构，提供教育教学活动必需的教育教学设施，培养足够的合格师资，从而使教育水平得以逐步提高，满足公民的教育需求。"②公民受教育的社会权主要通过义务教育法的相关规定体现。

1．有权要求国家提供接受教育的机会

现行《中华人民共和国义务教育法》第四条规定适龄儿童、少年依法享有平等接受义务教育的权利，第十二条第一款规定适龄儿童、少年免试入学。因此，义务教育阶段学生的入学权利是平等的，国家必须保证教育机会的平等享有。一方面，这种教育机会的平等不受民族、种族、性别、家庭背景等因素的影响；另一方面，这种教育机会的平等不因个体产生差异，必须坚持免试就近入学。

2．有权要求国家免费提供义务教育

现行《中华人民共和国义务教育法》第二条第三款规定，义务教育不收学费、杂费。义务教育免费，是当今各国教育立法的共同特征，免费接受义务教育也是受教育权的基础内容。但由于各方面的原因，加之受到法律用语的明晰和适用法律的准确性等方面因素的影响，在实践中长期存在收费的情况。今后国家在制定实施细则或地方在进行义务教育政策性法规确立时，应明确学费、杂费的内涵，未来的总体方向，应该是义务教育完全免费。

3．有权要求国家提供教育的基本条件

国家在合理配置资源、促进学校均衡发展、保障义务教育师资、保障义务教育经费等方面的义务，分别由《中华人民共和国义务教育法》第六条、第二十二条第一款、第三十一条第一款、第三十二条第二款以及第六章的相关条款规定。适龄儿童、少年不仅有权入学接受免费的义务教育，而且有权要求国

---

① 劳凯声.公民受教育权利的性质及实现方式 // 劳凯声.中国教育法制评论（第10辑）[C].北京：教育科学出版社，2012：12.

② 同上，13.

家提供相对均衡和大致相当的教育条件，包括校舍、场地、设施设备、师资等。不仅如此，其第五章"教育教学"也规定了其他保障措施，包括课程、教科书、学校制度、校园文化等方面。

4. 有权要求国家对处于不利地位者的帮扶

《中华人民共和国义务教育法》第六条规定了政府对特殊地区和特殊人群的特殊保障义务，包括农村地区、民族地区、家庭困难学生以及残疾儿童，除了宏观上的制度政策安排，第四十四条第二款还规定对家庭困难学生免费提供教科书，补助寄宿生生活费。受教育权需要外部条件的支持才能实现，处于弱势地位的群体在实现法定权利的时候更会面临很多障碍。"这些特定的弱势群体有权要求国家为其受教育提供必要的帮助和扶持。"[①]

5. 有权要求国家提供必要的保护和救济

《中华人民共和国义务教育法》第七章"法律责任"对此进行了相关规定，如第五十六条第一款规定了违规收取费用的法律责任；第五十八条规定了适龄儿童、少年的父母或者其他法定监护人无正当理由未依照本法规定送适龄儿童、少年入学接受义务教育的，由当地乡镇人民政府或者县级人民政府教育行政部门给予批评教育，责令限期改正。国家不仅要主动采取措施积极促进公民受教育权的行使，而且有义务尊重受教育权、避免有碍行使受教育权的行为，同时也要保护受教育权、采取措施防止第三人对公民受教育权的非法干涉和侵犯。

（二）受教育的自由权

受教育的自由权主要是指公民作为权利主体，以自由学习为基础，以全面发展为目标，在接受教育的过程中，自由平等地选择自己最为合适的教育的权利。按照学术界的一般看法，受教育权的自由有两种形式，一是选择自由，二是学习自由。对学校的选择就是选择自由的主要内容。学习自由主要是指对学习内容和学习形式的选择。就学校而言，目前在义务教育阶段既有公办学校也有民办学校，为了满足公民对学校的选择，国家应有义务统筹好公办和民办义务教育学校的发展。针对民办教育中存在的问题，尤其是特殊的招生政策对义务教育的公平和均衡发展的影响，要加大力度进行改革。

就学习的自由而言，由于义务教育由国家统一实施，学习内容和学习形式

---

① 申素平，崔晶. 从受教育权保护的视角看新的《中华人民共和国义务教育法》[J]. 中小学管理，2007（3）.

由国家确定标准，相对来说，义务教育阶段的学生比其他阶段的学生，在学习自由方面的自由度要小。但是，在国家统一规定的课程之外，在开展适合学生身心发展的活动方面，学生还是具有学习的自由的。在这些方面，现行《中华人民共和国义务教育法》第三十四条明确规定教育教学工作应当符合学生身心发展特点，第三十七条规定学校应组织开展文化娱乐等课外活动并保证课外活动的时间，以此来满足学生多方面自由发展的需要，尊重学生受教育的自由权。

关于公民的受教育权，有研究者提出在社会权和自由权以外，还有一个权利是要求国家提供平等教育的权利；也有研究者提出社会权应该包含要求国家提供平等教育的权利。笔者以为，社会权和自由权是一个对应的、相对独立完整的分类方式，国家在保障公民社会权、自由权的时候，应首先坚持受教育权的平等。公民平等的受教育权更多强调的是一种教育的理念，作为统领义务教育制度的全部过程、各个方面的价值标准，是自由权与社会权的上位概念，并体现在社会权、自由权的落实过程之中。

二、影响受教育权保障的因素

以上是公民义务教育受教育权的应然状态，实际情况如何呢？应当说，我国公民的受教育权，在总体上得到了保护和保障，但仍然有一些因素对公民受教育权造成侵害，或者公民受教育权受到侵害而无法得到有效的救济。

（一）观念上对自由权的忽视

上文已经指出，义务教育受教育权既是社会权，也是自由权。但目前大家对受教育权的关注点仍放在社会权因素上，从而形成对自由权的忽视。由此造成的直接结果是，忽视受教育者在接受国家提供义务教育时参与选择受教育内容的权利、选择受教育学校的权利和防止国家侵害的一些基本自由。受工具主义影响，目前在义务教育过程中，偏重于按照国家的计划来塑造国家建设所需要的未来公民，对学生的独立个性重视不够。从根本的理念上来说，人是根本的目的，不能将任何人当成工具。教育也应首先坚持以人为本。

义务教育是针对所有人的素质教育，但精英化倾向、国家统一的教育内容的规划以及升学为主导的教育现状，制约了学生（通过家长）在课程内容设置等问题上应有的参与、选择和决定过程。除此以外，还包括不完善的就近入学制度，一方面并不能完全保障适龄儿童、少年平等享受就近入学的权利；另一方面，又有可能限制部分适龄儿童、少年对学校的自由选择。21世纪初的农村学校布局调整，最后演变成盲目的大规模撤点并校，农村义务教育学校大规模减少就是对就近入学制度的背离，反映了教育实践中的工具主义倾向，忽视了对受教育权的保护。除此以外，还包括在教育过程中对学生的玩耍、休息、穿戴服饰等方面不恰当的制约，甚至是侵害。

（二）城乡二元结构对社会权的影响

城乡二元结构主要由户籍制度造成。户籍制度在新中国成立初期开始实施，在当时经济社会发展的特殊阶段，实施户籍制度的目的主要是通过限制人口自由迁徙来控制城市的人口数量。长期以来，因为户籍制度具备公共利益的分配功能，因此造成城乡之间的经济与社会差距。尽管国家对户籍制度进行了改革，但到目前为止，户籍制度的消极影响仍然存在。户籍制度对受教育权的影响，在教育机会上最突出。根据《中华人民共和国义务教育法》的规定，公民只能在户籍所在地享受政府提供的教育服务。由于各地经济发展水平不同，再加上经济社会发展的二元结构，城乡之间的差距被拉大，进而影响到地方政府尤其是县级政府供给义务教育的经费能力，"势必导致不同户籍公民享受同一社会权时的差别待遇，损害个人平等享有各项基本权利的利益，从而违背我国《宪法》第33条规定的平等性原则"①。

关于进城务工就业农民子女的义务教育，《中华人民共和国义务教育法》及相关文件规定，由流入地政府负责，接收进城务工就业农民子女入学的学校也应以公办的中小学为主。但学生流入地的政府往往不愿意承担与此相关的责任，尤其是与此相关的经费责任，因此通常以变相提高公立学校准入门槛或者是通过收取借读费、赞助费等形式转嫁责任，最终也使大部分流动儿童无法在流入地公立学校接受教育。现实中户籍制度对公民受教育权的差别待遇，本应通过部门法的制度设计予以避免，但目前来看，各部门法没能有效发挥这方面的作用。

（三）救济机制不完善对受教育权的影响

根据相关法律，国家对义务教育的受教育权，不仅有尊重的义务、落实的义务，还有保护的义务。根据《儿童权利公约》和《经济、社会及文化权利国际公约》，所谓保护义务，就是要求国家采取必要和有效的措施，以防止第三方对受教育权享受的非法干扰，也就是义务教育受教育权的救济。我国已经加

①王慧、贾密. 户籍制度对公民基本权利的损害及反思 [J]. 河北法学，2017（2）.

入这两个公约，公约规定的受教育权的内容应该在我国得到实施。但由于我国针对义务教育受教育权所制定实施的救济制度还不完善，对受教育者利益受损的保护还没达到预期的目标。关于义务教育的司法救济，有一点应强调，就是涉及义务教育的"责罚"，其下限不应该损害受教育者本人的教育基本权利。

三、受教育权保障 —— 以流动儿童为例

影响义务教育受教育权保障的原因是多方面的，经济社会发展不平衡造成的区域差距，政策制度造成的校际差距，等等，都会对公民义务教育受教育权造成影响。当然，这是由于经济社会发展不平衡带来的教育资源配置的不均衡，以及与义务教育的管理体制、投资体制结合，共同发生作用的结果。公民受教育权的保障是个系统工程，从逻辑上分析，首先应该从义务教育制度的合实效性入手，深入考察义务教育制度的目标达成度、结果有效度、公众满意度，特别是影响这些目标达成的具体因素，并从价值维度对义务教育制度的合目的性进行研判，从教育公正的意义上寻求解决方案。不过，这些推进受教育权保障的措施，最终都要体现到义务教育制度合法性的规则维度上，进一步推动义务教育制度的规范性、科学性、程序性，这是公民受教育权保障的基础。

就义务教育制度的合法律性的要求来看，为切实保障受教育权，需要进一步完善义务教育制度的法律体系，总体来说，我国已经出台的义务教育相关法律不多，法律体系还不健全，法律规定还不够完善，需要对不同位阶的法律法规分别予以有针对性的修改完善。在这一过程中，应坚持权利本位，以明晰公民的权利、强化政府的职责为重点，具体而言，部门规章、地方性法规、地方政府规章的制定完善，都要以实现公民受教育的自由权和社会权为遵循。在自由权的保障方面，主要是防御国家权力的侵犯，这方面的保障措施可以通过司法救济制度的完善来实现。在社会权的保障方面，要通过发展教育制度，以义务教育具体制度的完善来保障公民的受教育权。在地方性立法上，要克服"抄袭"上位法的不良现象，通过细化上位法规定、强化政府责任、创新保障措施、加强法律责任等提高地方立法质量。特别是义务教育的政策，虽然其法律效力不及法律法规，但由于更加具体、执行性更强，从而对公民受教育权的影响更加直接。在制定义务教育政策时，必须保证政策的科学性，以公民的宪法权利为根本，遵循教育规律，符合教育公正等义务教育制度的核心价值。同时，在义务教育政策制定过程中，坚持程序正义，通过听证制度等多种形式，广泛听

取公众的意见，从源头上保证政策的合法律性要求。

目前，流动儿童的义务教育问题随着城镇化进程的不断深入而变得日益突出，流动儿童受教育权的保障也受到广泛的关注。这些弱势群体受教育权的保障，事关公民受教育权的整体实现程度。根据 2018 年全国教育事业发展统计公报的有关数据，2018 年，进城务工人员随迁子女在义务教育阶段就读的共 1 424.04 万人。其中，在小学就读的有 1 048.39 万人，在初中就读的有 375.65 万人。2018 年全国共有义务教育阶段在校生 1.5 亿人。随迁子女的数量接近义务教育阶段在校生的 10%。1986 年制定《中华人民共和国义务教育法》时还未预料到这样的情况，所以 2006 年其修订时专门增加为进城务工人员子女入学创造条件的条款。但是，"《义务教育法》虽将制定具体办法保障随迁子女入学权和受教育权的义务加诸地方政府，对地方政府履行义务的情况却缺乏监督，没有考虑地方政府会出于自利动机疏于权利保障，甚至为随迁子女受教育权的实现设置限制。"①下文就以流动儿童受教育权的保障为例，对流动儿童受教育权受侵害的情况、相关制度政策上的障碍以及可能的解决方案进行分析，以期对深化义务教育制度改革，提升义务教育制度的合法律性提供一些参考与借鉴。

（一）流动儿童受教育权的相关规定

现行《中华人民共和国义务教育法》规定九年义务教育由国家统一实施，不收学费、杂费。这是对义务教育法律关系的总体规定，自然对流动儿童同样适用。关于流动儿童的义务教育的特殊规定，该法第十二条明确儿童流动到非户籍所在地，由经常居住地政府负责保障其接受义务教育。义务教育法关于流动儿童义务教育的规定，总体上是比较原则性的，此外，还有一些专门针对流动儿童就学的规定，以及国家制定的一系列教育发展纲要、规划和政策措施，也有保障流动儿童义务教育权的一些内容。

1998 年，教育部和公安部发布的《流动儿童少年就学暂行办法》通过授权流入地公办中小学收取借读费的方式安排借读，不过由于当年要"严控大城市人口"的数量，这一办法没有得到很好的实施。2001 年，《中国儿童发展纲要（2001—2010 年）》、《国务院关于基础教育改革与发展的决定》（国发〔2001〕21 号）分别提出了以流入地区政府管理为主和以全日制公办中小学为

---

① 湛中乐.公民受教育权的制度保障——兼析《义务教育法》的制定与实施 [J].华南师范大学学报（社会科学版），2016（3）.

主的"两为主"基本策略，其后国家又发布了一系列文件重申"两为主"政策。2010年，《国家中长期教育改革和发展规划纲要（2010—2020年）》还进一步提出加强对随迁子女参加升学考试办法的研究。2015年，《国务院关于进一步完善城乡义务教育经费保障机制的通知》（国发〔2015〕67号）规定建立城乡统一、重在农村的教育经费保障机制，实现"两免一补"和生均公用经费基准定额资金随学生流动可携带。

（二）流动儿童义务教育保障的基本状况

现行《中华人民共和国义务教育法》虽然规定了地方政府保障流动儿童受教育权的义务，但是没有建立相应的监督机制，也没有考虑到地方政府会因为自身的利益而不愿意承担对流动儿童权利的保障义务，甚至会在地方的政策制度及其实施过程中设置种种障碍。有研究者指出，农村户籍的流动儿童在流入地接受义务教育时，"普遍面临非物质准入壁垒和物质准入壁垒两类条件的限制"[1]。

非物质准入壁垒的表现是对非户籍学生入学条件的严格要求，比如2018年《北京市教育委员会关于2018年义务教育阶段入学工作的意见》（京教基二〔2018〕8号）规定，非户籍学生在北京上小学要提供"五证"，即父母在京务工就业证明、父母和学生在京实际住所居住证明、户口簿、北京市居住证（或有效期内居住登记卡）、户籍所在地无监护条件证明。南京市将外来务工人员随迁子女入学的政策下放各区，以《南京市鼓楼区2018年小学招生工作实施办法》的规定为例，外来务工人员随迁子女入学要提供父母和子女的如下各类证明：户口簿和身份证；居住满一年的居住证；符合条件的劳动合同和社保证明（或者是符合条件的有效营业执照）；独生子女证等相关材料；出生证及预防接种证等证。严格的审批制度事实上成为随迁子女入学的障碍。如果随迁子女不能通过审核并获得学籍，就得回户籍所在地读书，并成为留守儿童；或者如果工作所在地没有其他私立的学校可以选择，这些家庭的孩子将面临辍学的风险。当然非物质准入壁垒可能出于城市人口、教育规模等各种考虑，而作为人口调控的手段，其存在的原因比较复杂。

物质准入壁垒主要表现为借读费、赞助费等各种收费，是儿童流入地政府对承担额外的教育经费所采取的弥补措施。本书也重点分析物质准入壁垒的侵

---

① 王慧. 我国流动儿童义务教育经费制度对国际人权公约义务的背离与修正 [J]. 暨南学报（哲学社会科学版），2015（8）.

害和影响。受教育权不仅是我国宪法规定的权利，也是各国普遍认可的基本人权。我国已经加入《儿童权利公约》《经济、社会及文化权利国际公约》，这两个公约对受教育权进行了界定，并规定了国家免费均等实施小学教育或承担免费初等义务教育的义务。缔约国的义务包括三个层面，即尊重义务、保护义务和落实义务。从上述条款来看，免费的小学教育是缔约国最低限度的核心义务。而这个核心义务的特征，包括可提供性、可获取性、可接受性和可调适性。[①]另外，为保障公约实施，建立了缔约国报告的审议机制。关于流动儿童的受教育权保障，2014年儿童权利委员会在报告中认为，我国为外来务工人员子女提供的教育相对其需求差距较大，并且对关闭为外来务工人员子女开办的私立学校的做法提出了纠正意见。[②]

　　义务教育的发展水平从根本上依靠政府的教育投入。经费制度对义务教育具有重要的制约作用。结合上述儿童权利委员会的意见，对我国流动儿童义务教育经费制度进行考察，我们可以发现，虽然国家的政策是"以流入地政府为主，以公立学校为主"，但没有建立相应的经费保障制度，没有形成合理的经费分担机制。由于义务教育经费根据儿童户籍地进行拨付，同时没有合理的转移支付制度，对流入地政府来说就不公平。县级财政收入的不均衡、流动儿童分布的不均衡，加剧了对县级财政的挑战，再加上流入地政府主观上缺乏足够动力，自然会将义务教育经费转嫁到流动儿童父母头上，一方面通过非物质准入壁垒提高条件，另一方面靠物质准入壁垒转嫁成本。

　　对于流动儿童的教育，民办学校一度发挥了重要的补充作用，但民办学校本身还面临很多困局，所以在软硬件、教学质量方面都与公办学校存在较大差距。2021年4月，国务院修订的《中华人民共和国民办教育促进法实施条例》正式公布，并于9月1日起施行。该条例回应民办教育发展众多现实社会关切的难点问题，鼓励引导民办学校提高质量，办出特点，希望能为解决流动儿童入学问题提供更多的选择。

（三）保障流动儿童义务教育受教育权的建议

　　和其他同龄人相比，流动儿童由于自身的特殊生活环境，如果无法平等享有受教育权利，他们产生越轨行为的可能性会更大。中国预防青少年犯罪研究

---

① General Comment 13, The right to education (art.13), adopted by the Committee on Economic, Social and Cultural Rights. U. N. Doc. E/C. 12, 1996/6, 1999[Z].

② Convention on the Rights of the Child/C/CHINA/Concluding Observation/3-4, Article 76 [Z].

会主持的一项全国未成年犯抽样调查显示，2010 年未成年犯中没有完成九年义务教育的比例为 75.9%，"达到法定入学年龄、不在学、无职业"的闲散未成年人比例高达 67.6%。[①] 保障流动儿童的义务教育，无疑是一项重要的任务。

根据以上的分析，就流动儿童义务教育受教育权的保障，应从以下几个方面加强：

一是教育经费应由中央或省级财政保障为主。中央与地方政府须合理分担经费责任，由中央与各省份加快外来务工人员子女义务教育立法和政策创新来解决。目前"两为主"的政策，使流入地政府除了面对经费的压力外，还要承担因流动人口过多而造成的社会治理问题。根据教育的公共性理论，由高层级政府承担经费比较合理。

二是着力提高大城市义务教育供给能力。首先是针对我国近年来学位数（学校数量）持续下降的趋势，增加公办学校的数量，加大义务教育的资源供给，提供更多的教育机会。同时，也应有效提升进城务工人员子弟学校的教学质量，完善相应的教学设施，发挥进城务工人员子弟学校的补充作用。除了增加教育供给，还要降低大城市流动儿童接受义务教育的门槛，取消不合理的适龄流动儿童入学条件限制。

三是不断改善农村留守儿童义务教育的条件。要以优质放心的义务教育吸引一些家长将子女留在农村，一方面合理设置并改善乡镇寄宿制学校的条件，重点是改善乡村小规模学校的办学条件；另一方面，优先安排留守和困境儿童，并通过为他们提供营养餐等方式推进营养改善计划，重点针对贫困地区和家庭经济困难的学生健全教育关爱机制，促进农村留守儿童和困境儿童健康成长。

以上措施的制定实施是系统工程，需要在现有的教育法、义务教育法的基础上，对义务教育的制度、法律、政策进行系统的设计和规划，以保证义务教育制度的合法律性、合目的性、合实效性。

第三节　政府义务教育责任的履行

公民的受教育权，主要指公民从国家和社会获得文化教育的机会和物质帮助，从而进入各种学校或者其他教育设施，学习科学文化知识的权利。尤其是

---

① 关颖，刘娜. 未成年人犯罪主体特征跨年度比较——以两次全国未成年犯调查数据为基础 [J]. 预防青少年犯罪研究，2012（6）.

受教育权中的社会权，特别需要国家积极作为，并通过政府认真履行责任予以实现，因此考察政府义务教育责任的履行，对于研究义务教育制度的合法律性问题，具有重要的意义。

一、政府在义务教育中的责任

政府在义务教育中的责任，主要是指在义务教育的法律关系中，政府应承担的职责。政府如何履行义务教育责任，履行的情况如何，从义务教育的领导体制和管理机制的变迁等大的方面，就能有基本的判断。

（一）政府责任主体的演变

义务教育的政府责任，由不同级别的政府来履行，包括中央政府和地方政府，地方政府又包括省、市、县及乡（镇）政府。不同级别的政府在义务教育中各自承担什么样的责任？不同历史时期法律和政策的规定是不同的。改革开放以后，教育体制的改革从1985年《中共中央关于教育体制改革的决定》的颁布开始，紧接着1986年颁布的《中华人民共和国义务教育法》促进义务教育正式进入法制化时期。以此为起点，政府责任主体先后经历了以权力下放与上收为特征的义务教育政府责任主体的演变。

1. 以县、乡（镇）两级管理为主的阶段

1985年是我国教育体制改革的分水岭，在此之前义务教育的领导和管理体制是集中体制，与当时国家的整体计划经济体制相适应；在此之后则开始逐渐探索从中央向地方政府放权的教育管理体制，这种探索也是为适应市场经济体制改革作出的改变。

1985年，《中共中央关于教育体制改革的决定》明确提出将基础教育的管理权交给地方。"该规定意味着1949年以来高度集中的公共教育权力步入了结构性变迁的历史进程，在政府与学校、中央与地方两个维度上进行了有步骤、有节制、渐进式的权力转移。"[①]基础教育的新体制也由该决定第一次提出，新体制的基本特点是义务教育由中央政府宏观指导，地方负责，分级管理，省级政府负责划分省及以下各级政府在义务教育中的管理职责。1986年，《中华人民共和国义务教育法》在规定这一体制时，增加了国务院领导的新内容，并以法律的形式确立了"在国务院领导下，实行地方负责，分级管理"的管理体制，

---

① 孙绵涛. 当代中国教育改革的基本经验 [J]. 现代教育管理，2015（4）.

这一体制迅速在全国正式确立，主要特征是分级办学、分级管理。

之后"地方负责，分级管理"体制得到不断发展，通过《关于实施＜义务教育法＞若干问题的意见》《关于农村基础教育管理体制改革若干问题的意见》等逐步强化了县、乡（镇）两级政府的责任。当时为了适应农村土地承包责任制以及"财政包干，分灶吃饭"的财政体制，义务教育的"分级管理"职能也被不断下放，最后基本上由乡（镇）政府负责。对地方政府和农民积极性的调动，使得这一阶段义务教育的办学条件有所改善，教师待遇有所提高，教育质量有所提升。同时，这种管理体制也因为各地经济社会发展条件和义务教育投入的不同，导致了各地在基础教育质量上形成了巨大的差距。

2．以县为主的管理阶段

进入 21 世纪，我国基本普及九年义务教育。当然，这一阶段义务教育的质量还不高，城乡发展不均衡，而且九年义务教育在西部和贫困落后地区没有完全普及。特别是在农村，存在着"普九"负债沉重、拖欠教师工资等问题，这一时期普及教育政策的重心是如何突破农村义务教育的"瓶颈"，重点就是改革义务教育的管理体制。当时改革的总体趋势，是逐渐将义务教育由以乡（镇）管理为主上移到以县管理为主，经费投入主体也逐步上移，在明确县级政府投入责任的基础上，也开始不断强化省级政府与中央政府的责任。

1985 年开始的权力下放，导致出现办学重心过低的问题，造成各地义务教育办学水平的差距不断拉大，有的地方出现教育质量下滑，产生了新的不公平现象。1999 年，《中共中央　国务院关于深化教育改革　全面推进素质教育的决定》要求通过加大县级政府的经费统筹权，来应对"以乡为主"管理体制对义务教育带来的问题。2001 年，《国务院关于基础教育改革与发展的决定》（国发〔2001〕21 号）提出了"以县为主"的要求。回顾这一过程，我们可以发现，义务教育的管理体制和经费体制受制于国家的宏观财政体制，1994 年国家推动"分税制"改革后，由于"地方负责，分级包干"的财政体制已经不再存在，与之对应的"地方负责、分级管理"的教育管理体制，自然就失去了存在的基础，这也是农村义务教育经费失去依托、发展受到影响的根源。在 2001 年国务院召开的全国基础教育工作会议上，时任国家总理朱镕基指出："举办基础教育特别是义务教育，主要是政府的责任。"①对"以县为主"的强调，是对农村义务

---

① 何东昌．中华人民共和国重要教育文献：1998—2002[M]．海口：海南出版社，2003：926．

教育经费难题的主动回应，也使县级政府的管理和财政责任进一步明晰。

3. 省级统筹的管理阶段

2005 年取消农业税，是影响义务教育的又一重要事件，不仅冲击了义务教育的原有体制，而且使得 1986 年的义务教育法再也难以适应新的义务教育发展形势。因此，国家于 2006 年重新修订颁布义务教育法，并对管理体制和投入体制进行完善。

2006 年修订版《中华人民共和国义务教育法》第七条是关于管理体制和投入体制的新规定，"义务教育实行国务院领导，省、自治区、直辖市人民政府统筹规划实施，县级人民政府为主管理的体制"。这一规定在保留国务院领导、以县为主的基础上，首次提出省级政府的统筹问题，不再强调"地方负责，分级管理"，而是用"以省统筹，以县为主"的管理方式，对原有的体制进行了重大调整。在调整的过程中，原有提法中的"以县为主"虽然得以保留，但省级政府对义务教育进行统筹规划实施的责任得到了强调，尤其是取消"地方负责，分级管理"的提法，更是一种重大的调整。强调中央和省级政府的责任，这是针对义务教育的性质作出的合理选择。

（二）现行法律关于政府责任的规定

现行《中华人民共和国宪法》《中华人民共和国教育法》《中华人民共和国义务教育法》均从不同侧面对义务教育的领导体制、管理体制进行了规定，也从不同侧面规定了政府在义务教育中的责任。《中华人民共和国宪法》第十九条规定了政府普及初等义务教育和发展各阶段教育的义务。《中华人民共和国教育法》第十四条、第十五条规定了国务院和地方各级人民政府以及教育行政部门在各级教育中的职责。《中华人民共和国义务教育法》第二条明确规定义务教育制度由国家实行，第五条第一款规定了各级人民政府及其有关部门在义务教育中的职责，第七条规定了义务教育的领导和管理体制。政府在教育中普遍地负有责任，这通过《中华人民共和国宪法》第十九条予以规定，即政府对义务教育、中等教育、职业教育和高等教育以及学前教育都负责发展责任。虽然有普遍责任，但另一方面，针对不同阶段或不同性质的教育，政府在其中的责任大小是不同的，就义务教育来说，政府要对义务教育负完全责任，政府是义务教育的全职责任人。

政府在义务教育中的责任由现行《中华人民共和国教育法》第十九条、《中华人民共和国义务教育法》第二条明确规定，包括国家统一实施、建立义务教育经费保障机制等。因为经费在政府责任履行中的关键作用，《中华人民共和国教育法》专门设立第七章"教育投入与条件保障"，其中关于教育经费，明确提出由国家建立以财政拨款为主、其他多种渠道筹措教育经费为辅的体制；国家财政性教育经费支出占国民生产总值的比例应当随着国民经济的发展和财政收入的增长逐步提高；各级人民政府的教育经费支出在财政预算中单独列项，并要求教育财政拨款的增长应当高于财政经常性收入的增长，按照在校学生人数平均的教育费用逐步增长，教师工资和学生人均公用经费逐步增长。《中华人民共和国义务教育法》也专设第六章"经费保障"，用来规定义务教育的经费保障问题。其中包括将义务教育全面纳入财政保障范围；义务教育经费纳入财政预算；用于实施义务教育的财政拨款的增长比例应当高于财政经常性收入的增长比例，按照在校学生人数平均的义务教育费用逐步增长，教职工工资和学生人均公用经费逐步增长；义务教育经费投入实行国务院和地方各级人民政府根据职责共同负担，省、自治区、直辖市人民政府负责统筹落实的体制；农村义务教育所需经费，由各级人民政府根据国务院的规定分项目、按比例分担。

政府的责任与义务教育的发展水平是相关的，但政府责任的履行又与当地的经济发展水平和财政状况相关。事实上，在不同的发展阶段，不同国家在履行义务教育职责时的措施和方法也是不同的，比如在经济发展水平和财政能力不能满足义务教育正常发展需求的时候，可以采取一些临时变通的权宜之计——向群众集资、向受教育者收取少量费用等。但在义务教育发展过程中，为保证义务教育实施采取的变通做法，并不能改变政府对义务教育在法律上的责任性质。充分、优质、高效地履行义务教育的责任，是政府应该追求的目标。

（三）政府义务教育责任的内容

政府承担义务教育责任的内容，由义务教育的法律关系来体现，作为义务一方，学生权利要实现的内容，就是政府要履行的义务。上文我们指出，学生的受教育权包括受教育的社会权和自由权，具体又包括要求国家保障机会、保障义务教育免费、提供教育设施条件、帮扶弱势群体、提供救济和保护机制、保障义务教育中选择的自由和学习的自由等。这样来理解相对空泛，参考学生的权利，结合政府在义务教育中的实际职能，我们将政府的责任或义务概括为三类，每一类又有不同的具体内容。

1.政府的尊重义务

所谓尊重义务，实际上是指一种消极性质的义务，是指国家不得针对学生的受教育权采取任何妨碍或阻止的措施。政府的尊重义务，特别体现在针对学生义务教育的自由权方面，政府不得阻碍学生选择的自由、学习的自由。尊重义务的另一方面，体现在政府对学生平等，一视同仁，不得有歧视行为，也就是《中华人民共和国义务教育法》第四条规定的"不分性别、民族、种族、家庭财产状况、宗教信仰等"，要赋予其同等的权利。在义务教育初期，社会、家庭中有对女童的歧视，目前性别歧视问题已经得到很好的解决。少数民族学生的义务教育也得到特殊的重视和支持。

2. 政府的落实义务

落实义务是政府的一项积极义务，是指政府要采取积极措施，使适龄儿童、少年能够享受并且便利地享受到义务教育的受教育权。落实义务是政府义务中最重要的义务，履行这项义务，需要政府承担的职责很多：（1）制定义务教育制度、法律、政策，完善义务教育法律体系；（2）制定、调整学校设置规划，科学配置资源，坚持和推进均衡发展，加强薄弱学校建设；（3）健全和完善在义务教育经费保障方面的机制，统筹安排好义务教育经费；（4）培养、发展和保障义务教育的师资；（5）改善义务教育办学条件。

3. 政府的保护义务

保护义务也是政府的一项积极义务，是指政府要采取措施，以防止第三方干扰学生实现义务教育的受教育权。义务教育需要社会中多个主体的共同支持，在义务教育的法律关系中，法律主体除了政府和学生，还包括学生的家庭及监护人、社会、学校等。如适龄儿童、少年的父母或者其他法定监护人无正当理由不履行其在义务教育中的责任，不送适龄儿童、少年就学的，政府应承担保护义务，给予批评教育，责令限期改正，保障适龄儿童、少年的受教育权。

二、政府在承担主体责任中存在的问题

通过上述对政府责任主体演变的原因和进程所作的分析，结合法律关于义务教育政府责任的规定，对比义务教育的实践，可以看出，政府作为义务教育的责任主体，在其承担责任的过程中，存在着政府责任不明晰、政府责任主体过低以及相关责任主体不对等的问题，下文围绕政府在义务教育中的责任并重点结合其投资责任进行分析。

（一）义务教育法规中的政府责任不明晰

自20世纪80年代中期以来，根据不同时期经济社会发展的背景，国家先

后对义务教育的管理体制进行了多次不同程度的改革，依次经历了"地方负责，分级管理""国务院领导下的地方负责，分级管理""国务院领导，省、自治区、直辖市人民政府统筹规划实施，县级人民政府为主的管理体制"等不同阶段。这种改革变化过程，实际上是一个从政策到法律的演变过程。在政策不断演变的过程中，可以发现，政策制定的依据，也就是国家决定义务教育承担主体的主要因素，主要是基于教育经费的考虑，义务教育责任主体划分的依据是存在片面性的，同时也造成了不同层级政府在义务教育责任上的模糊性。

政府在教育中普遍地负有责任，对于义务教育，政府应该是完全的责任人。现行《中华人民共和国义务教育法》第四十四条规定："义务教育经费投入实行国务院和地方各级人民政府根据职责共同负担，省、自治区、直辖市人民政府负责统筹落实的体制。"但基于对目前义务教育相关的法律法规的考察来看，各级政府的责任分割并不明晰。现行法律明确指出，义务教育的实施主体是国务院和县级以上地方人民政府。合理划分各级政府间的责任是义务教育高质量均衡发展的保障。

理想的责任划分依据，应坚持责任定位的公共性原则和合法律性标准。就中央层面而言，重点是制定财政投入政策，明确财政投入分担比例。中央政府的直接投入尤其应保障义务教育的公共性，并从保证机会公平的角度，重点加强对贫困、边远、民族地区的专项支持。就省级政府的层面而言，应着重做好区域义务教育规划，在明确本省义务教育发展目标的基础上，统筹和落实省内教育经费，制定市、县两级政府的经费分担办法。就县级政府的责任而言，现阶段应该将义务教育优质均衡发展、城乡一体化发展作为主要目标，在对义务教育学校科学规划与合理布局的基础上，科学确定义务教育经费在同级财政性教育经费中的合理比例，并保证经费逐年增加。

但长期以来，在义务教育发展过程中，各级政府的责任履行并没有按照上述的理想状况运行。1985年6月，全国人大六届十一次常委会决定撤销教育部，设立国家教育委员会。当时设计这一改革举措的直接目的，在于通过教育委员会这种机构设置形式，将中央教育行政部门对地方教育事务的直接管理转到宏观的管理和指导上。不过，这种机构设置的调整给义务教育事业带来了一个直接后果，就是将义务教育均衡发展的统筹协调职能转移给了地方。上述教育行政的变化直接体现在1986年颁布的《中华人民共和国义务教育法》中，也影响了义务教育的改革发展。作为中央教育行政部门，由于教育委员会只负责对教育进行宏观指导，不负责统筹，自然就将义务教育的统筹权下放到地方，该法第二条规定由省级政府确定本地区义务教育的步骤，这样中央政府按照"地方负责，分级管理"的体制，只负责领导和宏观管理，实际上发挥的是一种弹性管理的作用，不利于全国统筹和均衡发展。在经费筹措上，1992年《中华人民共和国义务教育法实施细则》①按照"地方负责，分级管理"的规定，进一步落实义务教育经费的责任单位，城市明确到了市辖区，农村落实到了乡（镇）。虽然，此细则也有关于对经济困难地区和少数民族聚居地区予以补助的规定，但是作为一种特殊性的对策，其作用不是十分明显。

2006年新修订的《中华人民共和国义务教育法》在保留国务院领导、以县为主的基础上，首次提出省级政府的统筹问题。新体制保留了"以县为主"的提法，取消了"地方负责，分级管理"的提法，明确提出义务教育由省级政府统筹规划实施。强调中央和省级政府的责任，这是针对义务教育的性质作出的合理选择。不过，由于在教育财政管理体制方面，我国目前仅有《中华人民共和国教育法》和《中华人民共和国义务教育法》两部法律，虽然对义务教育实行省级政府统筹规划、以县级政府管理为主进行了规定，但对中央和地方政府义务教育的事权和支出责任并未做具体的规定，再加上缺少对义务教育事权划分的法律约束，缺少一部监督检查义务教育经费管理使用情况的法律作为保障，这就造成了中央和省级政府向基层政府推卸义务教育支出责任、加重基层政府义务教育支出压力的状况。

（二）义务教育实践中的政府责任主体过低

由于义务教育的公共性使然，笔者认为，高层级政府应该是义务教育责任的主要承担者。由于义务教育法规中规定的各级政府间的责任不明晰，带来的直接后果就是长期以来的义务教育责任主体过低，并由此造成义务教育的纵向财政失衡。从近年来义务教育的实践看，义务教育主要由地方政府投资，中央和省级政府分担的义务教育经费比例较小，保障和调控力度不大。

自20世纪80年代中期以来，国家多次对义务教育的管理体制进行改革，但其主要的直接动因在于义务教育的经费，加之上述提及的不同层级政府在义务教育责任上的模糊性，造成各层级政府教育经费分担比例不合理。中央和省级政府财政责任缺失，事权与支出责任划分不清，财权划分与事权不匹配，义

---

① 根据1986年《中华人民共和国义务教育法》第十七条的规定制定；1992年2月29日国务院批准，3月14日国家教育委员会令第19号发布。

务教育转移支付制度不规范，经费责任层层下放，最后县级及以下政府成为义务教育最重要的投资主体。义务教育政府责任的转嫁无论在中央政府还是在地方政府，均有不同程度的存在，导致中央和省级政府控制着主要的财权却仅承担了很小一部分的义务教育事权，而基层地方政府在财力有限的情况下，却承担了主要的义务教育支出压力。尤其是针对农村的义务教育，一度由统办统管转变为分办分管，虽然激发了基层地方政府的积极性，调动了农民群众对办学的热情，但也加重了农村学生及其家长的负担，而分解经费压力本来就是由统办统管向分办分管转变的直接动因。这种分办分管的分散型义务教育经费筹措机制最主要的问题，就是没有充分认识到区域和城乡之间的差距，通过分办分管，一层一层地把"普九"的责任逐级下放到市、县、乡、村，逐步消解了政府在义务教育中的责任。事实上，自然村由于在经费上的能力有限，自然又会把办学的责任直接转嫁到农民头上，政府在义务教育中的主体责任没有很好地履行。

2006年修订版《中华人民共和国义务教育法》颁布实施之后，省级政府在义务教育中的统筹责任得到强化，义务教育责任主体过低的问题有所缓解，但同样由于缺乏具体的制度规范，在省级政府统筹过程中也存在不少问题。修订版《中华人民共和国义务教育法》及之后的相关政策法规，虽然解决了主体是谁的问题，但没有解决主体的实际责权以及如何实现的问题。首先，省级政府的统筹责权不明晰，主要表现在各级政府部门之间的责权界限不清晰、不同部门之间缺乏协调以及统筹的问责措施缺失等三个方面。[1] 其次，省级统筹的机制不完善，长期重视短期机制而忽视长效机制建设的惯性使然，造成了整体性义务教育统筹机制的缺失。就实践来看，虽然现实中有省级政府统筹的需求，但推动省级政府统筹的原动力在中央政府，省级政府内在的主体性并不充分，表面上义务教育统筹是以省级政府为中心的，但实质上处于被动地位的省级政府，其对义务教育的统筹是乏力的，作用发挥是有限的。

省级政府统筹责任不到位，带来的直接后果是中央政府的两难境地。"如果中央政府在分税制划定的事权范围之外，直接承担义务教育的投入责任，不仅面临财政能力问题，在操作上也存在很大的困难，投入效果无法保证；如果不承担投入责任，仍然依靠县级政府，势必要面对许多地区义务教育陷入非均

---

① 黄俭.中国义务教育省级统筹问题研究 [D]. 武汉：武汉大学，2015：98-99.

衡发展的事实。"①义务教育的责任划分，可以有集权、分权、集权与分权相结合等模式。不过，各国的主流模式是集中或相对集中，由中央和省级政府作为主要责任者。在义务教育的后均衡时代，要保证高质量的义务教育供给，必须对省级政府统筹制度予以完善，省级政府作为主要责任者和经费保障者，应该是义务教育改革的关键。

（三）义务教育中的相关责任主体不对等性

关于义务教育的责任主体，除了政府，事实上还有多个责任主体，只不过不同责任主体的责任范围和责任内容不同。1986年《中华人民共和国义务教育法》只用了"依法保障适龄儿童、少年接受义务教育的权利"来规定不同主体的责任，虽然明确了社会、学校、家庭是义务教育的责任主体，但对社会、学校、家庭作为义务教育责任主体的责任义务和权限范围没有进行严格规定，影响了责任主体的作用发挥。2006年《中华人民共和国义务教育法》修订时，专门增加了"学校"一章，但对社会、家庭等责任主体的规定仍过于宽泛，如针对社会责任主体，仅提出了为学生接受义务教育创造良好环境的要求，可操作性不强。

此外，对义务教育责任主体之间的关系而言，如果社会、学校、家庭不履行或不完全履行义务教育的义务，政府可以对其他责任主体进行处罚；但作为义务教育的完全责任人，如果政府在义务教育上不作为，则难以对其进行监督。比如，1986年《中华人民共和国义务教育法》规定免收学费，但该法实施后学校一直在收取费用。1992年《中华人民共和国义务教育法实施细则》第十七条又明确规定学校可以收取杂费。多年来，没有人对该实施细则第十七条违背上位法的规定提出异议，这一方面是教育法制监督缺位的直接体现；另一方面，也说明政府在义务教育投入中存在严重不足。②从更深的层次上来理解，"农村义务教育农民办"、基本实现"普九"后仍然有收取杂费等非正常现象出现，将本应该由政府承担的责任转嫁到农民头上，还是因为全社会对义务教育的公益性没有认识到位。回顾我国义务教育投资体制变化的历程，我们应当进一步明确，义务教育是公共产品，义务教育的投资主体应该主要由政府承担，尽管有历史和现实的原因，但通过集资、收取杂费等方式来发展义务教育仍然是违背教育公共性原则的。

---

① 范先佐，郭清扬，付卫东. 义务教育均衡发展与省级统筹 [J]. 教育研究，2015（2）.

② 谭细龙. 论我国教育法制建设中的问题及其对策 // 劳凯声. 中国教育法制评论（第6辑）[C]. 北京：教育科学出版社，2009：201.

再看国家财政性教育经费投入 11 年未达到国民生产总值的 4% 目标的问题。1993 年《中国教育改革和发展纲要》（中发〔1993〕3 号）提出了以国家财政拨款为主的经费体制，1995 年《中华人民共和国教育法》以法律形式确定了这一新体制。按照新体制，当时国家提出财政性教育经费支出占国民生产总值的比例要在 20 世纪末达到 4%。此后，尽管"全国人大通过的《政府工作报告》《五年规划纲要》，中共中央文件和国务院的行政法规共规定过 10 次"[①]，但这一目标一直没有达到，直到 2012 年。从 20 世纪末到 2012 年，整整推迟了 12 年才实现国家财政性教育经费占国民生产总值比例 4% 的目标，这一方面说明了义务教育投资体制存在的问题，另一方面也反映了对政府教育责任的监督出了问题。

目前，"我国社会主要矛盾已经转化为人民日益增长的美好生活需要和不平衡不充分的发展之间的矛盾"[②]，公众对优质义务教育提出了更加旺盛的需求，如何确保政府在义务教育中的责任主体地位的切实履行，不断满足人们日益增长的对优质教育资源的需求，健全和完善对义务教育责任主体的监督机制，无疑具有重要的现实意义。

三、强化政府主体责任的对策

政府在义务教育中的责任或义务包括政府的尊重义务、落实义务和保护义务，落实义务是重中之重。针对上述政府在责任承担过程中存在的问题，在义务教育后均衡发展阶段，必须进一步完善政府责任承担的法律和制度体系，明确各级政府的主体责任，尤其是进一步完善经费保障机制，统筹安排义务教育经费，提高中央和省级政府的统筹规划和经费保障能力，科学配置资源，完善监督体系，推进公平而有质量的义务教育。

（一）强化政府的法律责任

义务教育是公益性事业，涉及全体社会成员的共同利益，政府责任的履行是其有效保障。上述政府在承担主体责任中存在的问题，其产生原因是多方面的，但义务教育法律法规不健全是无法回避的一个，健全义务教育的制度和法规体系应当是基础性的工作。

---

① 乔春华.后 4% 时代教育经费投入的法规保障机制 [J]. 会计之友，2014（13）.
② 习近平.决胜全面建成小康社会夺取新时代中国特色社会主义伟大胜利——在中国共产党第十九次全国代表大会上的报告 [R].2017-10-18.

针对现行的义务教育法对政府责任规定不明晰的实际状况，中央政府应制定切实可行的条例和实施办法，在这一过程中，应彰显义务教育的公共性。尤其是中央政府，在确保义务教育公共性的过程中起着关键作用，要通过立法重点明确中央政府的责任。中央政府的主要责任，应着重机会公平，以促进均衡发展为目标。针对我国城乡二元分化、地区间经济发展不平衡的实际情况，要把义务教育的责任主体进一步上移，明确中央与地方各级政府的责任划分，强化省级政府对义务教育的统筹职责，提高省级统筹的力度，构建省域内的协同发展机制。

根据目前义务教育法规体系的现状，应加强制度体系的顶层设计，加快制定义务教育经费保障法等法规。通过健全义务教育法规体系，进一步明确义务教育的总体目标和阶段任务；完善均衡发展的制度，推动城乡一体化发展，缩小城乡、区域间义务教育差距，建立均衡发展的长效机制。

（二）强化政府的财政责任

针对之前义务教育实践中政府转嫁投资责任的问题，进一步规范财政责任是目前立法的重点。现行《中华人民共和国义务教育法》第四十二条规定："国家将义务教育全面纳入财政保障范围，义务教育经费由国务院和地方各级人民政府依照本法规定予以保障。"《国家中长期教育改革和发展规划纲要（2010—2020 年）》明确指出"加强省级政府教育统筹""依法落实发展义务教育的财政责任"。2015年《国务院关于进一步完善城乡义务教育经费保障机制的通知》（国发〔2015〕67 号）提出"建立统一的中央和地方分项目、按比例分担的城乡义务教育经费保障机制"。应当说，这是义务教育制度在实践基础上的不断进步，而之前之所以出现责任转嫁、投资不力的现象，就在于教育法、义务教育法中缺乏政府的量化责任。

通过立法强化政府的财政责任，有三个重点：

一是针对中央政府，要通过立法明确中央政府对边远贫困、边疆民族地区给予支持的责任。完善转移支付制度，以一般专项转移支付为主，增强县级政府对资金的决策权。

二是提高省级政府的经费责任，明确省级政府应承担的经费投入比例，通过公式拨款规范、透明省级政府的支出责任①。当前地方义务教育中依然存在着

---

① 赵海利，陈芳敏. 政府间义务教育财政事权和支出责任演变——来自美国的经验 [J]. 教育发展研究，2017（8）.

财权事权不匹配、基层政府负担过重等问题，加大省级政府投入是均衡发展的关键，全面调整政府间关系，让省级政府成为主要财政责任承担者是改革的关键。[①]

三是调整省与县的财权结构及其农村义务教育供给责任。进一步推进"省直管县"财政改革，增加省对县的财政转移支付。提高省级政府对农村义务教育的财政责任，调整"以县为主"的投入体制，解构农村义务教育经费支出项目，对教师基本工资等特定支出，建议由省级政府直接承担。[②]

（三）强化政府均衡配置资源的责任

义务教育虽然是公益性事业，但义务教育资源特别是优质教育资源在现阶段还是稀缺性资源，因此在义务教育中需要通过公正的方式来均衡配置资源。义务教育具有公共物品性质，是"保底教育"。义务教育是教育公正的底线，政府必须在起点、过程和结果上完全保证均等化。[③]责任政府是实现教育公正的重要保障，维护教育公正是政府的重要责任，均衡配置义务教育资源是实现义务教育公正的关键。

虽然，近年来已经制定实施了不少促进教育公平的政策法规，但教育均衡发展的政策总体相对分散，政策之间还存在不相容性，尤其是针对农村的供给不足，城乡、区域之间的差距没有得到根本改变。完善均衡配置资源机制是义务教育法律法规完善的重要内容。通过义务教育立法，应建立一个有明确公正和均衡导向的义务教育资源配置机制，农村地区以及经济薄弱地区应该成为主攻方向，得到更多资源上的倾斜。财政投入均衡是城乡义务教育实现公平的有效途径。在进一步强化中央和省级政府对义务教育投入责任的基础上，应在财政拨款、学校建设、教师配备和待遇等方面向农村倾斜，加大对农村的转移支付，均衡配置教育资源，着力改善农村义务教育的办学条件。

强化政府均衡配置资源的责任，需要辅之以科学的效益和考核评价体系。完善的绩效评价制度是提高义务教育资源效率的关键。为保证绩效评价的权威性，应建立独立评估机构，健全评价指标，同时要积极发挥评价结果在政策优化中的作用，通过发挥资源的最大效益，促进资源配置的优质均衡。

义务教育的责任主要在政府。政府义务教育的责任重在落实。现行《中华

---

① 范先佐，郭清扬，付卫东.义务教育均衡发展与省级统筹[J].教育研究，2015（2）.
② 陈静漪，李桂雅.我国农村义务教育供给政策的路径反思与改进[J].现代教育管理，2017（4）.
③ 冯建军.教育公正与政府责任[J].教育发展研究，2008（9）.

人民共和国义务教育法》第八条虽然规定："人民政府教育督导机构对义务教育工作执行法律法规情况、教育教学质量以及义务教育均衡发展状况等进行督导，督导报告向社会公布。"但长期以来，有效的义务教育制度实施的问责机制并没有建立起来，导致政府义务教育责任主体缺位和义务教育责任履行缺失，进而造成包括义务教育中转嫁投资责任等问题长期得不到解决。在加快推进教育现代化的背景下，为促进政府义务教育责任的履行，在强化政府的法律责任、财政责任、均衡配置资源责任的同时，必须加大对各级政府履行义务教育责任的监督检查，实行责任追究和问责制度。唯如此，才能保证政府的责任落到实处，并通过优质均衡发展满足人们对优质义务教育的需求。

小结

本章的主题是从规则维度对义务教育制度进行合法性阐释，目标是运用合法性逻辑体系，特别是规则维度的形式有效标准，对义务教育制度进行合法律性考察。本章共分三节，分别为义务教育中的权利和义务、受教育权的保护、政府义务教育责任的履行。本章的研究思路如下：

合法律性是义务教育制度合法性的前提。义务教育制度的合法律性需要解决制度层级和制度体系的规范性、制度内容的科学性、教育制度的程序性等三个问题，规范性在三个问题中又居于核心地位。另外，本书取广义的义务教育制度概念，在这一概念体系下，法律无疑是最重要的义务教育制度，而且法律对规范性、科学性、程序性的要求最高，因此，本章选取义务教育的相关法律作为合法律性分析的主要制度对象。

法律关系是法律制度的核心问题，法律关系的内容是法律关系主体之间的权利和义务关系。学生和国家（政府）是义务教育法律关系中最重要的两个主体，作为一种行政法律关系，学生受教育权的实现是义务教育法律关系的重点，国家（政府）的义务是学生受教育权的基本保障，决定着学生受教育权的实现程度，这也是本章选取义务教育中的权利和义务、受教育权的保护、政府义务教育责任的履行这三个问题来考察义务教育制度合法律性的主要原因。

首先，本章分析了义务教育法律关系中权利义务的发展历史，通过对义务教育中权利义务关系转换的研究，提出义务教育与人相比较始终是工具，义务教育法律关系最终将导向权利本位，学生受教育权的实现是义务教育制度的根本。

接着，本章分析了学生受教育权（社会权、自由权）的概念和内涵，分析了影响义务教育受教育权保障的三个主要原因，提出了基于合法律性的受教育权保障的对策建议。考虑到义务教育的群体差异，目前流动儿童的数量巨大，并且在受教育权的保障方面处于弱势地位，因此本章在分析流动儿童义务教育现状的基础上，特别针对流动儿童义务教育受教育权的保障提出了相关建议。

最后，本章以法律规定的政府义务教育责任为基础，分析了政府在承担义务教育主体责任中存在的责任不明晰、责任主体过低和相关主体不对等几个问题，并提出通过强化政府的法律责任、财政责任和均衡配置资源责任，提升政府履行义务教育主体责任能力的对策建议。

第四章

价值维度的阐释：合目的性

作为价值高度涉入的系统，义务教育制度合法性的规则维度必须以价值维度为指引，其合法律性应能经受合目的性的评判。义务教育制度的合目的性是指对价值的追求及其实现程度，是义务教育制度合法性的防御机制。这里所谓的价值指制度本身的价值，也指义务教育作为特殊教育阶段所追求的价值。本章基于合目的性的三个价值向度展开，重点阐述义务教育制度（相对于其他阶段教育）合目的性的特殊性，即义务教育要符合适龄儿童、少年的天性，遵循教育作为特殊社会实践的特殊性，符合教育规律，并且要尊重公民的基本权利，符合社会的公正价值。基于此，本章将重点探讨教育公正中的平等、公平与效率的选择、教育公正对育人的要求等三个问题，以此展开对义务教育制度合目的性问题的探讨，从价值维度进行合法性理论阐释。

第一节　义务教育制度公正中的平等

教育自身赋有公正的要求，公正是教育的品性和根本特质，也是义务教育的应有之义。公正与平等具有内在的天然联系。亚里士多德很早就提出过公正寓于平等的观念，自其之后，平等也一直被当作公正的基本内涵。到当代，在政治哲学家罗尔斯的理论中，社会平等和社会公正可以被看作等价的命题。正因如此，教育平等不仅被视作教育公正的要求，更被视作教育公正的前提。义务教育制度公正中的平等，应该有什么样的具体内涵和特殊要求，这是义务教育制度合目的性必须首先解决的问题。

一、义务教育的平等是完全平等

平等有两类。一类是完全平等，这种平等是一种无差别的平等，即"当一事物在某一认同的方面不比另一事物多，也不比另一事物少时，我们说这两个事物是平等的"①。另一类是比例平等，比例平等是亚里士多德提出的概念，即"根据个人的真价值，按比例分配与之相衡称的事物"②。教育平等也有两类："一类是完全平等，它对应于人的种类平等，即人性的平等；另一类是比例平等，它对应于个体发展程度的差异。"③ 完全的教育平等是一种完全等同的状态或者结果；比例的教育平等是相同的人平等对待，不同的人不平等对待。

义务教育的平等是完全平等，这种完全平等，从根本上说是基于人性的平等和个人发展的基本需要。教育是基本生存和发展的必备条件，尤其是义务教育，更是现代人生存和发展的基础。因此，对于每个人来说，不管其身份、地位和才能如何，都应该接受平等的教育。正是人人生而平等的人性相同性，构成了教育公正的基础，决定了教育的平等。所以只要是现代人，不论人与人之间有多大的差异，对其最低的基本教育都应该完全平等，而最低的基本教育就是义务教育。义务教育的完全平等是人性平等的必然要求，是基于所有人的种类平等，是基于人性的自然权利。

目前作为自然权利的教育权已经得到世界各国宪法的确认，并成为现代人的人权。按照罗尔斯的说法，"一个社会体系的正义，本质上依赖于如何分配基本的权利义务，依赖于在社会的不同阶层中存在的经济条件和社会条件。"④ 因此，义务教育公正要求的平等，首先就在于对义务教育受教育权性质的判断上。从个体的角度看，公民权利分为基本权利和非基本权利。基本权利是最起码、最基本的生存和发展权，是维持现代人尊严必需的权利。非基本权利则是基本生存发展之上的高层次权利，是满足舒适和完满生活需要的权利。就公民权利与平等之间的关系而言，基本权利作为底线权利，应完全平等，非基本权利则可以按比例平等。

一般而言，权利保障的逻辑是优先保障所有公民的基本权利，在此基础上，再保障一部分人的非基本权利。基本权利和非基本权利由各国宪法确认，宪法确认基本权利的基础是社会的生产力水平和政治的民主化进程。公民受教育权

---

① [美] 穆蒂莫·艾德勒. 六大观念：我们据以进行判断的真、善、美 我们据以指导行动的自由、平等、正义 [M]. 郗庆华，薛笙，译. 北京：生活·读书·新知三联书店，1998：188.

② [古希腊] 亚里士多德. 政治学 [M]. 吴寿彭，译. 北京：商务印书馆，1965：234.

③ 冯建军. 教育公正需要什么样的教育平等 [J]. 教育研究，2008（9）.

④ [美] 约翰·罗尔斯. 正义论 [M]. 何怀宏，等译. 北京：中国社会科学出版社，1988：7.

也有基本权利和非基本权利之分，"基本受教育权利与非基本受教育权利的划分，大致以各国法律形式确立的义务教育为标准，将义务教育阶段视为基本受教育权利领域，义务教育后续教育视为非基本受教育权利领域"①。义务教育作为法律规定的基本受教育权利，应该坚持完全的平等原则。义务教育之后的教育阶段，因为具有筛选性，也无法满足所有人的需求，只能实行比例平等。

义务教育阶段公民受教育的权利需要通过受教育的机会来实现。机会是公民生存和发展的一种可能空间，它不是现实性的东西，却会直接影响公民未来的发展。公民只有在拥有受教育的机会之后，其法律上的受教育权才可能转化为现实中的受教育权。机会既包括可以共享的机会，也包括需要竞争获取的机会。共享的机会是一种普适性的机会，体现着完全平等；需要通过竞争的机会是一种有差别的机会，这种有差别的机会，决定了个体之间在生存和发展可能性上的不完全平等。机会是权利赋予的，没有权利就没有机会，权利平等通过排斥社会歧视从而成为机会平等的前提。义务教育的机会包括起点的机会和过程的机会，作为起点的义务教育机会因为义务教育受教育权的完全平等，也具有完全平等的性质，是一种共享的机会。这种共享的机会由国家保障，是一种完全的平等。

教育的权利平等和机会平等共同构成了教育公正的事前原则。②义务教育权利的完全平等和机会的完全平等，提供了公民义务教育的平等起点，对义务教育的过程和结果的公正性提供了基本的前提和保障。

二、义务教育的平等是实质平等

义务教育的完全平等，来源于人性的平等和个人发展的基本需要，来源于公民基本权利的要求，并得到法律的保障。《中华人民共和国义务教育法》规定，凡是适龄儿童、少年，都享有权利平等地接受义务教育。从《中华人民共和国义务教育法》的相关规定来看，义务教育的普及性、强制性、保障性等特征，保证了义务教育机会的完全平等。不过，义务教育的权利完全平等、机会完全平等只是为个体发展提供了可能，从性质上来说，这种平等不仅是起点的平等，还是形式的平等。作为义务教育的完全平等，它不仅是形式的平等，还要求实

---

① 冯建军. 教育公正需要什么样的教育平等 [J]. 教育研究，2008（9）.
② 冯建军. 论教育公正的基本原则 [J]. 社会科学战线，2007（4）.

质的平等。

教育的形式平等主要与制度运作的程序相关。罗尔斯把程序平等看作程序公正，他指出："如果我们认为正义总是表示着某种平等，那么形式的正义就意味着它要求：法律和制度方面的管理平等地（即以同样的方式）适用于那些属于由他们规定的阶层的人们。"① 义务教育的形式平等除了包括程序公正，还包括上述的权利平等和机会平等。相对于形式平等，义务教育的实质平等主要体现在结果上，要求才能处于同一水平、具有同样愿望的人，不管其社会地位和社会阶层如何，最终都能享有平等的教育和成功的前景。

除了以上反复提及的各种原因，影响义务教育对实质平等诉求的原因，还与一种对精英主义教育理念和教育模式的反思相关。制度化的学校教育在产生时就是精英教育模式，并成为统治阶级或贵族的特权，劳动人民没有机会接受教育。这时的精英教育是由当时社会的阶级性和等级性决定的，教育不平等是政治不平等的体现。不过，由身份或地位决定教育机会是有违教育公正的。近代以来，随着民主思想的发展，强调阶级性和等级性的精英教育开始发生演变，转而强调在权利平等基础上的能力和成就。在这种精英主义教育理念下，教育不再依据身份和地位分配资源，而是代之以能力和成就作为分配教育资源的标准。教育资源被优先分配给少数能力突出或表现优秀的学生，并通过逐级选拔，享受高一级教育资源的人不断减少。虽然义务教育的年限不断延长，高等教育也开始出现大众化的趋势，但通过考试等方式进行入学筛选的精英教育的本性没有根本改变。

以能力和成就取代身份和地位标准是一种历史性的进步。但这种进步并没有改变教育不公正的本质。因为能力及其成就与个人的家庭环境密切相关，所谓的能力和成就其实并非仅是个人努力的结果，而对学生的阶层属性具有很大的依赖性。主导学校教育的是中上阶层的文化，这种文化对处于社会下层的学生极为不利，并成为他们学业成功的障碍。在成就标准的支配下，最初的社会精英或上层会通过聚集形成新的阶层，并有助于他们的后代在教育中取得更好的成就，从而成为新一代的社会精英，并造成阶层的差异。由成就原则带来的学校对社会不平等复制的后果，决定了这种精英教育并不公正。

---

① [美] 约翰·罗尔斯 . 正义论 [M]. 何怀宏，等译 . 北京：中国社会科学出版社，1988：58.

随后，一种平等主义教育的理念开始出现。这种理念从教育对人的发展作用出发，认为缺少才能的人，更需要接受进一步的教育。因此，不论出身好坏或能力高低，每个人都有权利接受平等的教育。与此相关，大众教育模式应运而生，并通过扩大教育规模向社会大众开放。伴随着政治民主化进程，世界上几乎所有国家都在法律中规定了个人平等的受教育权。不过权利平等只能保证起点平等，随着教育的逐级筛选，教育资源最终会出现集中并在教育中出现新的不平等。所以，平等主义教育理念进一步主张教育的过程和结果平等。"但这种平等可能为才智平庸者提供超出其能力所能利用的太多的机会，而给才智出众者提供的机会不能满足他们的需要，这两种后果都是不公正的。"①

其实，无论是精英主义还是平等主义教育理念，都有其各自的优缺点，问题的解决之道，是针对不同阶段教育的不同性质，分别适用两种不同的教育理念和教育模式。精英主义教育以自由至上主义为哲学基础，以能力和成就为标尺，坚持能力至上，坚持以才取人是公正，优胜劣汰是平等。精英教育模式适用于义务教育之后的教育阶段，并通过给予才智出众的学生更多更好的教育机会和教育条件，培养社会需的精英人才。平等主义教育理念以自由平等主义为哲学基础，以平等性为其主要特征，是基于每个人的平等权利和提高国民基本素养的需要。大众教育模式适用于义务教育阶段。义务教育具有普及性、强制性和保障性，义务教育的这几个特征，隐含着义务教育的平等性，即所有适龄儿童、少年不分阶层、年龄、民族、贫富等，都依法平等享有教育的权利和机会，不仅如此，国家还必须保证资源的均衡化、均等化，保证教育的质量，保障完全的平等和实质的结果平等。

事实上，精英教育模式和大众教育模式并不是不能相融的，精英的培养也要建立在保障平等的基础上，精英教育模式也需要大众教育模式的支持。精英教育有其存在的必要，但现代社会，精英已经不再为既定的少数人所独享。精英教育之所以能够为大众接受，不仅需要公平的选拔原则，更要以所有人的权利平等和机会平等为基础。只有在平等地顾及和保障所有人基本的受教育权和教育机会后，才可能将特别的资源集中于少数精英，让他们去充分追求个人的卓越，从而有利于社会的整体发展。②可以说，正是现代义务教育的完全平等，

---

① 冯建军.教育公正：追求卓越，还是追求平等 [J].大学教育科学，2007（6）.

② 黄藿.精英主义与平等主义教育观的哲学省思 // 全国教育哲学年会暨教育哲学国际研讨会交流论文 [C].北京，2006：9.

为精英教育模式的人才选拔奠定了公正的基础。上述基于精英教育模式和大众教育模式的分析对比，可以有助于我们更好地理解：义务教育的完全平等要求的是一种结果上的实质平等。

三、义务教育平等的实现路径

义务教育中的平等是完全平等和实质平等。这种平等首先要求公民受教育的权利和机会平等。权利平等要求教育平等地向每个人开放。目前，受教育权已经历史性地得到了各国宪法和法律的确认与保护，实现了义务教育起点上的机会平等。不过，起点上的机会平等并不能保证义务教育的过程平等和结果平等。通过考察教育民主化的进程，我们也能发现，在教育平等的问题上，形式平等也是最先实现的，只有先解决权利和机会平等，才有可能实现实质平等。之所以会如此，主要原因就是自然和社会偶然因素会影响机会和资源的分配，如阿瑟·奥肯所言："当一些人面前障碍重重时，另一些竞争者已经率先起跑了。各种家庭的社会地位与经济地位不同，使得这场赛跑并不公平。"①笔者以为，要实现义务教育的完全平等和实质平等，需要在义务教育过程中坚持对不同的个体进行差别化对待，并进行义务教育资源的差异化配置。

人人生而平等，只限于人的类属性和基本发展需求，而教育权平等和机会平等也主要是政治平等。现实中，人与人之间有很多的差异和不平等，除了先天的自然差异，还包括社会、家庭等后天因素的影响。正是这些差异的存在，才要求对个体进行差别化的对待。在教育平等的问题上，罗尔斯就批评自由主义没有排除能力和天赋的影响，他提出："为了平等地对待所有人，提供真正的同等的机会，社会必须更多地注意那些天赋较低和出生于较不利的社会地位的人们。……遵循这一原则，较大的资源可能要花费在智力较差而非较高的人们身上，至少在某个阶段。"②罗尔斯的自由平等主义，就是力图通过"差别原则"减少后天因素和自然天赋的影响，从而实现结果的实质平等。

就我国当前义务教育的实践来看，目前义务教育的不平等，也主要是实质不平等，表现在义务教育的质量上，并通过资源的配置体现出来。自2006年修订版《中华人民共和国义务教育法》实施以来，义务教育在资源分配的均衡性

① [美] 阿瑟·奥肯.平等与效率 [M].王奔洲，等译.北京：华夏出版社，1999：41.
② [美] 约翰·罗尔斯.正义论 [M].何怀宏，等译.北京：中国社会科学出版社，1988：101.

上相较过去有很大改善，但是地区、城乡和校际差距过大的情况还没有得到根本性改变。首先是中西部地区与东部地区的区域差距。比如，西部地区省份的文盲在全体人口中的比率远远超过全国平均水平，尤其是西部的老少边穷地区，更是文盲多发的地区，这与区域之间的经济发展不平衡和义务教育的资源配置有关。其次是义务教育的城乡差距。有研究指出，在城乡经济差距拉大的现实状况之下，城乡教育间的差距比经济的差距还要大。①尽管政府在推进义务教育经费城乡一体化保障机制，但目前来说，城乡义务教育在经费差距特别是师资力量方面的差距仍然很大。再次是义务教育的校际差距。校际差距的形成固然有历史的原因，但只要存在校际差距，就会产生家长和学生的择校需求，这已成为义务教育中长久的伤痛。近年来，部分民办学校由于体制机制相对灵活，在优秀师资聘任、优秀生源录取上具有优势，从而拉开了与公办学校之间的差距，使校际差距的问题呈现出新的特征。为了缩小义务教育地区、城乡和校际的不均衡，必须继续推进优质均衡发展，其关键就是在现有条件的基础上，坚持比例平等的原则，对义务教育资源按照一种差异化的方式配置，向西部和农村地区以及薄弱学校倾斜，这恰恰体现了一种辩证的精神。

除此以外，义务教育中还有一些弱势群体，比如贫困家庭、失业或下岗职工的子女等，现阶段，以进城务工人员的子女最为典型。父母进城后，他们的子女无论成为留守儿童还是流动儿童，其义务教育的实现较一般儿童、少年都会面临更多的困难和障碍。由于我国留守和流动儿童数量巨大，如此大规模的弱势群体在教育上遭受的不公正对待，引发了教育的信任危机，对代际公正造成了一定的影响。因此，要实现完全平等、实质平等，就必须通过改革，引导教育资源的再分配，向弱势群体倾斜，建立弱势群体的教育补偿机制。"政府要通过建立教育救助制度或利益补偿制度，在政策、资金等方面予以倾斜，给贫困家庭的子女以相应的经济补偿，尤其应加强贷、奖、助、补和减免等制度的完善与落实。"②尤其是留守儿童和流动儿童义务教育，应该成为现阶段资源配置时需要着力考虑的重点。

从某种意义上说，完全的平等是不存在的，但通过对个体的差别化对待，

---

① 袁振国. 缩小差距——中国教育政策的重大命题 [J]. 北京师范大学学报（社会科学版），2005（3）.

② 冯建军. 政府在教育公正中的责任与限度 // 袁振国. 中国教育政策评论（2008）[C]. 北京：教育科学出版社，2008：73.

通过对义务教育资源的差异化配置，可以最大限度地减少义务教育中的不平等，这也许是教育公正的真谛。

第二节　公平与效率——何者优先

公平与效率，是教育公正中的老话题。程天君教授在《新教育公平引论——基于我国教育公平模式变迁的思考》一文中也指出："尽管教育公平观的提倡已经由侧重政治或经济需要转向侧重人的发展，但当前的教育公平状况却并没有完全实现把以人为本的公平诉求作为核心评估域。……资源配置上的'效率优先'惯性与势能依然强劲，而这种'效率优先'必然导致'教育公平'之'天平'的倾斜。"① 公平与效率何者优先的问题，也是义务教育中的重要价值选择问题。作为"合目的性"的义务教育公正，是一种整体的、综合性的教育公正观，必须克服对义务教育公正的狭隘化理解，并保持教育自身的独立性，强调教育自身的目的性。实现"合目的性"的义务教育公正，必须妥善解决义务教育中公平与效率的价值选择问题。

一、义务教育中的公平与效率

我国义务教育中公平与效率的关系，或者说公平与效率何者优先的问题，在义务教育的不同发展阶段，主要有"效率优先，兼顾公平"与"公平优先，兼顾效率"这两种形式。当然，在"文化大革命"时期，也出现过追求极端公平的短暂阶段。不过在"效率优先，兼顾公平"与"公平优先，兼顾效率"之间，现在也开始逐渐由"效率优先"向"公平优先"转变。下面就这一历程做个简要的分析。

长期以来，重点化建设是我国基础教育的基本思路。作为一种发展战略，效率取向是重点化建设的主导价值追求，这一结论已经得到新中国教育实践的证实。虽然我国 20 世纪 80 年代才进行义务教育的立法，但从前面对义务教育的历史回顾来看，新中国成立之后不久就开始对义务教育阶段的学校实施重点化战略，并一直延续和影响至今。

早在 1953 年，毛泽东就在中央政治局会议上提出办好重点中学的要求。教

---

① 程天君.新教育公平引论——基于我国教育公平模式变迁的思考 [J].教育发展研究，2017（2）.

育部后来专门推进重点学校建设工作。"文革"期间，重点学校制度被取消。改革开放以后，我国恢复重点学校制度，并从国家发展的角度将这一制度上升到战略高度。在邓小平的重视下，教育部又相继颁布了一系列文件推进重点学校建设。此后，重点学校制度经过了小幅反弹，1982年教育部《关于当前中小学教育几个问题的通知》强调要"兼顾一般"后，一般小学建设受到关注。不过重点学校从来"没有被真正取缔，1986年我国实施普及九年义务教育以来，地方对于重点学校的热情依然有增无减，相继开展示范学校建设，示范学校与重点学校并无二致，甚至被称为'重点中的重点'"①。

重点化建设是在发展水平落后的特殊时期，在教育资源有限的前提下，为迅速培养人才采取的战略，是一种精英教育模式。为了推动经济发展，作为追求教育经济功能的一种主要方式，当时重点化战略的"效率优先"价值取向明显。同时，教育领域的重点化发展战略也是对"让一部分人、一部分地区先富起来，以带动和帮助落后的地区"的经济社会发展战略的投射。改革开放以来，重点学校在自身发展的同时，也发挥了重要的示范引领作用。重点学校战略迅速培养了大批高质量的社会急需人才，为经济社会发展作出了突出贡献。

但是，重点化发展战略的负面作用也是显而易见的。最明显的就是学校之间、城乡之间、区域之间的差距被不断拉大。重点学校因政策原因在经费、设备、师资等方面的资源远远多于普通学校。除了校际的差距被拉大，由于重点学校主要集中在城市，这样也就拉大了城乡之间的教育差距。同时，因为东部地区的重点学校远远多于中西部地区，这样义务教育在东部与中西部地区之间的差距也越拉越大。不断拉大的差距，进一步助长了精英教育模式。精英人才的选拔延伸到小学，人们对优质教育资源的需求不断扩张，从小学到中学再到大学，资源越优质竞争越激烈，压力层层传导，竞争不断加剧，现在的家长甚至从幼儿园就开始进行择校。

更为糟糕的是，愈演愈烈的"择校热"，实际成为划分重点学校的重要推手，在择校中被推崇的"优质学校"，无异于以前的"重点学校"。这些所谓的"优质学校"或"重点学校"的数量有限，无法满足所有需求。通过择校之后，"重点"与"非重点"的差距就会随着生源的差别而越来越大。在以"升学率"衡

---

① 范涌峰，宋乃庆. 从重点化到特色化：改革开放40年义务教育的战略走向——公平与效率的视角 [J]. 中国教育学刊，2018（11）.

量教育质量的前提下，"重点学校"的地位越来越巩固，"非重点学校"也更难再有翻身的机会,学校之间的不平等不断加剧,学生自然地也被分成了"三六九等"，最终形成一种恶性循环。

义务教育的效率价值取向主导的重点学校战略，在不断拉大学校之间、城乡之间、区域之间差距的情况下，带来的深层次问题是学生在教育机会、教育过程以及教育结果上的不平等，从根本上是对教育权利平等的侵害。无疑，教育既是特殊的实践活动，也与政治、经济、文化等相互影响，在教育决策过程中也不得不考虑经济社会的现实条件。或许重点化战略在实施时过多地考虑了经济社会发展对人才培养的迫切需要，可能也是迫于当时特定的社会发展阶段不得不作出的选择，"只是它所带来的问题或许已经远远超出当政者的预期，其问题与其成效一样，至今仍然深刻地影响着我国教育改革和发展"①。

现代教育的公共性决定了公正本身也是教育的根本特质。教育尤其是义务教育，作为纯公共产品，必须面向所有人，公共教育资源必须人人平等享有。所以，当我们回过头来对义务教育中的重点学校制度进行反思时，尽管可以理解重点化战略是当时条件下一种迫不得已的选择，却千万不可以认为其理所当然。

在社会大系统中，教育等子系统通过发挥不同的社会功能，共同维持社会大系统的运行。这就是在制定教育制度政策时，要充分考虑经济、政治等因素的原因，教育改革发展因此也就有了政治逻辑、经济逻辑等外部逻辑。但教育逻辑应该是教育子系统的主导逻辑，作为外部逻辑的经济逻辑、政治逻辑如果成为教育子系统的主导逻辑，必定会使教育的价值产生偏离。鲁洁教授等指出："过分强调教育的经济功能……简单地把教育当作一种纯粹的经济现象，进而试图以经济领域里的某些规律取代教育规律，甚至把教育当成一种商品生产来'经营'的思想，是一种危险的形而上学的思想。"②

事实上，从 20 世纪 80 年代末 90 年代初，人们就已经注意到重点化战略或"重点校"制度带来的问题，也在教育政策的层面提出"逐步取消重点初中"，对这些问题进行回应。只是在以经济建设为中心的背景下，教育的经济功能被不断放大，所以重点学校在实质上并没有被真正取缔。但此时在破解"重点校"

---

　　① 范涌峰，宋乃庆.从重点化到特色化：改革开放 40 年义务教育的战略走向——公平与效率的视角 [J]. 中国教育学刊，2018（11）.

　　② 鲁洁，项贤明.论教育的主导功能和教育的理想性——兼论社会主义市场经济体制下的教育改革 [J]. 江苏高教，1993（4）.

制度带来的问题，从而推进教育公平的政策制度上并非没有进展，最主要的体现是均衡概念的出现。1997 年《国家教委关于进一步推进城市教育综合改革的若干意见》正式提出"均衡化"的概念，国家明确提出均衡化发展目标，这一文件对近二十年义务教育的发展走向产生了重要的影响。

2000 年底，在基本"普九"的背景下，均衡发展渐成主流话语，教育部也在 2002 年《关于加强基础教育办学管理若干问题的通知》（教基〔2002〕1 号）、2005 年《关于进一步推进义务教育均衡发展的若干意见》（教基〔2005〕9 号）等多个文件中，明确了均衡发展的目标。2006 年《中华人民共和国义务教育法》修订，均衡发展被正式写入法律，重点化战略被法律正式终止，均衡化战略实现了合法律性与合目的性的初步统一，推动均衡发展自此也正式成为政府的法律行为。此后在《国家中长期教育改革和发展规划纲要（2010—2020 年）》这一重要文件中，均衡发展被确立为战略性任务。

均衡发展作为义务教育的重要主题，部分消解了重点化战略带来的问题，一定程度上促进了义务教育的公平。但是在现实中，"重点校"和"重点班"仍然或隐或显地存在着。另外，均衡化战略有助于教育的起点公平，但过程公平和结果公平仍然亟待关注。当然，目前我们在教育均衡方面取得的成果也是阶段性的，均衡发展战略当前仍然主要针对资源的配置，下一阶段，应该"真正促进区域和学校内涵发展和能力提升，挖掘自身潜在的资源优势和特色，促进区域之间、学校之间教育质量的相对均衡，使学生享有平等的教育过程和教育结果，这将还有很长的路要走"[①]。

上述我国义务教育由重点化向均衡化的转变，体现了公平的价值取向，通过一系列法律制度的制定、修订，初步实现了义务教育的公正价值取向在合法律性与合目的性上的统一，但实际情况也不容乐观。尽管当下的义务教育境况已经有了很大的改观，教育目的也由片面强调为社会发展服务向同时关注个体发展转变，但"效率优先"的影响在义务教育领域始终没有消除。现实中"效率优先，兼顾公平"的政策话语已经开始向"更加注重社会公平，大力促进教育公平"转变，但"效率优先"在教育实践中的惯性依然强大。事实上，教育公平作为学术话语出现得非常晚。石中英教授认为，2002 年全国教育事业发展

---

① 范涌峰，宋乃庆. 从重点化到特色化：改革开放 40 年义务教育的战略走向——公平与效率的视角 [J]. 中国教育学刊，2018（11）.

"十五规划"中提出"坚持社会主义教育公平与公正性原则"，这可能是政府文件明确出现"教育公平"概念的开始。① 可见，教育公平的相关研究还比较滞后。"而假借'人人平等'的伪装并演绎为'分数面前人人平等'的教育公平观，其本身也是追求'效率最大化'的产物，其运行逻辑是选择'所需的学生'而不是针对'学生的所需'进行重点培养，以期获得最佳的社会收益。"② 除了这种理念上、观念上的原因，法律和制度本身还存在执行的问题。而且，经济社会发展在不断变化，社会的主要矛盾也在发生变化，人们对优质义务教育资源的需求更加旺盛，对义务教育公正的要求也更加突出，并直接牵涉义务教育制度的合实效性问题。

二、撤点并校中的效率取向及其修正

"效率优先，兼顾公平"，还是"公平优先，兼顾效率"，如果说这一问题在历史上难以抉择，那么当义务教育发展到建设教育现代化强国阶段，似乎不再难以取舍，上文就阐述了义务教育中"重点校"战略向均衡化战略的转型问题，实际上将义务教育公正的价值取向偏向了教育公平，应当说这是战略层面的选择，在价值判断过程中还相对容易。问题是，公平与效率选择问题几乎渗透到每一项具体的教育制度中，出现在每一项教育改革的实施过程中，在具体过程中，人们似乎又会忘记公平与效率的关系，重新回到"效率优先"的轨道。公平与效率问题，将会是教育公正中必须一直要面对的问题，农村学校布局调整，以及在调整过程中出现的撤点并校，就是这样的一个典型问题。

（一）布局调整和撤点并校的历史回顾

20 世纪 80 年代，农村义务教育的主要任务是普及初等教育，并根据当时农村的实际情况，形成了低重心的乡村分散办学格局。这一发展模式既有调动地方积极性的有利方面，也有管理重心太低、不利于农村义务教育经费稳定的消极方面。到了 20 世纪 90 年代，开始出现从分散办学到布局调整的萌芽。"伴随着农村学龄人口减少，农村校点萎缩使得教育经费不足的矛盾逐渐尖锐，部分省份开始小幅度地调整学校布局，整合教育资源、提高规模效益，出现了农

---

① 石中英.教育公平政策终极价值指向反思 [J].探索与争鸣，2015（5）.
② 程天君.新教育公平引论——基于我国教育公平模式变迁的思考[J].教育发展研究，2017（2）.

村小学和初中集中化的端倪。"①不过结合当时的文件来看，此时的学校布局调整主要目的是精简教师队伍以解决农村义务教育经费问题，具体政策在国家教委1992年颁布的《中华人民共和国义务教育法实施细则》中予以体现，即"适当集中"建立寄宿制小学，"相对集中"设置初中学校，这也修正了1986年《中华人民共和国义务教育法》中规定的就近入学原则。与中央政策相呼应，扩大规模、节约经费也成为地方政府的明确目标，并通过学校布局调整、精简人员来实现，集中办学的寄宿制学校受到青睐。由于20世纪80年代以来农村义务教育的现实状况，这一阶段的学校布局调整并未产生很大的负面影响。因为此时相当一部分农村地区还没有能普及小学教育，许多农村小学处于"三、六、九"的落后状态（即学龄儿童入学率为90%，巩固率为60%，学生毕业合格率为30%。）。②作为政府法定义务的就近入学，此时的主要精力被放在解决"一无两有"和普及"四率"问题上，与此同时，在新的"读书无用论"的背景下，学生中途就业或从事劳动的也比较多，无论是学生还是其家长对就近入学都还没有提出积极和明确的要求。

20世纪90年代中期后至21世纪的头十年，学校布局调整迅速向撤点并校转变。导致这一现象的，是在农村出现的两个重要变化。第一个变化是"空壳学校"的出现。造成这一现象的原因一方面是由于出生率下降，另一方面则是由于城市化进程加速推进。第二个变化是国家出于对普及义务教育目标的考虑，实施的"国家贫困地区义务教育工程"。尤其是在推进这一工程的过程中，教育部门从教育规律出发，与财政部门强调经费效率的博弈，最后以"结合义教工程调整学校布局，合理配置教育资源，提高办学规模效益和资金使用效益；撤并过于分散的校点，在地广人稀、交通不便的地区，应下决心集中办好一批寄宿制学校"告终。③此后，"调整学校布局、提高办学规模效益的政策意图不断发酵，主要从教育效率出发，减少网点、集中办学、提高效益、建寄宿制学校成为政府的主流话语。"④2001年5月发布的《国务院关于基础教育改革与发展的决定》（国发〔2001〕21号）明确提出农村义务教育学校调整的任务，同年召开的全

---

① 杨东平，王帅.从网点下伸、多种形式办学到撤点并校——徘徊于公平与效率之间的农村义务教育政策 [J]. 清华大学教育研究，2013（5）.
② 王杰.对山东潍坊地区普及初等义务教育情况的调查 [J]. 计划经济研究，1983（27）.
③ 毕全忠，李曙明.国家教育扶贫工程向"三片"地区推进 [N].中国教育报，1997-08-19（1）.
④ 同①.

国基础教育工作会议把调整农村中小学布局作为农村义务教育的六项重点工作之一，随后国务院及教育部和财政部紧接着专门出台了《国务院关于进一步加强农村教育工作的决定》（国发〔2003〕19号）、《教育部财政部关于进一步加强农村地区"两基"巩固提高工作的意见》（教基〔2004〕4号）、《国家西部地区"两基"攻坚计划（2004—2007年）》等系列文件，中央财政也设立专项资金支持中小学布局调整和农村寄宿制学校建设，扩大办学规模，撤并规模小和办学条件差的学校及教学点，加快建设农村寄宿制学校，加速推进撤点并校。

在中央政策的推动下，地方政府在规模效益的追求上更是不遗余力，并将布局调整直接演变为撤点并校，由此造成了严重的负面影响，最终导致中央开始纠偏并"叫停"。有研究者在对某省两地义务教育布局的调查中发现，中央有关学校布局调整的政策，在到地方执行时出现严重偏差："适当合并"演变为"大量撤并"，"就近"入学演变为"集中"入学，"予以保留"演变为"几乎毫无保留"，"不得强行撤并"演变为"隐性强行撤并"。[1]最后，对学校的布局调整和撤点并校，完全演变成地方政府单方面的强制行政行为，从而造成了农村义务教育学校大规模减少的局面和后果。对学校的大规模撤并是对就近入学制度的严重背离，产生了严重的后果。教育部从2006年起下发文件开始纠偏，2012年颁布的《国务院办公厅关于规范农村义务教育学校布局调整的意见》（国办发〔2012〕48号）就旗帜鲜明地提出要"坚决制止盲目撤并农村义务教育学校"。在此之后，学校布局调整开始降温，在停止撤并的同时，也有一些地方开始恢复必要的小规模学校和教学点。

（二）大规模撤点并校对教育公平的侵害

自2001年开始大规模实施的农村学校布局调整，不仅对农村学生的教育机会以及农村家庭的生产生活方式造成了重大的影响，而且使农村在全面普及义务教育的过程中出现了上学难、上学远、上学贵等问题，并带来了教育不公正的严重后果，使农村义务教育在新的发展阶段陷入新的困境。

1. 学生基本入学权受到侵害

大规模的撤点并校使农村的义务教育学校数量锐减，学生上学的路途明显变远，增加了上学途中的安全风险。"由于撤并后的学校绝大多数设在乡镇所

---

[1]霍翠芳.农村义务教育学校布局调整政策的地方性理解与实践[J].教育学报，2013（4）.

在地，学校服务半径相对过大，致使许多低龄入学儿童难以做到就近入学，也使许多儿童在本应入学的年龄段推迟入学时间。"① 据统计，我国小学生辍学率在 1990—2000 年间大幅下降，2001—2006 年处于波动期，但 2007 年后，全国小学生辍学率大幅回升，从 2008 年的 5.99% 上升到 2011 年的 8.22%，这意味着每年有 80 万~90 万农村小学生辍学。② 撤点并校应该是辍学率回升的关键因素。

2. 学生身心发展受到负面影响

一方面，由于上学路途较远浪费了学生较多的时间，他们本来可以游戏、学习的时间被牺牲了，同时与父母等亲人相处交流的时间也相应减少了，学生难以享受到在家门口上学的温馨。另一方面，过大的学校规模也带来了教学和管理等各方面的问题和困难。大规模、低龄化的学生寄宿带来的问题最为突出，寄宿的学生由于年龄小，无法有效应对寄宿制生活，而且他们长期与家庭隔离，缺乏家庭教育和亲情关怀，身心成长面临极为不利的处境。

3. 撤点并校导致家庭负担加重

撤点并校降低了政府的教育成本，但反过来，政府降低的这些成本都成了社会成本并主要由处于相对弱势地位的农民家庭来承担，导致免费义务教育无法有效落实。这些成本包括：因寄宿产生的寄宿费和生活费、年龄较小的学生其亲人"陪读"的生活费和租房费、无力承担寄宿费用而增加的交通工具购置费或交通费。除此以外，还包括家长接送儿童上学、放学花去的大量时间和精力，这些都是家庭需要额外承担的时间成本和经济负担。

4. 撤点并校导致本土文化认同断裂

一方面，"学生与乡土社会的长期隔离，加上学校教育中教育内容的'城市取向'，会慢慢加剧乡村学生对乡村社会的疏离感，导致其乡土认同的迷失"③。另一方面，撤点并校切割了文化与乡土之间的联系。"父辈外出打工，祖辈在县镇陪读，农村则是房屋上锁、田地撂荒，'城挤、乡弱、村空'，城乡之间发展更加不平衡。"④ 长期以来，乡村小学在村落中承担了传承乡村文明、培育民风民俗的职能，乡村小学的大量消失意味着村庄基础教育功能的丧失和本土文化认同的断裂。

---

① 容中逵. 当前我国乡村学校布局调整问题研究 [J]. 中国教育学刊，2009（8）.
② 程天君，王焕. 从"文字下乡"到"文字上移"：乡村小学的兴衰起伏 [J]. 教育学术月刊，2014（8）.
③ 同上.
④ 吴鹏，秦冠英. 就近入学原则与农村教育改革 [J]. 行政管理改革，2012（9）.

（三）大规模撤点并校的效率导向分析

据一项 1960—2012 年的城镇和乡村人口流动变化的数据显示，从 20 世纪 80 年代起大量乡村人口进入城镇，2010 年之前的城镇人口占比不及乡村人口，到 2010 年之后，城镇人口的数量已经超过乡村人口。①加上人口计划生育政策对农村小学生源减少的影响，相当一部分村级小学特别是位置偏僻的小学学生持续减少，变向增加了维护和运营成本，给地方政府造成巨大的压力。可以说，虽然生源减少是农村学校布局调整并导致撤点并校的直接根源，但深层次原因却是办学经费问题。

有研究者提出："新中国 60 年来的教育历程大体是一个改革的过程。其间诸多重大教育改革，均为基于政治—经济需要和逻辑推论而操持的教育改革。……作为政治—经济改革的教育改革，要么沦为政治的工具，要么用于经济的筹码，抑或受二者钳夹，效果堪忧。"②在上述分析中，地方政府对学校布局调整之所以"选择性施政"并力推撤点并校，其政策的动力机制恰恰不是教育规律，而是经济效率。"农村学校布点太多、学生数量大量减少、教育经费困难等，是农村撤点并校的内生动力；外在的拉力也十分强大，主要是由中央政府主导、由国家义教工程直接推动、以财政视角为主的政策选择，关注的主要是资金的使用效率、办学效益。"③学校缩减和教师缩编对教育支出的减少以及对于教育管理的便利，是地方政府产生强烈撤点并校动机的关键，因为这既可以解决地方政府面临的现实困境，又能迎合财政效率要求，撤点并校因此成为学校布局调整的唯一目的，而国务院关于撤点并校的政策精髓及实施条件就被完全忽视了。2006 年，《教育部办公厅关于切实解决农村边远山区交通不便地区中小学生上学远问题有关事项的通知》（教基厅〔2006〕5 号）和《教育部关于实事求是地做好农村中小学布局调整工作的通知》（教基〔2006〕10 号）先后下发，以规范学校布局调整过程中主观武断的撤并行为和选择性的执行行为，但这些文件对农村小学撤并的进程几乎没有产生多少实质性的影响。2008 年前后，农村的撤点并校又增添了新的功能，成为地方政府推动城市化的一个

---

① 徐勇 . 大方县"村小撤并"政策实施问题及对策研究 [D]. 成都：西南民族大学，2017：4.

② 程天君 . 改革教育改革——从作为政治—经济改革到作为社会—文化改革 [J]. 湖南师范大学教育科学学报，2012（2）.

③ 杨东平，王帅 . 从网点下伸、多种形式办学到撤点并校——徘徊于公平与效率之间的农村义务教育政策 [J]. 清华大学教育研究，2013（5）.

工具，从而在违背教育规律和农村学校布局调整初衷的路上越走越远。

究其原因，"在学校布局的调整过程中，地方政府起着绝对的主导作用，然而地方政府在资源的配置过程中往往具有理性的'经济人'思维，其所作的决策往往是根据自身的资源调配能力为依据，以主管行政人员的短期绩效为目的，只注重短期的显性效益，不注重长期的发展，具有短视性。"[①]事实上，由布局调整演化为粗暴的撤点并校，不仅是短视，还是对教育法、义务教育法中"国家扶持边远贫困地区发展教育事业""各级人民政府采取各种措施保障适龄儿童、少年就学""地方各级人民政府应当保障适龄儿童、少年在户籍所在地学校就近入学"等条款的直接违背。政府这种只顾减少财政负担、加重老百姓负担的做法严重违背了教育法、义务教育法的有关规定，[②]严重侵害了农村边远村落农民子女受教育的权利。

大规模的撤点并校违背了社会的公平正义和教育的公正。造成这一问题的直接原因，是在农村学校布局调整过程中，没有正确处理好公平与效率之间的关系。从根本上分析，是用解决经济问题的原则来处理教育问题，一味地坚持效率优先，没有遵循教育的规律。真正解决农村义务教育阶段的学校布局调整问题，需要在尊重教育规律的前提下，推动城乡义务教育的均衡发展，加大国家的统筹力度，在经费等资源配置上应坚持向农村地区倾斜。这就要求克服"效率优先"和"经济主义"的偏差，坚持公平优先，在全社会树牢教育公正的理念，使教育公正成为全社会共同的价值追求。

三、公正优先——公平与效率选择的限度

通过对我国义务教育中公平与效率价值选择的历史回顾，结合对农村义务教育学校撤点并校的个案分析，可以看出，公平与效率的价值选择问题始终是义务教育中的一个重要问题。在义务教育的价值选择上，公平与效率作为一对基本矛盾，一方面是无法回避的，另一方面片面地执其一端也无法解决公平与效率何者优先的问题。笔者以为，义务教育中的公平与效率何者优先的问题，必须基于一个限度，那就是在价值选择过程中，必须坚持以公正作为价值选择的基本前提和首要标准。

---

① 徐勇. 大方县"村小撤并"政策实施问题及对策研究 [D]. 成都：西南民族大学，2017：8.
② 谭细龙. 论我国教育法制建设中的问题及其对策 // 劳凯声. 中国教育法制评论（第6辑）[C]. 北京：教育科学出版社，2009：201.

　　现阶段，人们对教育公正、义务教育公正有了更加深入的认识，教育的公正观更加注重教育的本体功能，注重在价值选择中由强调教育的政治功能、经济功能向强调教育的本体功能转变。尤其在经济社会发展的新时期，教育的本体功能应该更加突出，并且在这一过程中，应该注重由教育的宏观公正向微观公正转变，由注重学生的义务向注重学生的权利转变。同时，义务教育的公正观必须抛弃精英主义人才培养理念的影响，坚持为每一个儿童、少年的发展服务，并从起点平等走向过程均衡，由机会均等转向资源均等，这是由义务教育合目的性教育公正的宗旨所要求的。

　　基于上述对教育公正的理解，笔者以为，在义务教育的公平与效率的选择问题上，要坚持公正优先，将公平作为义务教育的首要价值。中国的教育发展已经进入新的发展阶段，公正已经成为社会发展的整体性价值诉求，教育公平也受到更多的关注，成为人们最关心的问题。相对于"有学上"的问题，"上好学"的问题更加难以解决，而在这一过程中的公平问题将更加难以协调。如果说在义务教育普及之前效率优先还有存在的现实基础，在义务教育的后均衡发展时代，在权利为本的法治时代，义务教育的公平理念，应该放到更加突出的位置。义务教育的发展必须坚持公正优先，这是我们在义务教育发展中必须作出的理性选择。为此，教育成果共享的观念必须在义务教育发展中树立。作为最大的民生工程，在教育领域共享发展理念，是社会公平的内在要求。只有共享发展成果，才能实现教育公正。

　　当然，面对人们不断增长的对优质义务教育的需求，新时期的义务教育公平必须是基于高质量发展的公平，义务教育公平的实现不能以牺牲教育质量作为代价。新时代的义务教育发展的目标是优质均衡，是在人人有学上的基础上，为每个人提供大致相当的教育资源，为每个人提供高质量的义务教育供给。中国的经济社会发展特别是教育自身整体的发展，已经为义务教育的优质均衡发展创造了条件，但是因为存在区域、城乡、校际义务教育差距的实际状况，为了普遍地提高义务教育质量，实现高质量的义务教育供给，应该有针对性地合理配置义务教育资源，通过对薄弱地区、农村、薄弱学校的政策倾斜和资源倾斜，推进均衡发展，将更多的薄弱学校建成高质量的学校，这应该是义务教育效率价值发挥作用的重点。

　　总之，义务教育的公正要求在对公平与效率价值进行选择时，坚持"公平优先，兼顾效率"，推进基于公正的优质均衡发展策略。这种发展策略，要求"探索更加精准、更广地域水平的均衡发展政策安排与管理机制，如城乡统筹、薄弱学校建设、优质资源共享等"①；这种发展策略，要求实现更多薄弱学校的高水平发展，政府要"把以前给重点学校的'优惠'转向薄弱学校，既不'削峰'也不'添峰'，而是加大'填谷'力度，通过扶持薄弱学校这一增量改革，逐步缩小差距"②；这种发展策略，要求政府在资源配置时向弱势群体倾斜，对处于不利地位的弱势群体给予更多的关注，建立弱势群体的教育补偿机制，而不是一视同仁地进行资源配置；这种发展策略，要求针对所有人的基本生存和发展需要，建立有效的教育基本保障体系，特别是义务教育作为个体获得最基本生活条件的基础，尤其需要公正完善的社会保障制度来实现。

第三节　回归育人——义务教育制度公正的根本

育人是义务教育的终极目的，育人为本是义务教育制度合目的性的根本要求。从本源来看，作为一种特殊的社会实践活动，教育从其产生之日起就承担着双重任务，即促进儿童发展与为社会培养人才，而促进儿童的身心发展是首要任务，因为儿童如果不能健康成长，就谈不上成为合格的社会成员。学校教育的本质是促进学生的发展。因此，义务教育制度如果不能服务好育人的目标，无论其多么公正，都不是真正的教育制度。同样，义务教育制度的公正，一方面要合乎制度公正，另一方面更要合乎教育目的。

一、义务教育制度公正对育人的要求

从终极的意义上说，社会发展的主体是人，社会发展的终极目标是实现人的解放和自由。一切教育制度的设计，都要以满足人的发展为目标。义务教育的制度公正，既要体现一般社会制度的正义价值，更要体现人的全面发展的目标追求。作为一种整体的、综合性的教育公正观，义务教育的制度公正既关注制度本身的公正性，还关注教育自身的价值，并强调教育自身的价值追求是公正的内在要求，教育的目的是实现学生的全面发展，实现学生个性的不断完善。

---

① 柳海民，王澍．中国义务教育实施 30 年：成就、价值与展望 [J].北京大学教育评论，2016（4）.
② 冯建军．教育公正与政府责任 [J].教育发展研究，2008（9）.

就教育自身的目的性而言，义务教育应该由注重学生的义务和追求平等向注重学生的权利和追求自由转变，为每一个公民的全面发展服务，实现个体个性的不断完善。

就义务教育的实践来看，目前也存在着一些失范现象，包括：应试教育倾向，将考试分数作为评价学生的唯一标准；校内减负、校外增负，出现如影随形的"影子教育"；出现高价的学区房和普遍的教育焦虑；等等。这些义务教育实践中的失范现象，大都与义务教育的独立价值被忽视相关，也与义务教育的育人功能被扭曲紧密相连。为了真正实现义务教育的终极目的，必须根据义务教育制度公正的要求，充分认识儿童、少年的天性，充分尊重教育发展的规律，充分考虑儿童、少年的个体差异，满足他们全面成长的需要，实施遵循儿童、少年天性的教育形式。为此，我们需要在义务教育中牢固树立如下的教育观念。

（一）"育人为本"的教育观

人是教育的对象，义务教育必须把人作为其出发点，坚持以人为本，坚持"育人为本"。以人为本，要把人当作教育的目的，以实现人的全面发展作为教育的目标，这是义务教育的本质特征。

义务教育是培养人的活动，坚持"育人为本"，就要求在教育中不能把人当作社会的客体来塑造，而要把人作为社会的主体来培养。这并不否定社会对人的制约性，只是要强调儿童、少年作为权利主体的特性。从世界范围来看，儿童权利①在近代以来的宪法中最初并没有得到承认，二战后各国宪法才陆续承认儿童拥有平等权和自主权，中国的儿童权利也经历了从无到有的过程。但从立宪的旨趣上看，我国的宪法属于儿童拯救型宪法的范围②，过分强调儿童的社会化，突出儿童的功利价值，儿童教育被等同于"规训化"的教育，对儿童作为独立的主体重视不够。

坚持育人为本，就要求在儿童权利的理念上进行一场彻底的变革。义务教育从根本上不是为了政治、经济的需要，而是为了儿童自身的发展，不能将儿

---

① 联合国制定的《儿童权利公约》界定儿童是指 18 岁以下的任何人。根据儿童权利研究的现状，本部分论述时采用"儿童权利"及"儿童"概念，实指接受义务教育的儿童、少年。

② 将我国宪法归入儿童拯救型宪法，基于对儿童权利的如下价值判断：其一，儿童是脆弱的，不能自控的，因此易于受诱惑、易于受伤害，需要像温室的花朵一样得到特别保护和关爱；其二，儿童对于家庭、社会和国家具有极大的预期的功利价值。参见段立章.儿童宪法权利研究 [D].济南：山东大学，2016：113.

童强制性塑造成特定类型的人。义务教育要以人的发展为内在追求，遵循教育规律和人才成长规律，坚持以教育逻辑作为义务教育的主导逻辑，减少政治、经济对教育的直接干预，不断扩大学校的办学自主权，以人的价值为基点和检验教育成败的唯一尺度，发挥教师的主导作用，教书育人。

（二）尊重差异的成长观

学生是发展的主体和教育活动的主体，学生的主体地位体现在教育教学的全部过程之中，落实在教育的目的之上。义务教育要通过对独立人格、创新精神和社会实践能力的培养，使学生成为社会发展的主体。但人性具有共同性，同时也具有差异性。差异性表现为人与人之间区别的个体性，这种差异基于每个儿童、少年不同的出身、生活环境和成长经历，也影响着他们的性格、风格和倾向。教育以学生为主体，就必须适应学生个体的差异，推进个性化的教育。

个性化的教育是指适合学生个体生命差异的教育，是适切性的教育。尊重差异和独特性是适切性教育的前提。尊重差异和独特性，意味着承认学生之间发展的差异性，并在差异存在的前提下坚持分层教学、分类指导，有针对性地进行培养，在集体教育中充分挖掘学生的优势和潜能，满足学生的不同需要，使每个学生都能"各得其所"，得到充分的发展，展现其独特的生命价值。

尊重学生差异的个性化教育、适切性教育，需要义务教育学校坚持特色化办学，改变"千校一面"的局面，形成学校自己的办学特色，推进培养模式多样化，给学生提供更多的个性发展的机会。公正有效率的义务教育，是能让学生的能力和个性得到充分发展的教育，多样化是这种教育的重要特点。如果不能从个体发展的差异出发，而以公平的名义实施"同质性教育"，就是对义务教育制度公正原则的根本背离。

（三）适合儿童的教学观

义务教育是教育的特殊阶段，这一阶段的儿童具有与其他教育阶段学生不同的人格特征，在义务教育中要树立适合儿童的教学观。不同的年龄阶段，儿童天性发展的任务各有侧重，这些不同阶段的天性发展顺序和时间表，已经通过生理学、心理学的发展而得到支持。因此，教师应该在儿童发展的不同年龄阶段，创设与该年龄天性特征相适应的学习环境，引导儿童学习。

义务教育要回归儿童的生活。儿童在生活中成长是一件自然发生的事情。儿童"总是不停地'进入生活'，不停地变成一个人"①。换言之，儿童成长的过程，其实就是儿童的生活过程，正是在现实生活中，儿童的身心不断发展，其个性也不断展现并逐步完善，最终长成真实意义上的人。义务教育要实现其教育的目的，自然就要回归到儿童的生活中去，在让他们掌握必需的知识和技能的同时，还要为他们创造自由、快乐、美好的生活，让他们拥有属于自己的童年和少年时光。因此，义务教育的实施要顺应儿童的天性，不能急功近利，否则会损害其身心健康，更谈不上让他们拥有幸福的生活。

义务教育回归儿童的生活，就要求义务教育的内容适应儿童的身心发展特点。义务教育要传授与儿童成长相适应的内容，不可揠苗助长，目前中小学生普遍存在的"提前学"现象，增加了儿童的身心负担，甚至令儿童苦不堪言，但收效甚微，必须予以制止。义务教育要传授与儿童的兴趣、需要等相契合的内容，做到普遍性与特殊性相结合。教育影响着儿童天性的发展，但教育绝不能改变儿童的天性，义务教育不能忽视儿童的个性特点。

（四）全面发展的评价观

育人是义务教育的终极目的，回归育人是义务教育制度公正的根本要求。"育人为本"的教育观、尊重差异的成长观和适合儿童的教学观，决定了对义务教育要实行一种全面发展的评价观。义务教育必须坚持"育人为本"，在对义务教育进行评价时，必须把促进学生的全面自由发展作为出发点和归宿，作为检验义务教育成效的唯一标准。

教育质量是教育发展的核心指标，决定义务教育质量最根本的因素是学生的发展水平。尊重差异的成长观和适合儿童的教学观，要求在义务教育中转变"应试教育"的质量观，把教育质量从学业成绩—考试分数—升学率的评价体系转向学生全面发展的评价体系。正如《国家中长期教育改革和发展规划纲要（2010—2020年）》中明确提出的，要"把促进人的全面发展、适应社会需要作为衡量教育质量的根本标准"，"面向全体学生、促进学生全面发展"。全面发展的义务教育评价观要求将教育质量体现在学生的综合素养和学生的全面而个性化的发展上。

---

① 联合国教科文组织国际教育发展委员会.学会生存——教育世界的今天和明天 [M].华东师范大学比较教育研究所，译.北京：教育科学出版社，1996：197.

全面发展的评价观，要求在义务教育中不断改革和完善义务教育质量观，超越狭隘的"分数主义"，追求基于公民核心素养的全面发展，不能只看学生的知识和技能的掌握情况。与知识和技能相比，在义务教育中对学生独立人格和健全个性的培养更为重要，更加紧迫。其核心是努力培养学生的创新能力和独立人格，这是目前义务教育中最需要提高和改进的方面。

二、义务教育实践中育人价值取向的反思

在义务教育中坚持"以人为本"，需要将"育人"作为教育活动的核心目的。育人的质量和成效，首先取决于对育人价值取向的选择。育人价值取向的选择，又直接决定了义务教育制度合目的性的实现程度。

义务教育的育人价值取向，是指义务教育的制度政策本身特别是在人才培养过程中所作的价值选择，还可以进一步分为育人目标的价值取向、育人过程的价值取向和育人效果的价值取向等。教育制度的育人价值取向，与教育的功能相关，通常认为教育有个体功能与社会功能、本体功能与派生功能（工具功能）。就个体功能或本体功能而言，发展人是教育的首要功能，不仅如此，随着终身学习时代的到来，教育还具有一种享用的功能，通过接受教育"个体可以获得自由和幸福，获得一种精神上的享受"①。除此以外，教育的派生功能（工具功能）包括教育的政治功能、经济功能、文化功能等，与这些功能相对应的价值取向就包括教育性、政治性、经济性和文化性价值取向等。

通过对新中国义务教育制度的育人价值取向进行梳理，可以发现在不同时期，义务教育的价值取向各不相同。改革开放前，新中国义务教育或者是基础教育政策的价值取向，主要以政治性价值取向为主导、以教育性价值取向为基础，同时兼顾文化性的价值取向。尤其是随着"阶级斗争扩大化"，特别是"文化大革命"期间，全面政治化的极端政策凌驾于教育性、文化性等价值取向之上，基础教育在唯一的政治价值取向指导下只能成为政治工具。此后，"拨乱反正"和改革开放初期的教育政策一方面继续突出政治性价值取向，另一方面开始把尊重教育规律作为教育发展的根本价值取向，同时兼顾经济性价值取向。改革开放后，义务教育随着国家政治、经济和文化总体政策的发展而发展，伴随着普及义务教育和推进素质教育，逐步落实以人为本的育人思想，并逐渐由政治性、

---

① 冯建军.教育的个体享用功能 [J].上海教育科研，2002（1）.

经济性价值取向为主导转向教育性价值取向为主导。

总体来说，义务教育育人价值取向一方面受到国家政治、经济、文化政策价值取向的影响，另一方面又是多种价值取向统筹取舍的结果。

义务教育作为国家教育事业的基础，其育人价值取向受到国家总体政策的影响是自然的事情。历数各个阶段重要的制度政策，都给义务教育育人价值取向打上了深深的时代烙印，如：1949年《中国人民政治协商会议共同纲领》颁布，对新中国成立初期基础教育政治性主导价值取向产生的影响；[1]1966年5月16日，中共中央政治局扩大会议通过《中国共产党中央委员会通知》对基础教育中极端"阶级性""革命性"的政治性价值取向的影响，[2]使教育本身的作用和价值几乎丧失；1993年11月14日《中共中央关于建立社会主义市场经济体制若干问题的决定》通过，直接影响了义务教育制度政策"效率优先"的经济性价值取向。

就义务教育中多种价值取向的统筹取舍来看，政治性、经济性、文化性和教育性价值取向在每一时期的教育政策中都有所体现，但不同时期不同价值取向的作用和地位各不相同。具体来讲，就是政治性价值取向、经济性价值取向等在不同的阶段，交替成为义务教育制度政策的主导性价值取向。在改革开放前的历史时期，义务教育的主导性价值取向主要是政治性价值取向；改革开放以后，则有时以政治性价值取向为主导，有时以经济性价值取向为主导。除了主导性价值取向的交替外，每一时期的义务教育价值取向都体现了国家需求的政治性价值取向，从而使政治性价值取向成为义务教育制度的根本性价值取向。新中国成立伊始、社会主义改造时期，义务教育的政治性价值取向表现为"阶级性""工具性"；社会主义建设积极探索阶段，义务教育的政治性价值取向主要表现为"为社会主义服务"；"文化大革命"时期，义务教育的政治性价值取向表现为极端的"以阶级斗争为纲"；"拨乱反正"和改革开放初期，义务教育的政治性价值取向表现为把教育确定为国家"基础性""先导性""全局性"事业；与市场经济相适应阶段，义务教育的政治性价值取向表现为国家从经济发展的资源角度确定教育的定位；21世纪以来，义务教育的政治性价值取向表现为国家从人力资源发展的角度对教育进行定位；等等。总之，义务教

---

①《中国教育年鉴》编辑部.中国教育年鉴（1949—1981）[M].北京：中国大百科全书出版社，1984：1.

②李国钧，王炳照.中国教育制度通史（第八卷）[M].济南：山东教育出版社，1999：47.

育的特殊性质，决定了政治性价值取向始终是义务教育制度政策需要考虑的重要因素，而且政治性价值取向对其他价值取向起着重要的影响作用。同时，在几个价值取向中，教育性价值取向是义务教育政策的基础性价值取向，文化性价值取向则是教育性价值取向的辅助性价值取向。

上述不同的义务教育价值取向，分别针对不同的具体内容。教育性价值是对生命发展价值的实现，体现的是教育的元价值；经济性价值着眼于人力资源的开发，体现着教育的工具性价值；政治性价值、经济性价值、文化性价值，关涉人的社会生活价值的实现，体现教育的消费性价值。教育性价值作为元价值，是各种价值实现的基础；工具性价值作为中介，是连接元价值与消费价值的纽带；消费性价值体现着教育的间接功能，需要通过对教育元价值的开发和工具性价值的发展来实现。人的教育价值的基础是教育的元价值。只有实现了教育的元价值，才能实现其他价值。从新中国基础教育政策发展看，无论哪个时期，以什么样的教育价值取向为主导，教育性价值都肩负着基础性价值的作用，为实现主导性价值取向奠定了基础。教育的元价值也是教育基本功能的基础。教育的基本功能是发展人，而人的价值结构的基础是生命的价值，因此对人的生命的发展就是教育价值的基础，也就是教育的基本功能和教育性价值的主要任务。教育工作者承担着实现人的教育元价值的主要任务，学校和教师应重点关注学生教育元价值的实现。教育性价值即教育的元价值是其他各种教育价值实现的基础。因此教育政策制定过程中，政策制定者应努力把教育性价值的实现放在重要的位置，并通过促进人的元价值的发展，实现其他包括政治性价值在内的价值取向。[①] 注重教育的元价值，就是教育制度政策要回归教育本真，对义务教育制度政策而言，就是要在义务教育制度的价值取向中实现三个转变。

（一）将义务教育的终极目的由"社会"转变成"人"

义务教育的总目的，应该定位于培养"人"这一"终极性"的目标。强调教育目的的终极性意义，就在于认同教育的独立性地位，就在于肯定教育自身具有的本体论价值，因为教育是以人的完善为目的的社会实践，这也是教育不同于政治、经济、文化等其他实践活动的价值所在；教育目的应更具概括性和适应性，而非其他特定人的局限性，人是所有与人相关的、为其他利益的"人才"

---

① 杨志成.新中国基础教育政策价值取向研究——政策生态学视角 [D].长春：东北师范大学，2013：141.

的上位概念，具有较强的普遍性和适应性；培养"人"更具丰富性，人不仅具有广阔的外延，也有深刻的内涵，定位于"人"，能满足社会各个层次、方面的需要，也能实现人的全面发展。教育中的人可以是"劳动者""建设者和接班人""公民"，但不能以其中的一个代替"人"，因为他们仅仅是"人力"，而非教育目的中的"人"。①

（二）由培养抽象"人"转变为具体"个体人"

有论者以后现代主义分析教育目的中的人，认为传统的人已经终结，普遍永恒本质的人已不再存在，人不再是被理性设计、塑造的，而应追求个人的生命尊严和自由。所以，在教育目的的构建中，应关注人的特殊性、过程性和创造性，逐渐摆脱本质主义、基础主义、普遍主义对人的束缚，将人从形形色色的抽象形象中解放出来，培养自由、平等、个性的生命体。②相对于抽象的、理性的人，教育目的构建的应该是个性化的人。个性化的人是通过人的社会性、个体性逐渐生成的，社会性与个体性是人存在和发展的前提，个性是社会性和个体性的升华。③

（三）由关注"个体人"转变为关注个体人的"存在状态"

这些存在状态包括幸福、自由与尊严等。"幸福是人类一切生活的目的"④，"教育目的既为了社会的幸福，也为了人的幸福，但最终目的还是为了人的幸福，所以说，人的幸福是教育追求的终极目标"⑤。相比较幸福，"自由也同样是教育的终极目的之一"⑥。所谓自由的人，就是寻求外在发展规律和内在自主意志的统一，在生活、社会的体验、创造中，不断自我选择、自我超越；而幸福的人就是基本欲望的满足和完美人性的展示，是一个自主、自由的人，而且，幸福是和他人共享的。⑦同时，尊严也是教育的终极目的。这根源于以人为本的教育理念，目的是使每一个人都得到尊重，通过教育，把每一个学生都培养成

---

① 扈中平.教育目的应定位于培养"人"[J].北京大学教育评论，2004（3）.

② 曹永国，韩绮君.人的终结和教育目的：后现代主义的现代意蕴[J].湖南师范大学教育科学学报，2006（1）.

③ 陶青.教育新解："人之形象"与教育目的——论教育目的的"直观性"[J].教育理论与实践，2010（19）.

④ 冯建军.回到"人"——世纪之交教育基本理论研究的共同主题[J].基础教育，2013（1）.

⑤ 王卫东，董标.教育与幸福——教育基本理论专业委员会第十一届学术年会综述[J].教育理论与实践，2008（10）.

⑥ 同④.

⑦ 胥倩.论教育的终极目的[J].江苏高教.2003（5）.

独立存在的唯一。幸福、自由、尊严都属于个体人的存在状态，是教育所应该达到的效果和目的。

三、基于育人为本的素质教育策略

育人是义务教育的核心功能。不可否认，教育虽然有政治功能、经济功能等工具功能，但教育的本体功能是育人。义务教育属于整个教育的基础阶段，对人一生的身心发展影响重大，义务教育应当坚持"育人为本"。新中国成立以来，普及义务教育的政策演变过程本身就是一个逐步注重教育的元价值的过程，就是一个义务教育从工具功能向本体功能回归的过程。注重教育的元价值，就是教育制度政策要回归教育本真，对义务教育制度政策而言，就是要在义务教育制度的价值取向中实现上述的三个转变，恢复学生在义务教育中的主体性地位，尊重学生的个体差异性，促进学生的全面发展，推进素质教育。

新中国成立后，特别是改革开放以来，义务教育的成绩是有目共睹的，但这些成绩并不能消解义务教育存在的问题，特别是其中的应试教育倾向始终没有得到根除。最集中的体现就是升学竞争激烈。一方面，教育系统内部的竞争过度，学校仅以升学率为目标形成恶性竞争。学校之间注重比拼耗时、耗量、耗精力的外延投入，影响学生的全面发展和健康成长；过高的升学竞争压力不断从高中、初中向小学延伸，导致家长从幼儿园、小学就开始进行择校。另一方面，教育内部的竞争不断被扩展到全社会，不仅家长和媒体频繁地推波助澜，地方政府也将升学率作为政绩来抓。升学竞争成为整个社会关注的中心，大中城市的"择校风"始终没有得到扭转，学区房被炒到天价。与此同时，媒体对择校、升学等公众敏感问题的片面报道，在社会上形成了夸大教育功利价值、压抑人文理性的社会舆论，反过来，又对学校形成了巨大的社会压力。

在过度的恶性竞争下，义务教育背离了遵循儿童天性的教育初衷，应试和升学的竞争，直接影响了全面发展人才培养目标的落实。一份调研报告[①]显示，现在的义务教育学校，特别是初中，出现了"四多"现象，即课时多、内容多、作业多、考试多。"四多"直接导致学生和教师的身心处于极度疲惫状态，心理压力巨大，精神和情绪状态很差。在这样的情况下，学生的整体素质下降，不仅缺乏创新精神和实践能力，基本的身体素质也开始明显下降，甚至很多学

---

① 彭刚 . 江苏素质教育调研报告 [J]. 江苏教育，2005（23）.

生出现了严重的心理问题。"应试教育和升学竞争伤害的是今天的学生，但从根本上伤害和影响的是我们民族和国家的整体利益和长远利益。"①

　　义务教育的问题长期受到社会的强烈关注，关于素质教育的呼声也一直不绝于耳。早在1985年召开的改革开放以来第一次全国教育工作会议上，当时针对如何实现四个现代化的问题，就提出提高国民素质、提高民族素质是最基础的任务，而提高国民素质、提高民族素质的根本又要靠发展教育，这样就使"素质"与"教育"联系起来。再加上上文提及的中小学片面追求升学率的现象，导致基础教育中只认分数，整个社会都弥漫着功利主义的思想，如果要反对片面追求升学率，势必会对学生的素质提出要求，并引导学生全面发展。在这样的背景下，义务教育就自然要由"应试教育"转向"素质教育"。

　　素质教育是"以提高国民素质为宗旨，以立德树人为核心，以培养创新精神和实践能力为着重点，面向全体学生力求德智体美劳全面发展，把知、情、意、行融合起来，把学会做人、学会求知、学会办事、学会健体、学会审美、学会创造贯穿于教育过程的始终"②。素质教育从提出到实施，经历了漫长的过程。从1985年最先提出，到1988年《素质教育是初中教育的新目标》③一文刊登，再到1993年《中国教育改革和发展纲要》提出中小学要由"应试教育"转向全面提高国民素质的轨道，其间经历了八年的讨论，素质教育才进入国家的正式文件。义务教育必须从"应试教育"转到"素质教育"的轨道上来的提法，在1994年全国教育工作会议上被再次强调。从1994年到1998年，素质教育又经历了长达五年的实验推广，直到1999年《中共中央　国务院关于深化教育改革　全面推进素质教育的决定》颁布，才全面进入实施素质教育阶段。

　　尽管已经走过三十多个年头，国家也在政策和理论层面不断推进，但素质教育的现状仍然堪忧，学生"身心素质发展不容乐观"，同时"创新精神和实践能力较为薄弱"，④人们形象地把这种情况比喻为"素质教育轰轰烈烈，应试教育扎扎实实"⑤。可见，素质教育还有很长的路要走，"把素质教育进行到底"仍然是新时代义务教育的任务。党的十九大报告首次提出"发展素质教育"，

　　①彭刚.江苏素质教育调研报告 [J].江苏教育，2005（23）.

　　②柳斌.基础教育40年 [J].中国教育学刊，2018（12）.

　　③评论员.素质教育是初中教育的新目标 [J].上海教育，1988（11）.

　　④素质教育调研组.共同的关注：素质教育系统调研 [M].北京：教育科学出版社，2006：19-21.

　　⑤汤林春.2035教育现代化义务教育的使命与担当 [J].中国教育学刊，2018（9）.

升级了多年来"实施素质教育"的提法。把"发展"和"素质教育"结合在一起，就是鲜明地强调素质教育要摆到教育工作"第一要务"的高度。①

素质教育是一个历史形成的概念，它与义务教育、未成年人教育从不同侧面共同构建了我国基础教育的基本制度。从教育取向看，基础教育之所以被称作素质教育，是因为它以培养公民的公共素质为目的；从教育体制看，基础教育之所以又被称为义务教育，是因为它是政府要自觉并切实履行的对全体国民进行教育的义务；从教育对象看，基础教育的受教育者主要是未成年人，因此又被称为未成年人教育。②

什么是义务教育中的素质教育？通过对上述几个概念的比较，我们可以认为："素质教育是依据人的发展和社会发展的实际需要，以全面提高全体学生的基本素质为根本目的、以尊重学生的主体地位和主动精神、主动开发人的智力潜能、注重形成人的健全个性为根本特征的教育。"③因此，素质教育是面向学生全体、面向学生的全面和主动发展的教育。除此以外，素质教育中的价值取向也是值得关注的一个问题。实施素质教育有两种价值取向，一种是个体取向的，另一种是公共取向的。个体取向的素质教育主要关注个体的发展与成功所需要的基本素质，公共取向的素质教育相对而言更加重视维护社会公共利益的基本素质。两者相较，公共取向的素质教育对个体取向的素质教育具有包容性。因此，在义务教育中，应坚持公共取向的素质教育。"当前基础教育中存在的若干问题和不合理现象，包括盲目追求升学率、过重的学习负担，以及择校中出现的种种问题，都在一定程度上与这种个体取向的放大和绝对化有关。"④基于对义务教育中的素质教育概念和价值取向的理解，结合义务教育实践中的现实问题，应该从以下几个方面深化改革，以进一步推进素质教育。

（一）在观念上进一步明确素质教育的内涵

由应试教育转向素质教育，是对义务教育进行的深刻变革，但就二者之间的关系一直存有误区。事实上，素质教育不是不需要考试，素质教育同样需要考试这种评价方式，但不能唯分数论，从根本上讲，要明确素质教育是面向所有人的大众教育模式，不是选拔性的；而应试教育则对应着精英教育，以考试

---

① 王湛. 发展素质教育是教育现代化的核心任务 [J]. 人民教育，2018（18）.
② 龚向明. 也说素质教育：解铃还须系铃人 [J]. 江苏教育，2006（11）.
③ 慕金才，赵学明. 农村学校在实施素质教育中应解决的几个问题 [J]. 宁夏教育，1997（12）.
④ 谢维和. 素质教育的两种取向及其选择 [J]. 中国教师，2006（1）.

和分数作为选拔的手段，是面向和为少数人服务的。因此，这是两种完全不同的教育理念和教育模式，这个最根本的问题必须明确。正因如此，素质教育是追求人的全面发展的教育，是培育、提高全体受教育者综合素质的教育，以德智体美劳全面发展的合格公民为培养目标。学生的全面发展是素质教育的灵魂，是教育过程的中心，素质教育要注重学生整体素质的全面提高、独立人格和健全个性的全面养成，以及学生创新精神和创新能力的普遍提高。

（二）在教育教学中切实转变人才培养模式

培养全面发展的社会主义建设者和接班人，说到底要依靠素质教育从理念到实践的转化。"要进一步将国家育人目标、核心素养与学科核心素养、课程标准、教材建设、课堂教学、综合实践、考试与评价衔接起来，使素质教育从理念到实践形成完整的链条，推动素质教育育人模式的形成。"[1]要通过深化教育教学改革，推行启发式、探究式、参与式和合作式的教学方式，在激发学生兴趣的基础上，达到培养学生创新精神与实践能力的目标。现阶段，尤其需要改变对德育、体育、美育和劳动教育不够重视的问题。在这一过程中，还要通过课程教材改革，切实减轻学生课业负担过重的问题。学生课业负担过重的问题，是一个长期存在的老问题，也不是简单通过学生在校时间长短这一个因素来衡量的，重点还是要保障学生自主发展的时间和空间。

（三）在评价过程中不断完善教育评估体系

国家义务教育质量监测作为素质教育的"指挥棒"与"体检仪"，既能引领义务教育的发展方向，又能对其存在的问题进行及时监控。[2]发展素质教育，要在发挥好义务教育质量监测的功能价值的基础上，减少行政评估，加强专业性评估，完善评估体系，通过"严禁以中考或高考升学率进行任何教育评估"的政策法律化过程，确保中小学依法办学的自主权，确保中小学教师依法从教自主权。同时，以评估制度改革为突破口，妥善处理好教育外部体制改革和学校内部教育改革的关系，改革考试评价制度，克服唯分数、唯升学的功利化倾向。成功推进素质教育，必须依靠中小学的整体综合改革，因此要尽快出台"学校教育法"，真正落实中小学的学校办学自主权，真正落实支持学校教育改革的政策，激发学校教育改革的活力，使学校成为教育改革最为重要的支撑，努

---

① 汤林春 .2035 教育现代化义务教育的使命与担当 [J]. 中国教育学刊，2018（9）.

② 李勉，刘春晖 . 国家义务教育质量监测：素质教育实施的制度突破口 [J]. 中国教育学刊，2016（12）.

力创建特色化学校，为学生提供更多的自主选择和个性发展的机会，满足不同潜质学生的发展需要，提升义务教育的培养质量。唯有这样，素质教育才会出现新的发展局面。

小结

本章的主题是从价值维度对义务教育制度进行合法性阐释，目标是运用合法性逻辑体系，特别是价值共识标准，对义务教育制度进行合目的性考察。本章共分三节，分别为义务教育制度公正中的平等、公平与效率——何者优先、回归育人——义务教育制度公正的根本。本章的研究思路如下：

合目的性是指合法性中的价值追求及其实现程度。公正是教育制度的价值标准，作为特殊的教育阶段，义务教育的制度公正既要符合一般制度公正的要求，也要满足义务教育的特殊要求。一般意义上的制度公正在义务教育中的体现包括权利平等、机会平等、资源均等多个方面，这些可以称为外部公正；特殊意义上的制度公正，是指义务教育中对教育规律的遵循和对儿童天性的尊重，可以称为内部公正，正是内部公正保证了教育自身的独立性和教育自身的目的性。本章选取教育公正中的平等、公平与效率的选择、教育公正对育人的要求等三个问题来分析，就是充分考虑了外部公正和内部公正两个方面的要求，前两个问题关涉外部公正，后一个问题关涉内部公正，其中外部公正中公平与效率选择的研究是对教育平等研究的进一步深化。

首先，本章分析了义务教育制度公正中的平等，相对教育的其他阶段，义务教育制度公正中的平等是完全平等和实质平等。这种平等首先要求公民受教育的权利和机会平等，在此基础上，要实现义务教育的完全平等和实质平等，需要在义务教育过程中坚持对不同个体进行差别化对待，对义务教育资源按照差异化的方式配置，尤其要保障弱势群体的受教育权。

接着，本章重点关注了义务教育制度中对公平与效率价值的选择问题。公平与效率何者优先，在我国义务教育的不同发展阶段，曾经历了不同的价值选择和价值判断。本章通过对农村义务教育学校的布局调整，特别是撤点并校中效率取向及其修正的分析，提出在义务教育公平与效率的选择问题上，要将公正作为义务教育的首要价值，现阶段尤其要坚持公平优先，兼顾效率，并推进基于公正的义务教育优质均衡发展策略。

最后，本章研究了义务教育制度的内部公正问题。育人是义务教育的终极目的，回归育人是义务教育制度公正的根本要求。本章按照合目的性教育公正的要求，提出了义务教育制度"育人为本"的教育观、尊重差异的成长观、适合儿童的教学观和全面发展的评价观。在对义务教育实践中育人价值取向反思的基础上，提出要实现义务教育制度价值取向的三个转变，并按照"育人为本"的教育观，提出了推进和完善素质教育的策略。

第五章

实践维度的阐释：合实效性

本章从实践维度对义务教育制度进行合实效性理论阐释。合实效性就是指义务教育制度在实施过程中被人们认可的状况，以及在此基础上的实际效果。合实效性可以通过目标达成度、结果有效度、公众满意度三个方面考察。改革开放以来，我国义务教育取得了巨大成就，公众对义务教育的改革发展总体上是满意的，但就义务教育各方主体来说，目前对目标达成度、结果有效度、公众满意度的评价也存在差异性。考虑到义务教育的起点、过程和结果等不同的因素，本章将从就近入学制度、"在家上学"对就近入学的影响以及课程改革等三个方面，对义务教育制度的合实效性问题作进一步分析。

第一节　就近入学的合实效性

就近入学是义务教育的基本制度，关系到每个学生的入学以及在校的学习和生活。就近入学制度在实施过程中出现了诸多问题，公众也由此对就近入学制度产生不满，这些都直接影响到对义务教育制度的认同，影响到义务教育制度的权威与合实效性。

一、就近入学制度的权利义务关系辨析

就近入学在概念上比较模糊，自在我国提出及实行以来，其内涵、实施方法、实施效果等，都产生了比较大的争议。作为一个法律术语，可以从权利与义务两个方面对就近入学的内涵予以界定，但究竟是谁之权利、谁之义务，应充分考虑义务教育法律关系的性质。从本质上来说，义务教育法律关系属于行政法律关系，行政法律关系的根本特征，体现在主体权利义务的不对等上。就近入学中权利义务的不对等，体现为就近入学主要是学生的基本权利，同时又主要

是政府的法定义务。因此，在义务教育中，学生权利的实现需要通过政府义务的履行来达成。就近入学法律关系还包括家庭（家长）、社会等其他主体，其中学生也有义务，政府也有权利，本书只关注其权利义务关系中的主要方面。

（一）就近入学主要是学生的一项基本权利

作为接受义务教育的学生的一项基本权利，就近入学到底是一种什么样的权利？笔者以为，从权利的不同层次来看，可以作三种理解。

1. 基于空间标准的就近入学权利

1980年，《中共中央　国务院关于普及小学教育若干问题的决定》（中发1980〔84〕号）提出学校布局要便于学生就近上学；1983年，《教育部关于进一步提高普通中学教育质量的几点意见》（〔83〕教中字011号）针对初中招生，提出原则上采取划片就近入学的办法；1986年，《中华人民共和国义务教育法》规定"地方各级人民政府应当合理设置小学、初级中等学校，使少年、儿童就近入学"。从这些表述来分析，就近入学首先体现着"方便性"的精神，其实质则是一种空间概念。对于学生来说，如果上学的空间范围小，就学方便，就可以在上学中少花时间、少投入精力；对其家长或监护人而言，则意味着他们可以方便地接送孩子和履行监护职责。2006年修订的《中华人民共和国义务教育法》虽然对就近入学增加了户籍所在地的限制，在区域上进一步进行了明确，但关于学生"方便、就近"入学的基本精神没有改变。

2. 基于质量标准的就近入学权利

就近入学是义务教育中的基本制度，极其重要，不过就近入学制度的理念中隐含着对教育质量均衡的要求，"质量"是就近入学的内在标准和依据，否则就会侵犯学生的平等权。教育质量既包括学校的办学条件、办学方向、师资状况，也包括学生的培养质量，统称办学质量和学生质量，其中办学质量更加重要。空间标准与质量标准的统一，是学生就近入学并能享受到平等和高质量教育的前提，不过由于实际情况复杂，理论上的统一在现实中很难达到，比如农村在普及义务教育阶段的很多学校，特别是一些办学点，根本达不到高质量的标准要求；对城市而言，义务教育学校之间的差距也比较大。所以，在就近入学制度中如何妥善解决好质量标准，一直是个重要的问题。

3. 基于平等标准的就近入学权利

除了空间和质量标准，就近入学还要考虑平等权利的因素，因为义务教育的根本特点是它的平等性，学生平等接受教育是义务教育的根本宗旨，作为义务教育的一项基本制度，就近入学必然要保障学生的平等就学权。从根本上看，就近入学就是为了保证适龄儿童、少年享有平等地接受教育的权利。"义务教育阶段的受教育者不仅享有免费、就近入学的权利，同时也有权要求平等受教育——享有大体相当的办学水平和办学条件。"①事实上，平等包括相同性平等和公正性平等。②在这里，"大体相当"实际上已经预设了在义务教育中无法达成相同性平等，因此，公正性平等就成为就近入学制度必须考虑的平等标准。而要实现公正性平等，就要在保证学生基本权利平等的基础上，充分考虑学生的个体差异，并在这一前提下，切实维护好弱势群体的利益。

（二）就近入学主要是政府应当履行的法定义务

上述相关文件，特别是《中华人民共和国义务教育法》及其修订后的法律文本，都非常明确地强调了地方政府对就近入学所履行的法定义务。与学生在就近入学中享有的基本权利相对应，政府在就近入学中应当履行的义务也包括三个方面。

1. 学校合理布局的义务

这一义务对应于学生基于空间标准的权利。政府履行这一义务的方式，就是对义务教育阶段的学校进行合理布局。目前，政府主要通过划定服务半径或学区来履行就近入学的义务，如 1986 年《中小学校建筑设计规范》分别直接规定了中学和小学服务半径的范围，即中学不宜大于 1 000 m，小学不宜大于 500 m；1987 年《关于制定义务教育办学条件标准、义务教育实施步骤和规划统计指标问题的几点意见》则由上学时长来间接规定学校布局的合理性，要求学生上学距离不能过长，并规定了走读生上学的单程时限。相对于城市来说，政府在农村履行就近入学空间标准的义务更加困难，这也导致了农村早在 20 世纪 80 年代就开始对学校布局进行调整。

2. 学校均衡发展的义务

"教育均衡发展是在教育公正思想和教育平等原则的支配下，学校和受教育者在义务教育中受到公正、平等的待遇，即通过区域之间、城乡之间以及同一地区不同学校之间、同一学校不同群体之间的均衡发展，实现每个受教育者发展权利、机会、资源的平等。其低层次的目标是为每个人提供基本的教育，

---

① 朱家存. 就近入学：是权利还是义务 [J]. 中国教育学刊，2001（6）.
② 冯建军. 教育公正——政治哲学的视角 [M] 福州：福建教育出版社，2008：24.

高层次的目标是为每个人提供高质量的教育。"①总体来说，就近入学制度不仅要求学生就近就能上学，并且要保证学生就近入学的学校教育质量大致相当。教育质量大致相当，就是上述提到的办学条件、师资状况、学生培养质量等方面相当，而办学条件又包括校舍等基础设施、教学仪器、图书资料、文体器材等。在目前的实践中，学校之间的不均衡仍然是普遍存在的，无论是城市还是农村，特别是在重点校和非重点校之间，差距还是比较明显的。

3．维护教育公正的义务

无论是使学校能够合理分布，还是使学校能够均衡发展，其根本目的都是维护教育的公正。在这里，教育公正是指"通过合理的教育制度，恰切地分配教育资源，使每个人获得与其相适应的教育，满足个体的学习需要，使个体得其应得，实现个性化的发展"②。教育公正是公平和正义的统一，也体现着自由与平等的博弈。就近入学作为政府在义务教育中的一项法定义务，在其实施过程中，自由、平等、公平、正义之间的关系必须妥善处理，教育公正的原则必须被切实遵循。教育公正的原则包括基本受教育权利的保障原则、教育机会均等的原则、程序公正原则、才能匹配原则和补偿原则。现阶段，补偿原则尤其需要被充分地关注。相对于城市，在农村落实就近入学尤其应该关注教育公正问题。

（三）义务教育实践中权利义务关系的异化

上述关于就近入学权利义务关系的分析基于理论逻辑，是一种理想状态。现实中，就近入学是在教育资源分布不均、优质教育供需矛盾突出情况下实施的。改革开放以来的很长一段时间里，我国在教育事业中也贯彻了"效率优先，兼顾公平"的价值取向，并推行了重点学校制度，影响了学校间的均衡发展，尽管后来重点学校在政策层面被叫停，但其影响长期存在。正是在学校发展不均衡的背景下，择校行为长期存在，并造成了高额择校费、教育腐败和社会不公等负面现象。为了改变对就近入学政策的违背现象，中央和地方多措并举禁止择校，并历经治理义务教育择校高收费的政策实施阶段、素质教育政策视野下的择校治理阶段和现今以教育均衡思路禁止择校等三个阶段。③正是在治理的过程当中，就近入学制度也日渐发生了异化。

---

① 冯建军．教育公正——政治哲学的视角 [M] 福州：福建教育出版社，2008：164.
② 同上，43.
③ 赵菲菲．对"就近入学"政策的反思 [J]．教育科学论坛，2008（8）.

1. 学生的基本权利异化为单方义务

在义务教育中，就近入学主要是学生的基本权利，上文通过对相关行政法律关系的分析已经予以明确。而所谓权利，是指公民或法人能够作出或不作出一定行为，并要求他人相应作出或不作出一定行为的许可。对就近入学这一概念，从现行《中华人民共和国义务教育法》能得出结论，即"入学"是学生的权利和义务，但"就近"主要是政府的义务，而不是学生的义务。既然"就近"不是学生的义务，学生就可以不选择"就近"入学。如果现实中的学校又在办学质量上存在很大的差距，学生就可以选择质量较高的学校，尽管可能路途会相对较远。但在教育实践中，政府无视"就近"作为学生权利的法律规定，并将择校行为定义为违反义务教育法的行为。在这种情况下，学生"就近"的权利，在行政管理层面就变成了纯粹的义务。相对于城市中无法择校的情形，广大农村学生在这方面的权利状况更加令人担忧，因为在农村经历了大规模的撤点并校之后，根本就没有学校可供学生选择。退一步说，即使"就近"入学由学生的权利变为政府的强制是出于现实条件的被迫选择，但将学生权利异化为政府禁止择校的依据，肯定不符合立法的原意。

2. 政府的法定义务异化为管理特权

就近入学是许多国家的基本制度。"即使周边儿童可能并不享用其就近入学权利，政府也需要提供这种机会。如果因为政府的原因（如学校布局调整）不能就近提供义务教育机会（学位），政府应当承担由此带来的额外费用，如提供校车的费用、提供住宿的费用等。"[①]就近入学是政府的义务，作为行政法律关系的义务主体，政府有义务为辖区内的学生提供就近平等接受教育的机会。不过现实中，"行政部门一方面制定了'就近上学'的法规，另一方面却默认'择校'现象的普遍存在，甚至连一些中学的择校生费用标准都是经过教育部门、物价部门等机构联合制定。这是行政权内部的自相矛盾和混乱，是行政机关自己制定法，又公然无视和践踏法的权威性的性格分裂症的典型表现。"[②]尤其是前些年，就近入学成为政府推进农村学校布局调整的工具，并进而作为撤点并校的依据，将其法定义务当作管理特权，侵犯了农村学生的受教育权。

---

① 李政. 儿童就近入学权利与择校现象分析 [J]. 人民教育，2007（9）.
② 王凌云，谢兵. "就近入学——划区管理"模式的宪法批评 [J]. 前沿，2008（4）.

3. 就近入学异化为"买房择校"

相对于农村的"撤点并校"，在城市"买房择校"成为就近入学的另一种异化现象。尽管重点校制度已经被政策取消，但历史原因等长期造成的影响，导致了优质学校在城市中的不均衡分布。在划片就近入学与学区房的共同作用下，城市中的就近入学逐渐演化为以房择校，因此买房就成为择校的最佳手段。但在"买房择校"的过程中，明显存在着对教育公正的侵蚀。因为"买房择校"的成功者都是拥有经济、文化、社会资本的中上阶层，而资本相对弱势的阶层在这一过程中丝毫没有竞争力。在"买房择校"变为竞争高质量教育的合法手段后，"以促进教育公平为出发点的'就近入学'成了试图将'择校'合法化的推手，让更多优质教育资源向优势阶层聚合。这样反而加剧了教育的不公平，从而导致低社会阶层期望通过接受教育来实现自身向上层社会流动的愿望变得更加难以实现，加剧了社会阶层固化和教育机会的定格"①。

二、就近入学与农村的撤点并校

由于长期的城乡二元结构，在以城市为中心的话语体系下，农村的就近入学很少被人注意，直到大规模的撤点并校造成巨大的负面影响，人们才开始关注农村的就近入学问题。上述法律关系中权利义务的异化，是对就近入学制度落实的生动演绎。尤其是择校与禁止择校的博弈具有明显的城市特征。农村的义务教育发展阶段总体上滞后于城市。在城市的就近入学开始追求质量、公正，并且集中表现为择校与禁止择校的博弈冲突时，农村的就近入学制度经历着不同的步调并表现为不同的特征。有研究者提出，就近入学在全国范围内并不是普遍问题，因为一直以来在农村实行的就是就近入学。这一方面是对的，但另一方面又不尽然，就上述理论逻辑来看，农村的就近入学处于极低的水平，仅仅体现在空间标准上，质量标准、平等权利方面远远没有达到应有的要求，其实单就空间标准也无法认定农村义务教育真正实现了就近入学。只是由于农村义务教育相对处于较低的发展水平，农村学生也处于相对弱势的地位，其权利自然较少获得关注。

本书第四章第二节，从义务教育制度的合目的性角度，分析了农村义务教育学校布局调整的三个阶段，指出了农村义务教育就近入学制度面临的困境。

① 王代芬，王碧梅．"买房择校"：被定格的教育机会 [J]．教育学术月刊，2016（4）．

2001 年以来实施的农村学校大规模布局调整，因对农村学生享有教育机会的改变，所引发的上学远、上学难、上学贵等问题，造成了对学生基本入学权的侵害，影响了学生的身心发展，造成严重的教育不公。为什么农村学校布局调整，会出现大规模的撤点并校？笔者从公平与效率的角度进行分析，提出办学经费是布局调整考虑的重点因素，效率优先成为撤点并校的主导价值，地方政府力推撤点并校，其政策的直接动力机制是经济效率，而没有考虑教育规律。某种意义上，正是地方政府典型的"理性经济人"思维及其在学校布局调整中的动机和出发点，造成了大规模的撤点并校运动。下面将从另一种视角，从程序性的角度来分析义务教育制度的合实效性，分析农村义务教育学校布局调整演化为撤点并校的另一个原因，并在此基础上，寻求"后撤点并校"时代适合农村的就近入学路径。

义务教育制度的合实效性，体现为制度被认可、执行和遵守的状况和实际效果，可以通过目标达成度、结果有效度、公众满意度三个方面来检验。从撤点并校来看，其制度的目标本来就是出于非教育的目的，自然导致了其结果难以有效，而之所以出现这种情况，可能有多方面的原因，其中根本的一条就是义务教育政策制定存在的非理性状态。我们说公众对义务教育制度的满意度高，一方面体现在制度本身是科学合理的，制度满足了公众的需求，在利益关系上得到了公众的认可；另一方面是制度本身经过了合理的程序，听取了公众的意见表达，从某种意义上，制度是公众通过法定程序参与制定的，自然就会得到公众的认同。于是，回过头来我们会发现，撤点并校的政策制定恰恰在这方面是有所缺失的。

（一）程序要求与公众话语权的缺失

1. 制度本身关于程序的要求

"制度是对社会成员权利—义务关系的客观安排，是社会成员权利—义务关系的实体性存在"①，教育制度就是对教育主体权利和义务关系的客观安排。因此，教育制度的公正与否直接影响到受教育者权利和义务的实现与否。通常人们并不关心教育制度的制定，认为那是政府或教育部门的事情，公民个体只要按制度去执行就行了。在这种观念下，教育制度的制定主体通常就被认为由三个方面的代表组成，即作为政府或教育部门的政策主体、作为咨询机构包括

---

① 高兆明．制度公正论 [M]．上海：上海文艺出版社，2001：28.

专家学者在内的咨询主体、作为政策的执行者比如学校的参与主体。这种对教育制度制定主体的理解，把受教育者，即真正的教育主体排除了。于是，自身权利义务与教育制度息息相关的受教育者，在实践中就只有执行教育制度的义务，而丧失了本来作为教育制度制定主体可以享有的建议权、知情权等一系列权利。

我国的教育以人民为中心，为人民服务，当然这种对教育性质和作用的定位，并不要求每个人一定要参与一些教育制度的制定，但从另一方面来说，为了保证教育以人民为中心，为人民服务，就要求政府首先应保证公众的知情权，保证制度在制定过程中具有广泛的代表性。教育制度制定的公正是教育公正的前提，而确保教育制度相关的权利义务主体充分参与制度制定，又是保证教育制度制定公正的基础。实践中对受教育者参与教育制度制定的忽视，一定程度上会对教育制度的公正造成影响。

2. 农村义务教育制度的程序要求

有关农村义务教育的制度政策，其实施的范围在农村，权利义务受其直接影响的也是村民。因此，制定农村义务教育的制度决策，需要增加相关程序听取村民组织和村民的意见，充分尊重并合理吸纳他们的意见建议。"村委会代表公民行使公民教育参与权，通过公共对话影响政府决策，通过社会权力的行使约束国家教育权的正当行使，使公共政策更能反映民意，以保证教育资源的合理分配，维护公民的受教育平等权。"[1]另外，法律也赋予村民参与农村义务教育相关决策的权利，如现行《中华人民共和国义务教育法》中"社会组织和个人应当为适龄儿童、少年接受义务教育创造良好的环境"的规定，就是这样的赋权行为。

在政府对农村义务教育制度政策的决策中，保障村民的教育参与权，应从村民的教育选择权、教育参与决策权、教育建议权、教育监督权等四个方面予以保证。[2]就农村义务教育学校布局调整而言，这是对就近入学这一基本制度的具体执行，直接关涉农村学生和家长的权益。以教育选择权为例，"当就近入学权和享受优质教育资源的机会平等权发生冲突时，必须由儿童及其家长决定

---

① 杜承铭，张志凡. 论村民自治组织的义务教育参与权 [J]. 广东行政学院学报，2011（3）.
② 陈鹏，祁占勇. 农村义务教育的权利性危机及其法律保障 [J]. 华南师范大学学报（社会科学版），2016（3）.

何种权利优先，而非政府代替儿童和家长做决定"①。当然，这种选择本身就是村民对教育的参与决策权。此外，为完善决策程序，还应建立健全调查研究机制和教育听证会制度，并充分利用这些机制和制度，研究村民的意见建议，吸纳村民参与教育决策。同时，对村民发现和反映的教育问题要给予充分重视，因为教育监督权也是村民维护自身利益的重要形式。

3. 弱势群体视角的程序要求

有研究者指出："当前中国教育公正的短板正是因为没有合理实现社会各阶层利益的整合，特别是缺乏对社会底层利益的主体性关照，而强势的精英话语又遮蔽了中国城乡底层社会的真实声音，在政治主流和社会生活之间制造了一定程度的割裂；这种割裂直接体现在一种利益相关者主体缺位的政策设计上。"②中国城乡社会内部存在着庞大的底层群体，这些庞大的群体虽然同属底层，却在所属阶层、生存状态、利益诉求方面存在着严重的分化，这使得他们无论是作为群体还是作为个人，几乎没有表达利益诉求的机会，因为"作为精英的政策设计者总是以价值判断先于分析论证的方式代言底层利益"③。

上述研究者所谓的底层群体，实质上就是通常所指的弱势群体。长期以来，弱势群体特别是农村的弱势群体，在政府决策哪怕是与自己利益密切相关的事项中，都很少有表达利益诉求的机会，或者至少可以说，其利益表达的诉求没有被充分重视，农村义务教育阶段学校的布局调整和撤点并校就是鲜明的例证。如上文所言，制度政策制定的参与权是利益诉求表达的重要途径，在义务教育决策中，为了给弱势群体充分的利益诉求表达机会，除了上述所说的建立健全听证制度、咨询制度，最重要的可能是建立健全教育行政参与的监督制度，以保证弱势群体能够参与教育的公共管理，并对公共教育权力的行使进行监督。④

（二）撤点并校中公众话语缺失的反思

无论是撤点并校中的效率导向，还是制度制定推行过程中的程序缺失，最终结果都造成对学生受教育权的侵害，实质上是一种教育的不公正。关于教育公正，学者李涛提出一种反思性教育公正思路，即"教育程序公正与教育实体

---

① 管华，陈鹏．中小学布局调整如何通过法律之门 [J]．教育研究，2015（1）．
② 李涛．中国城乡底层教育公正的政策研究：基于社会分层的视角 [J]．中国行政管理，2013（3）．
③ 同上．
④ 冯建军．政府在教育公正中的责任与限度 // 袁振国．中国教育政策评论（2008）[C]．北京：教育科学出版社，2008：74．

公正"“教育起点、过程与结果公正”“教育权利机会公正与分配结果公正”
等虽然能够在一定程度上缓解教育公正本身在不同阶段、不同场域内的危机，
但是它们均属于“规范教育公正”范畴，并没有很好地解决公正的另类危机，
即没有探讨“谁的教育公正”“什么内容的教育公正”“怎么样的教育公正”
等问题，而是隐藏了主体、内容和方式。①我们在上文探讨程序要求与公众话
语权的缺失之后，对撤点并校中公众话语的缺失进行反思，恰恰指向教育公正
的深层次问题，从根本的意义上，就是“谁的教育公正”“什么内容的教育公
正”“怎么样的教育公正”等问题，这三个问题分别指向教育公正的主体、内
容和方式。

　　1. 撤点并校最终关涉“谁的教育公正”的问题

　　上述规范教育公正，不管是程序抑或实体，不管是起点、过程还是结果，
无论哪种公正，都有一个主体是谁的问题：上述规范教育公正，究竟是个体的
公正还是群体的公正？如果是群体的公正，这个公正又属于哪个阶层？如果以
这种视角来看待撤点并校问题，通过对教育公正主体的追问和反思，我们可以
更清楚地看到在撤点并校决策过程中的主体缺位。对于农村的就近入学制度，
特别是农村的撤点并校，无论是作为农村义务教育主体的学生还是其家长，无
论在制度政策制定还是实施过程中，无疑他们都是集体失语的。为切实维护农
村弱势群体的利益，目前尤其需要加强对城乡二元结构下确定底层社会各主体
的标准研究，只有确立真底层主体，才能真正维护他们的权益。

　　2. 撤点并校最终关涉“什么内容的教育公正”问题

　　上述规范教育公正，不管是程序抑或实体，不管是起点、过程还是结果，
无论哪种公正，都在强调权利、机会平等和资源的配置平等，但现实中的教育
公正远比这复杂得多。教育公正受到许多因素的影响，“这不仅仅包括教育资
源的公正分配，还包括教育文化选择上的相互承认与理解、个体发展路径中的
共同尊敬与鼓励、教育政策参与时的平等与有效等等，这就是为什么要格外强
调底层不同视角下教育公共治理参与的根本原因”②。就撤点并校来看，只有清
楚不同底层主体真实的利益诉求，才能确定教育制度中最终要保证什么内容的
公正。

---

①李涛.中国城乡底层教育公正的政策研究：基于社会分层的视角 [J].中国行政管理，2013（3）.
②同上.

3. 撤点并校最终关涉"怎么样的教育公正"的问题

这一问题直接指向教育公正的实现途径，直接指向教育制度的权威认同。目前来看，政府在教育决策过程中成为主导，政府决策似乎是实现教育公正的唯一合法途径，问题是忽略了公众对政府决策的参与，能不能真正实现教育的公正。就目前来看，促进教育决策参与的相关法律，无论是实体法还是程序法，都还比较薄弱，在这样的情况下，那些不是法律和法规的政策制度，其合法律性如何评说？这些政策与中央政府的权威政策之间的关系是否协调？义务教育制度的合法律性，不仅仅指向法律的公正程序，一般意义上的政策制度的合法律性可能更为关键。

本书已经多次提及撤点并校对学生及其家庭造成的利益损害，以及由此引发的更多社会问题，如辍学率的上升、交通安全风险的增加等等。就这些问题，有些地区通过为学生提供免费的营养午餐来建立利益补偿机制，但总体效用有限。从根本上来说，政府应围绕学校布局调整进行整体的制度设计，包括制定和规范撤并程序、制定和实施利益补偿及最低保障供给制度，以保障被撤并学校学生的受教育权，保证教育公正。

（三）基于合实效性的农村义务教育就近入学的策略

由学校布局调整发展到简单的撤点并校的图景，再现了就近入学法律关系中的异化现象：学生的基本权利成为教育实践中的基本义务，政府的法定义务在实践中演变为管理特权。前面我们结合撤点并校政策的合目的性、合法律性，分析了其在合实效性上存在的问题。"后撤点并校"时代，在农村义务教育中要从符合法律规定的意义上真正落实就近入学制度，必须将合法性作为首要标准。

1. 就近入学必须步入法治轨道

真正落实就近入学制度，避免国家立法规定在执行中出现偏差，必须将就近入学制度的合法性考量放到重要位置。首先，应健全和完善就近入学制度的法律规定。鉴于目前法律中关于就近入学的规定缺乏具体的标准，"有必要制定专门的法律或者行政法规，明确就近入学的可操作标准，规范农村中小学的设置标准和撤并程序，将农村中小学布局调整纳入法治轨道"[①]。其次，要由实现依政策管理向依法治理的转变，建立政策执行的合法性审查机制，农村学校

---

① 吴鹏，秦冠英. 就近入学原则与农村教育改革 [J]. 行政管理改革，2012（9）.

布局调整一定要遵循法律的规定和法律的精神。此外，还应完善政策评估机制，建立政策执行的纠错机制，及时补救工作中的失误。再次，要充分发扬民主，在农村就近入学的问题上，充分尊重学生和家长的话语权，避免对学生和家长利益表达机会的侵害，尤其是避免行政管理中的特权，这应该是遵循法治的首要前提。

2. 就近入学必须遵循教育规律

上文已经多次指出，在农村学校布局调整中，地方政府力推撤点并校，其政策的直接动力机制是经济效率，而没有考虑教育规律。就近入学制度要遵循教育规律，一方面，必须保证教育发展的自主地位。无论是教育制度的制定，还是教育改革的推进，都不能片面地成为政治或经济改革的附庸。另一方面，就近入学必须切合农村实际。农村的义务教育与城市相比，无论是面临的困难还是存在的问题都更多。在农村坚持就近入学制度，首先就要避免盲目的不合理的撤点并校行为，其次是根据农村实际坚持多种形式办学。"农村教学点这种教学形式仍具有强大的生命力和发展潜力，对小规模学校不能采取'一刀切'的歧视政策。"①针对当下的农村学校布局调整，也有研究者提出，"应该充分针对农民工群体的教育选择制定城乡分类分流制度"②。已经撤点并校的，要合理有效地发展校车并规范运营；规划中进行的布局调整，要规范撤点并校的程序，通过提高撤点并校的政策成本，有意识地恢复和保留农村教学点。

3. 就近入学标准必须"三位一体"

上文以很大的篇幅对就近入学制度的权利义务关系进行了辨析，总体而言，无论是基于学生的基本权利还是政府的法定义务的角度来看，就近入学的标准都应该坚持空间、质量和平等（公正）的"三位一体"。在义务教育发展的不同阶段，空间、质量或平等标准在就近入学中的侧重会有所区别，城乡不同地区之间这种侧重上的区别同样存在，但从根本上来说，这种侧重上的区别应该有个合理的限度，不能因为强调某一个标准而牺牲其余的标准。对农村而言，入学地越近越有利于学生入学，但光有数量没有质量，也不可能真正达到普及义务教育的要求，所以，在数量上保证入学率的同时还必须在质量上保证合格率。

----

① 赵丹，吴宏超，Bruno Parolin. 农村学校撤并对学生上学距离的影响——基于 GIS 和 Ordinal Logit 模型的分析 [J]. 教育学报，2012（3）.

② 李涛. 中国城乡底层教育公正的政策研究：基于社会分层的视角 [J]. 中国行政管理，2013（3）.

同样，上述大规模的撤点并校以大规模集中办学为目标，试图在质量标准上有所提升，却没有处理好质量与空间，特别是与平等的关系，带来学生入学困难甚至辍学等严重问题。要解决就近入学和农村义务教育学校布局调整的合实效性问题，必须以方便学生就近入学为第一要义，以维护教育公正为基本前提，以义务教育均衡发展为生命线，以学生身心健康为实施底线。针对之前大规模撤点并校造成的不利后果，现阶段，尤其应该重点关注教育公正，切实维护在农村并处于弱势地位的学生的利益。国家应从全国大局出发，统筹考虑，通过制定有利于向农村和农民倾斜的制度政策，努力提高末端教育的质量，坚决避免出现"贫者愈贫、弱者愈弱"的恶性循环现象。

三、就近入学与择校入学

现行《中华人民共和国义务教育法》第十二条明确规定适龄儿童、少年在户籍所在地学校就近入学。就近入学的基本目的或者说立法宗旨，在于保障平等的受教育权，尤其是保障入学机会的平等。但是，在现实中，经济因素、社会因素、历史因素等方面的差异，导致我国现阶段义务教育资源分布不均，由此引发的择校之风屡禁不止。与此同时，一些地方政府在实施就近入学制度时推出的"零择校"规定，也引起了非常大的争论。那么，针对义务教育规定学区和禁止择校，是否能保证学生平等入学的权利？是否是对学生教育自由选择的限制？择校是否造成了对就近入学制度合实效性的冲击呢？下文将进行分析。

（一）就近入学制度的利弊分析

1. 就近入学总体上是一项合理的制度安排

就目前来讲，就近入学尽管是法律的明确规定，但在理论探讨上还存在争议。争议的焦点在于，对学生来说，就近入学是权利还是义务。从《中华人民共和国义务教育法》第十二条规定的内容来看，就近入学更多是对政府职责的规定。上文中笔者已经明确，就近入学主要是学生的权利和政府的义务，与学生的权利相对应，政府就近入学的义务也有三个方面，即合理布局学校、促进均衡发展、维护教育公正。既然是学生的权利，是否意味着学生可以主动放弃权利，并可以自主选择就读的学校？目前从立法的条款来看，很难得出这一对应关系的结论。

一项制度安排是否合理，首先要看其目的与手段之间的对称性，而不仅仅是从主观价值上考量。从立法的目的来看，衡量就近入学是否具有妥当性的标准是：就近原则是否有利于实现入学公平。①也就是指，对就近入学设定的实施标准与公平入学之间是否存在客观一致性。根据现行《中华人民共和国义务教育法》的规定，"就近"的标准以户籍所在地为准，在实践中，地方政府坚持按照户籍所在地的标准，统筹考虑各种因素确定就近的范围，客观上有利于保障学生就近入学的权利。如果将就近入学视作对入学平等权的保障，那么自主择校就违反了平等对待的要求。另外，从实践上看，政府目前通过合理配置资源在不断推进义务教育的均衡发展，而从各地"零择校"政策的效果来看，恶性择校的趋势也有所缓解。所以，理论和实践都证明，就近入学有利于入学机会公平，从目的与手段之间的对称性来看，就近入学是一项合理的制度安排。

2．就近入学保证公正的前提条件

就近入学作为一项合理的制度设计，符合形式正义，但如何保障其最终的结果公正，还是要考虑一些实际的条件。首先，距离因素与公平不存在必然的联系，由于学区划分的原因，可能对学生来讲，空间距离更近的学校未必是可以就近入学的学校，现实中也有这样的案例。而且就近的因素只是考虑了入学的机会平等，但并不是保障教育公平的充分和必要条件。客观上，由于学校资源配置不均衡，以及学校教育质量的差距，进入不同学校读书就会产生实质上的不公平。其次，从教育的实践和规律来看，在就近入学制度当中，政府按照行政区划提供平等接受教育的机会，但并不意味着就能为每个学生提供适合的教育。学生应该是教育的核心，在就近入学政策的框架内，政府成了教育的主导，公民个人权利的实现都要符合行政区划的需要，这是违背教育规律的。②

就近入学制度的逻辑前提是学校办学水平的均衡化。也就是说，只有所有的学校基本上都能达到相当的水平，并且教育资源在每个学校的配置基本均衡，这样按学区划分就近入学才具备合理性。否则，单纯通过行政强制，简单化地寄希望于禁止择校，最终难以解决教育的公正问题。

3．就近入学制度在执行中的问题

尽管就近入学是法律的规定，也是一项合理的制度安排，但上文指出，就近入学制度目标的达成还需要一些条件的支撑，加之现实情况的复杂性导致"利

---

① 王亚明．"就近入学"和"自主择校"的平衡进路 [J]．岭南学刊，2017（5）．
② 严仍昱．"就近入学"教育政策公平性考问 [J]．安庆师范学院学报（社会科学版），2010（6）．

好"的政策制度并没有受到公众的普遍认同，这就说明这一制度在执行中还面临一些问题。这些问题，除了是社会条件的原因造成的，制度本身的不完善也使其存在固有的缺陷。上文之所以专门分析就近入学的权利义务关系，本身就说明这一制度的政策内涵比较模糊。目前，就近入学是靠学区划片来实施的，但学区划片需要考虑区域内学校的数量、分布、规模、办学水平以及学龄儿童的数量、分布、变化等众多因素，甚至交通状况等也是需要考虑的因素。无论是"每所学校单独划片"的方式还是"多所学校共划一个学区"的方式，都存在适龄儿童将就近入哪所学校的不确定性。另外，即使保证了学区划片的确定性，学区划片本身的不公平可能仍然存在。就近入学政策是凭借户口或居住地入学的政策。在教育资源不均衡的情况下，很难说它比凭考试成绩入学有更多的公平性。[①]现在，虽然取消了"重点校"制度，但区域内"优质校"与"薄弱校"同时存在是不争的事实。由于学校不同，公平的就近入学政策，事实上会带来不公正的结果。除此以外，就近入学带来的另一个问题是无法满足公民的教育偏好。儿童的受教育权既是社会权，也是自由权。基于这样的判断，就近入学政策在禁止选择上面可能就是一把双刃剑。其实，撇开教育的优劣之分不论，不同学校的特色也是不一样的，"办人民满意的教育"，最终可能要通过最大限度地给学生（家长）择校权来实现。

除此以外，就近入学目前遇到的最大障碍，是基于政策产生的异化现象，以及由此导致的政策目标偏差。应当说，就近入学制度的出台，从某种意义上，是为了消解社会上的不正当择校行为。但现实是，这一制度催生了另一类择校，那就是通过"学区房"来择校，使"学区房"担当了分配教育资源的职能，也导致了"学区房"价格不断攀升，一房难求，反过来也加剧了学区划分的矛盾。为应对这一问题，政府不得不出台一些相应的政策，这又增加了执行就近入学制度的复杂性。利用"学区房"择校，一方面使就近入学制度原有的目标难以达成，还加剧了对优质教育资源的恶性争夺，形成了对弱势群体更为不利的教育环境，"强者更强，弱者更弱"在"学区房"择校的推动下，可能会形成一种恶性循环。

（二）择校对就近入学制度的冲击

就近入学是基本原则。由于受到各种条件的制约，就近入学在执行过程中

---

① 张俊友 . "就近入学"的局限及"大学区制"探索 [J]. 中国教育学刊，2016（2）.

也面临一些挑战，无论从理论还是从实践来说，就近入学制度的合实效性，一直受到广泛的关注，与之相关的最重要问题就是义务教育阶段的择校问题。某种意义上，择校成为就近入学制度合实效性的最大障碍。本章将对义务教育阶段的择校现象进行考察，分析择校现象的动因，寻求一种消解对就近入学制度合实效性造成冲击的恰当路径。

1. 择校现象及其择校治理

所谓择校，"在基础教育阶段，就是指家长放弃义务教育阶段适龄儿童按学区免费就近入学的优惠政策，主动选择其他学校就读的教育选择现象。"①。这始于20世纪五六十年代的重点学校制度造成的教育发展不平衡，是后来择校现象出现的最初动因。随着优质教育资源的需求越来越旺盛，择校现象也日渐如火如荼，近乎成为与就近入学并行的一种状态。伴随着择校现象，关于择校的争论也出现了。支持者认为，择校是民众教育选择权的体现，可以满足家长选择学校的需求；反对者认为，择校有碍教育机会公平，应该给予抵制，因为学校的教育资源是社会公共资源，是全体公民都有平等机会可享用的公共教育资源；折中者认为，不可过度地禁止或者放开，应该根据具体的教育实际情况而定。②

由于就近入学是法律规定的义务教育的基本入学制度，择校制度事实上是对就近入学制度的违背，加上在择校过程中，确实出现了许多负面的现象，包括以钱择校、以权择校，不仅有违教育公正，而且助长了义务教育中腐败行为的滋生。所以，从一开始择校就处于被禁止的状态。但由于种种原因，不仅是现实中有需求，而且在理论上也有争议，所以至今为止，择校现象还在盛行。1996年，禁止择校正式列入国家政策议程；同年5月，《国务院办公厅转发国家教委等部门关于1996年在全国开展治理中小学乱收费工作实施意见的通知》（国办发〔1996〕18号）规定"一定要把'择校生'高收费问题坚决遏制住，重点是大中城市"，旗帜鲜明地表达了政府的不赞成态度。此后，禁止择校的相关政策陆续出台，涉及的文件包括：《教育部关于进一步推进义务教育均衡发展的若干意见》（教基〔2005〕9号）、《教育部关于当前加强中小学管理规范办学行为的指导意见》（教基一〔2009〕7号）、《教育部关于治理义务教育

①李融.当前中国择校问题综述[J].现代教育科学，2006（8）.
②张慧子.我国义务教育就近入学与"择校"入学并行现象的剖析与解构[J].现代中小学教育，2019（4）.

阶段择校乱收费问题的指导意见》（教基一〔2010〕6 号）、《治理义务教育阶段择校乱收费的八条措施》（教基一〔2012〕1 号）、《关于进一步做好小学升入初中免试就近入学工作的实施意见》（教基一〔2014〕1 号）、《教育部办公厅关于做好 2017 年义务教育招生入学工作的通知》（教基一厅〔2017〕1 号）、《教育部办公厅关于做好 2018 年普通中小学招生入学工作的通知》（教基厅〔2018〕5 号）。治理择校的主要措施包括：推进义务教育均衡发展化解择校，禁止收取择校费，推进多校划片（随机摇号、排位），推进免试就近入学全覆盖，完善问责制度，等等。

虽然，政府禁止择校的态度非常明确，并将教育均衡作为治理择校的基础且形成了"以就近入学为核心原则，分区划片为基本方法，教育资源调控为辅助手段的择校问题治理体系"①，但二十多年来，择校现象并未彻底根除。我们不得不再次思考就近入学制度的合法性问题，以及就近入学制度合实效性的根本保障。

2．择校入学的原因分析

就近入学是为了使学生能就近、方便、平等地入学，但是当解决了入学机会的问题，人们转而追求优质教育资源的时候，就近入学在某种程度上反而成了阻止民众按需选择的障碍。"当强烈的择校意愿与按学区就近入学政策发生冲突之时，不良择校现象即应运而生。最普遍的就是以房择校，通过购买学区房而取得名校的入学机会，更有甚者，以钱择校、以权择校，使择校演变为权力寻租和权钱交易。"②可以说，不良择校现象与就近入学政策在某种程度上的不合理直接相关。

择校入学主要是突破就近入学原则，不按照学区划分的学校入学。这种入学方式突破了以户籍所在地为基本标准的地域限制。择校现象的出现，一定程度上是政策有限性造成的，根本原因则是"广大人民群众日益增长的物质文化需求与生产力发展水平低下这一矛盾在教育领域中的集中表现"③。从这个角度来分析，其原因可以再细分为三个：学生及其家长对优质教育资源的追求、学

---

① 李大为．我国义务教育择校治理的困境分析与可能改进 [D]．南京：南京师范大学，2016：摘要Ⅰ．

② 刘秀峰．初衷与现实：就近入学政策的困境与走向 [J]．四川师范大学学报（社会科学版），2017（2）．

③ 范先佐．中小学择校问题产生的原因探析 [J]．现代教育论丛，1997（2）．

校对经济利益的追求、地方政府对自身利益的追求。①当然，学生及其家长对优质教育资源的追求是主导因素。

政府要求的就近入学，其出发点在教育的机会公平上，重点是保障人人有学上。但随着我国义务教育的不断发展，在教育机会平等的前提下，人们更加追求教育的质量，教育机会均等也被赋予了质量均衡的内涵要求。而当前的义务教育学校质量不均衡仍然是普遍存在的，其中的优质教育资源还满足不了人们日益增长的需求。从社会现实分析，义务教育作为教育的重要起点，其好坏对后续的教育程度及其可能拥有的地位与薪酬获得都会有重要的影响。但在教育质量存在校际差异的情况下，就近入学的结果就会形成事实上的教育质量不公。处于就近入学质量较差学校的学生及其家长，自然就产生了择校的动机和行为。

就现阶段来说，择校是部分学生及其家长的行为，但其造成的影响却非常广泛。长期的择校行为，对优质学校更好地发展具有正面效用；反过来，长此以往，则会损害、牺牲薄弱学校的利益，更不利于薄弱学校的发展。同时，也就造成了另一种危害，即对就读薄弱学校而没有择校能力的学生及其家长利益的损害。

3. 择校作为一种制度补充的可行性分析

就近入学是我国的基本制度，也是各国通行的做法，是出于教育公益性而确立的方便学生入学的基本原则。作为基本制度，尽管我们将就近入学理解为学生的基本权利，但在操作过程中实际上带有一定的强制性。相对来说，择校则体现了更多的选择性，是一种对个人基本权利和利益的追求。就西方国家的义务教育来看，家长择校作为公立学校改革的重要内容，在理论和实践上都已经得到支持。就我国的实际情况而言，择校行为一直是家长的自发行为，实际上也一直受到政府的严格限制。但有研究者指出，择校行为有其必要性，既是对个人选择权的一种尊重，也能主动回应民众对教育多样化的需求。也有研究者指出，就近入学政策虽然是我国义务教育的基本政策，但它只是对政府行为作出的必要规范，并非是学生家长必须履行的责任，或必须作出的行为。就近入学和自主选择教育应该是一个整体，都是为了保证未成年人接受教育，因此，

---

① 李东平，卢海阳. 新中国成立以来就近入学政策变迁的公共政策分析——基于渐进主义多源流理论分析框架 [J]. 福建行政学院学报，2019（3）.

择校是学生家长维护受教育权利的正当要求。①关于就近入学和择校之间的冲突，实际上反映了个人利益与义务教育公共利益的冲突。简单地鼓励择校或反对择校，实际上都是草率的。②上文已经指出，就近入学制度，在某种意义上，已经异化为"买房择校"。"买房择校"对低社会阶层的社会流动造成障碍，"这样反而加剧了教育的不公平，从而导致低社会阶层期望通过接受教育来实现自身向上层社会流动的愿望变得更加难以实现，加剧了社会阶层固化和教育机会的定格。"③

坚持就近入学原则不动摇，同时积极推动教育均衡发展，是我国择校治理的主要方式。其理论支撑是，只要实现教育均衡发展，只要消除校际的差距，就近入学就能实现公平性，择校问题也就会被根除，均衡发展是治理择校的根本。笔者以为，均衡永远都只能是一个相对的状态，从根本上来说，教育不可能完全均衡，特别是学校之间的差距，不可能完全消除。就一个相对更大的范围，比如学区制来说，试图通过学区制来促进教育均衡，也不能从根本上解决问题。即使学区内部能实现均衡发展，不同学区之间也可能仍然不够均衡，择校行为的动因并不能完全消除。退一步说，即使教育可以在硬件设施上实现均衡，但在内涵和特色上也会存在差距。教育均衡的相对性，决定了择校的必要性。"学校间将永远都存在差距，择校也是永无尽期的。若认为教育均衡后，择校就会停止，只是臆想而已。"④

基于以上的分析，有研究者提出，尊重个体的自由选择和多元需求应该是义务教育改革的一个方向，因此，在强调统一性的同时，应该考虑义务教育供给的多样化问题。目前，大众对优质教育的需求越来越突出，择校事实上已经成为与就近入学制度共存的一种现象。我国对义务教育择校的治理已经有二十多年，多年来在这一问题上采用的办法都是"堵"，具体来说就是运用各种措施对择校进行"限制"和"禁止"。但多年来，择校行为并没有被"堵"住，反而愈演愈烈，只是择校的方式改变了。事实表明，择校作为一项教育需求在现实中无法完全避免，而且这种需求也会因为政策的变化而出现不同的实现形

---

① 朱家存. 就近入学：是权利还是义务 [J]. 中国教育学刊，2001（6）.
② 朱利霞. 教育政策的利益分析——以择校问题为例 [J]. 教师教育学报，2018（4）.
③ 王代芬，王碧梅. "买房择校"：被定格的教育机会 [J]. 教育学术月刊，2016（4）.
④ 刘秀峰. 初衷与现实：就近入学政策的困境与走向 [J]. 四川师范大学学报（社会科学版），2017（2）.

式，也会使择校的家庭付出更大的择校成本，无论是选择私立学校还是"买房择校"，都导向义务教育"非义务"的结果。如果从满足家长和学生需求的角度来看，择校应当是家长和学生的正当权利，而不是义务。"在学生入学升学上坚守就近入学政策有着不合理性，自由择校将是未来教育发展的趋势。"① 与其默许异化后的"买房择校"，不如重新审视就近入学制度，探求择校在就近入学制度框架内的合法性，在将就近入学作为政府义务的基础上，以择校政策作为落实学生受教育权的一种选择。

（三）就近入学与择校入学之间的平衡进路

我国在义务教育受教育权的实现，特别是针对择校问题上，依赖于两个逻辑：一是不断扩大公立学校的优质教育资源，二是坚持落实就近入学原则。后者需要前者的支撑，前者将责任主要加诸地方政府身上，后者将限制加诸民众身上。用就近入学制度的完善作为对择校治理的重要手段，并不能真正达到治理择校的目标。这不仅限制了公民的择校权利，在客观上也催生了两类择校行为：一是就近入学异化为"买房择校"，二是用"钱"去"择"转制学校或民办学校。事实上，这些造成了义务教育的不公平现象。重新认识择校问题，不能仅仅停留在治理教育乱收费的层面，更不能一"堵"了之，而是应该看到择校行为的现实必要性，并从义务教育阶段的体制机制及教育政策入手，寻求就近入学与择校入学之间的平衡进路。

1. 对相关制度和概念的重新审视

首先，是对就近入学的审视。在明确其主要是政府需要提供的服务义务的同时，避免将其与学生入学的政策形成唯一的对应关系。就近入学政策确立并坚持执行的根本，在于要求政府合理布局学校以保障学生便利入学。坚守就近入学的初衷，在于强调政府提供相应的教育服务的义务，而不在于学生就近入学的义务。在义务教育法律关系中，学生入学的义务是法定和确定的，但"就近"入学的义务，法律没有明确的规定，而且也不能从法律精神中推导出来。应把入学与就近入学区别开来，不断提高学生受教育的选择权。

其次，是对教育均衡的审视。均衡是一个相对的概念，"均衡发展是一种理想的状态，而且也只能是相对的均衡发展"②。尽管我们可以不断地推进教育

---

① 刘秀峰.初衷与现实：就近入学政策的困境与走向 [J].四川师范大学学报（社会科学版），2017（2）.

② 周峰.试论基础教育均衡发展的若干问题 [J].教育研究，2002（8）.

均衡，但教育均衡没有完成时，因此只要实现教育均衡就能制止择校，这种说法本身就没有根基。此外，教育均衡虽然有助于实现教育公正，但并不能完全等同于教育公正。义务教育学校的发展，除了均衡，还应有特色。真正的公正，在于在教育均衡中自由选择适合儿童、少年禀赋的教育，实行因材施教，实现学生的个性化成长。

2. 规范有序地推进择校

上文主要从理论上分析了将择校作为就近入学补充的一种制度设计，具有一定的合理性。其主要目的，也是试图解决"买房择校"的异化现象。但在实践中，为克服"买房择校"的异化现象，为了给"学区房"降温，一些地方的政府管理部门也进行了多校划片的探索，作为对就近入学制度的一种改革和完善。但这一政策并没有取得预期的效果，从实际情况来看，为了缓解"学区房"问题的多校划片，不仅没有减少"学区房"，反而增加了"学区房"。①事实上，多校划片本身也存在问题，原因就是优质学校的分布状态不均匀。从本质上来看，将入学机会交给随机摇号仍然是不公平的。②所以，为了从根本上满足民众的需求，赋予民众真正的选择性，还需要规范有序地推进择校制度。

从目前的制度障碍来看，要对现有择校政策作出根本性的调整，就需要转换视角，不能再从政府管理的立场出发，而要更多地考虑民众的需求和期待，同时，也不能对就近入学这一基本制度造成冲击。关于择校治理的任何一项制度举措，都必须放到义务教育的整体架构中去考虑，兼顾整体与局部的关系，权衡利弊，综合考虑。一方面，就近入学作为基本制度，针对其实施中造成的问题，应出台相关的配套政策予以完善，尽管教育均衡始终会是未完成态，但努力缩小学校之间的差距，不断推进公办学校教育质量的整体提升应是一直的追求。没有充足的高质量的公办学校，即使赋予民众择校权也会受到诸多实际的限制。赋予民众自由权利，同时通过配套政策引导并规范其行为，才是应该采取的策略。

3. 推进义务教育的供给制改革

为了推进就近入学与择校之间的平衡，除了公立学校的均衡发展，还需要推进义务教育的供给制度改革，不断扩大优质教育资源的供给渠道，为家长和

---

① 瞿玉杰. "多校划片"是给"择校热"火上浇油 [N]. 中国商报，2015-04-07（2）.
② 王亚明. "就近入学"和"自主择校"的平衡进路 [J]. 岭南学刊，2017（5）.

学生择校提供更多的选择。一方面，是推进公立学校机制变革。公立学校机制变革是自主择校的必然要求，如果没有公立学校的机制变革，仅靠政府的外部调控，公立学校就缺乏足够的改革活力，无法提供充足的择校资源。另一方面，是打破传统的教育供给体制，将民办学校也纳入公共教育经费投入的范围。将民办学校纳入公共经费的投入范围，可以使公立学校和民办学校通过竞争，不断激发活力，共同提升质量。在这两个方面改革的基础上，通过对择校制度的设计，打破原来的限定性框架，重构政府、市场与社会的关系，重构政府与公立学校、民办学校的关系，通过借助市场的资源配置功能，实现公立学校、民办学校平等竞争、良性发展的局面。当然，这一改革的前提，是对民办教育政策，尤其是招生政策的规范和限制。择校的制度设计，其主要目的是满足家长和学生的选择权，但实际上也能成为推动义务教育机会均等的重要措施，只要制度运用得当，就能促进机会均等在质和量上的统一，最终实现就近入学与择校的平衡，促进公民受教育权的实现。

第二节　"在家上学"对就近入学的影响

现行《中华人民共和国义务教育法》规定"地方各级人民政府应当保障适龄儿童、少年在户籍所在地学校就近入学"，就近入学是义务教育的基本制度。近年来，在我国的义务教育实践中出现了"在家上学"现象，对义务教育的就近入学制度造成了一定的影响。这一现象本身也是公众基于就近入学制度合实效性的评价而作出的选择。所谓"在家上学"，就是指由父母组织、规模不大、以家庭为主要教育场所的一种形式。除了父母自己在家自行教育，目前国学班、读经班、体制外的小微学校通常也被归为"在家上学"。小微学校等形式与父母在家组织教育的形式虽然有区别，但在本质上均是对就近入学制度的一种突破，本书在论述中不对此两种形式进行区别。目前"在家上学"这一现象不是十分普遍，但是正因其特殊性，才引起了广泛的关注和讨论，主要的焦点和问题是：为什么会出现"在家上学"现象？这类行为是否违反我国义务教育的相关法律规定？对于"在家上学"，义务教育制度应该如何有效地进行应对？

一、"在家上学"的需求与法治现实的尴尬

"在家上学"在国外是非常重要的教育改革趋势。以美国为例，根据官方

统计数据，"在家上学"是和公立学校、私立学校、教会学校并列的四类教育形式之一，并且在社会中的认可度越来越高。"20世纪90年代以后，'在家上学'的孩子迅速增多，逐渐发展成一种与公立学校、私立学校、教会学校并列的教育形式，成为美国教育体制中的一类特殊对象，并在'学校选择'理念的推动下演变为一场轰轰烈烈的'在家上学'运动。"① 近几年来，在我国的义务教育实践中也出现了"在家上学"现象，甚至出现了所谓"在家上学"第一案，在家上学也引起了很多研究者的关注。

就近入学是义务教育的基本制度，强制入学是这一制度的重要特征。针对"在家上学"为什么会出现的问题，有研究者指出："强制入学在保障适龄儿童受教育权的同时，却大幅剥夺了作为自然权利即父母教育权的权利范围；而学校教育也在快速普及义务教育的同时，忽视了作为受教育主体即适龄儿童的个性发展。"② 因此，研究者将"在家上学"的出现归因于义务教育制度的强制性及其弊端。目前对"在家上学"的研究，除了包括对以美国为代表的国外"家庭学校"的相关研究，提出对我国教育的建议等宏观研究外，还包括对"在家上学"的合法性、学生的社会化、教育效果、教育内容、资质课程等多方面的微观研究，其中"在家上学"的合法性和学生的社会化是研究的重点。

现行《中华人民共和国义务教育法》第一条明确义务教育制度的宗旨在于保障适龄儿童、少年的受教育权利，第五条规定了适龄儿童、少年的父母或者其他法定监护人在义务教育中的责任，第五十八条规定了适龄儿童、少年的父母或者其他法定监护人不履行义务的处罚办法。相对于适龄儿童、少年是受教育的权利主体，父母则是义务教育中的义务承担主体，这一义务就有履行上的法律强制性，义务履行的方式是积极作为，即父母要依法送适龄儿童、少年就近入学，接受国家统一实施的义务教育。事实上，近年来在司法实践中也出现了不少家长因不送子女到校接受义务教育的不积极作为而被诉讼的案例。

但如果从适龄儿童、少年受教育权利的实现情况来分析，"在家上学"并不同于辍学或失学，从某种意义上，适龄儿童、少年的受教育权并未受到侵犯。事实上，家长恰恰认为，通过"在家上学"这种方式，通过在家接受个别化教育这一特殊形式，可以让孩子得到更好的教育。在本书第三章中，我们在分析

---

① 王佳佳，刘涛，张丹. 美国"在家上学"运动与公立学校的应对 [J]. 外国中小学教育，2015（7）.
② 杜晓晴. 合理与违法之间："在家上学"的现实尴尬与未来进路 [J]. 中国人民大学教育学刊，2017（3）.

义务教育权利义务关系时，分析过一种针对学生权利义务关系的"有条件的权利义务复合论"，这种观点就考虑到了就近入学制度在义务教育实践中的特殊情况，"把受教育的权利理解为起点式及过程性的权利，把受教育的义务理解为结果式及目标性的义务"①。如果按照这种理论，让孩子"在家上学"的父母以积极作为履行其保障子女接受义务教育的义务，只要其教育的方式、方法与内容得当，能保证义务教育的结果及目标，就能保障学生的义务教育受教育权利。可见，从现实情况来分析，似乎也并无不妥。

确实如此，以我国为例，为子女选择"在家上学"的父母，其主观上的目的，主要是试图通过家庭教育等方式，寻求更适合适龄儿童、少年的教育方式，这些孩子只是不到学校接受义务教育而已。"在家上学"与早期学生的辍学现象完全不同。让孩子"在家上学"的父母并不是对教育认识不足或者因为经济上不能承受，而逃避对子女进行教育。在义务教育普及的初期，特别是在农村，家长由于家庭困难，或是迫于生计的需要，让孩子早早地辍学参加劳动或出去打工挣钱，国家要通过法律上强制入学的刚性要求，来保障儿童、少年的受教育权。现在，社会的主要矛盾发生了变化，在义务教育领域，义务教育的受教育权已经由"他赋"转向"自赋"，家长不是不让孩子接受教育，而是更加重视教育，更加重视更好的和更优质的教育。

如果从权利义务的法律关系来分析，由"要我上学"向"我要上学"的逻辑演变，恰恰符合上文论及的义务教育权利义务关系的演化规律，是对义务教育由重视学生的义务向更加重视学生的权利转化的一种实际表现。而且关于"在家上学"的正当性，也能得到相关理论和事实的支持。

一方面，就教育理论的层面而言，"在家上学"直接根源于父母教育权的自然属性。"儿童的教育不仅是国家的职能，也是父母的权利和神圣义务"②，从普遍意义上，虽然强制性义务教育有助于保障学生的受教育权，在法律上也具有充分的依据，但就理论而言，并不能排除家长对子女教育的选择权。事实上，就义务教育发展的全球视野来看，工业革命之前，对子女进行教育一直是父母的自然权利。

另一方面，就义务教育的实践来看，制度化的学校教育对学生个性化成长

---

① 申素平，陈梓健. 权利还是义务：义务教育阶段受教育权性质的再解读 [J].北京大学教育评论，2018（2）.

② 申素平. 父母、国家与儿童的教育 [J]. 比较教育研究，2009（3）.

的忽视，是适龄儿童、少年的父母选择"在家上学"的主要原因。让孩子"在家上学"的父母普遍认为，面对学生不同的个性，整齐划一的学校教育并不能满足其个性化成长的需求，"学生的差异性被忽略了，千人一面、千校一面成为学校义务教育的棘手问题"①。据21世纪教育研究院发布的《中国"在家上学"研究报告（2013）》②，其中给出的"在家上学"的原因，排在首位的就是"不认同学校的教育理念"，直指义务教育学校对学生个性的忽视。根据这一报告发布的数据，截至2013年，中国约有1.8万人密切关注"在家上学"。③可见，即使要付出高昂的成本，也并没有阻止家长选择"在家上学"的愿望。

然而，"在家上学"并不符合义务教育法的规定。有研究者根据现行《中华人民共和国义务教育法》的规定指出，"适龄儿童、少年接受义务教育的形式为'入学'，'学'可以是公立学校，也可以是民办学校，但不包括家庭"④，"在家上学"的行为与现行法律的"强制入学"规定相冲突，是一种典型的教育违法行为。在实践中也有类似行为被判决违法的案例，如上海的"孟母堂"诉讼案、北京的"王育诉侯波抚养权"案等。

法律虽然已有定论，但问题似乎仍然存在，那就是统一的制度化的义务教育与个性化的学生成长之间的关系如何平衡。目前，也有学者对"孟母堂"的办学属于违法办学的结论持不认同的意见。这些观点认为，"孟母堂"的出现说明了社会、家长对孩子个性化教育的需求，"孟母堂"案件是强制性、统一性的义务教育模式与个人或者家庭的自主性、个性化教育要求之间深刻矛盾的产物。"孟母堂"事件的核心问题，不仅是学生在什么地方接受教育的问题，更重要的是教育内容的多样化问题。也有研究者提出，现行法律中有关义务教育"入学"的规定缺乏明确概念解释，正是法律规定的模糊与解释的缺失导致"在家上学"陷于"非法"假象。有研究者甚至提出："如果我们从保护孩子的受教育权这一义务教育制度的宗旨的角度考虑，那么，'入学'也可以理解为'进入合理的学习过程'。即只要学校教育之外的教育方式能够满足孩子个性化发展的需要，并且所提供的教育能够达到国家对义务教育质量的要求，就同样应

---

① 杜晓晴. 合理与违法之间："在家上学"的现实尴尬与未来进路 [J]. 中国人民大学教育学刊，2017（3）.
② 杨东平，等. 中国在家上学研究报告（2013）[R].21世纪教育研究院.
③ 常生龙. 在家上学 难说坦途 [N]. 中国教育报，2013-08-30（3）.
④ 申素平. 在家教育的法理分析——从我国在家教育第一案说起 [J]. 中国教育学刊，2008（7）.

该作为符合《义务教育法》规定的教育形式。按照这样的理解，则'在家上学'并不违反法律关于'入学'的要求。"①

这样看来，在家上学的问题，其实并不是一个简单的入学问题，这一问题不仅与义务教育的基本制度设计有关，与对义务和权利关系的认识有关，也与义务教育育人功能的实效相关，在更大的范围内，则又与多数人的权利与少数人的权利息息相关。这一问题的解决，需要从理论和实践多重角度出发，从合法性入手，寻求一个综合性的解决方案，从而达成义务教育的合实效性目标。

二、"在家上学"的国外经验

"在家上学"在我国才刚刚起步，并在总体上被定义为不符合义务教育法的行为，但在世界范围内，"在家上学"已经是一个既成事实，据不完全统计，至少有34个国家和地区承认其合法性。②"在家上学"在国外已经成为接受义务教育的法定形式，对国外"在家上学"的状况进行分析，可以对我国"在家上学"现状的有效应对，以及由此进行的基于义务教育制度合法性的相关制度和政策的改革，提供一定的参考和借鉴。

根据对国外"在家上学"的既有研究成果来看，日本2006年颁布的《教育基本法》明确规定了家庭教育的自主权，同时，日本学界对家长拒绝送孩子到学校接受教育的条件达成的基本共识是："以思想、信教自由等宪法上的权利遭受侵害为理由；家庭教育的内容，能使孩子习得将来进入社会的最低限度的生活能力；国家定期检查家庭教育的实施状况。"③

在法国申请"在家上学"比较方便，但政府对"在家上学"的监管比较规范。就申请来说，家长每年开学前向政府提出请示单，接受形式审查后即可"在家上学"。但就其监管来说则比较严格，教育部门会派专业的督察上门。督察除了对学习环境进行监管外，更主要的是通过探视，考核学生"在家上学"的成果。法国教育部门如果认为学生"在家学习"达不到教学标准的要求，学生就必须重新回到学校上学。

---

① 何颖.义务教育阶段"在家上学"行为的法律分析 [J].中国教师，2011（23）.
② 林玲.在家上学权利的正当性与合法性分析 [J].当代教育科学，2016（3）.
③ 石家丽.近十年来义务教育阶段"在家上学"问题研究述评 [J].基础教育，2013（1）.

俄罗斯的家庭教育形式相当于"在家上学"，不过在俄罗斯，它属于接受正规教育的合法形式，与其性质类似的还有校外考生制。因此，俄罗斯的"在家上学"相对严格，与学校教育的连接也比较紧密，比如孩子虽然在家里接受"家庭教学"，但名义上也必须在普通教育学校注册。[①]此外，注册学校还应为"在家上学"的学生免费提供教科书、教学大纲，有偿提供教学法指导材料以及考试辅导。在俄罗斯，家长可以聘请老师或自己为孩子上课，但注册学校要对"在家上学"的学生掌握知识的情况进行日常性监控和考核，组织学生参加学校考试，学生如果不能通过考试，就必须再回校上课，根据具体情况，可以是随班学习，也可以留级。

目前，学界对美国"在家上学"的研究更加充分，不仅分析了"在家上学"从非法到合法的艰难历程，而且对"在家上学"的实际运作及可以借鉴的经验进行了系统的研究。与世界各国（地区）的情况一样，在普及义务教育之初，强制入学也是美国的基本入学制度，美国的父母也必须履行送适龄子女入学接受教育的义务。后来，因对义务教育学校出现的问题不满，部分父母开始在家里对子女实施教育。不过，由于"在家上学"不符合法律的规定，父母会因此面临重罚。直到1904年印第安纳州诉彼得森案，强制入学的"铁板"才开始在美国的一些州出现松动。在该案中，州法院强调，义务教育法的目的是保证所有儿童受教育权的实现，主要针对那些不管小孩教育的父母，同时也以儿童能接受教育为目的，而不是针对义务教育采用的方式。在该案之后，伊利诺伊州最高法院也强调儿童接受义务教育的地点可以不同。在另一起"在家上学"案中，新泽西州法院的判决再次强调：义务教育的目的是所有儿童接受教育，而不是以某种特定方式进行教育。[②]此后，在持续的社会诉求和舆论压力下，"在家上学"在美国成为可以主张的义务教育权利，到1993年全美50个州都实现了"在家上学"的合法化。

"在家上学"的合法化为美国"在家上学"的发展创造了前提，真正推动"在家上学"规范发展的，则是政府有针对性的规范和监管。除了有10个州父母可以无须向教育主管当局报告并自行决定子女是否在家教育，其余各州分别制定了由低到高的规制标准。其中有14个州的父母仅需要向教育主管当局

---

① 唐梦月. "叫停"或"支持"：我国在家上学的合理性问题研究 [D]. 哈尔滨：哈尔滨师范大学，2018：6.

② 彭虹斌. 美国儿童在家上学合法化演变历程与现状 [J]. 外国中小学教育，2009（1）.

报告即可；有 15 个州的父母在报告之外，还要递交子女的测验分数；另外 11 个州在报告和递交测验分数的基础上，还要使用经过审批的课本并且允许官员家访。① 如，美国宾夕法尼亚州对在学区登记、制订学习计划要求比较严格，② 密歇根州则对父母任教资格和报批程序非常重视。③

教育教学是专业性极强的工作，为了保证学生能够接受良好的义务教育，美国各州都制定了针对"在家上学"的规范措施和监督手段，尽管在父母施教资格、课程标准、水平测试等方面的具体内容上可能存在差异，但其初衷是相同的，那就是为父母履行好对子女的教育义务提供制度上的安排。国外的"在家上学"，可以为我国相关的制度设计提供参考和借鉴。

三、应对"在家上学"的可能性策略

随着经济社会的不断发展，面对高质量义务教育需求与教育质量不平衡不充分发展之间的新矛盾，针对义务教育教学改革的呼声也日渐增多。上述"在家上学"的需求及其在现实中的相关实践，可以看作是对义务教育教学改革呼声的一种特殊表现。如何正确认识"在家上学"这一现象，如何通过制度设计化解"在家上学"对就近入学等义务教育制度的冲击和影响，必须在对相关法律和理论问题进行明晰的基础上，寻求具有可能性的应对措施。

（一）　对"在家上学"是否是学生的权利进行界定

义务教育中的学生权利分为社会权和自由权两种。自由权又包括选择自由和学习自由。以选择自由为例，学生可以在公办学校和民办学校之间进行选择，目前这在法律和实践中是明确的。问题是，除此之外，家长和学生在什么范围和多大程度上拥有自主权，比如"在家上学"是否属于学生选择权的范围。是否可以"在家上学"的问题，可以转化为"是国家管这个孩子，还是家长管这个孩子"。就这一问题，国际上有一份《柏林宣言》，是"在家上学"支持者于 2012 年在柏林举行的第一届全球在家教育会议上签署的。《柏林宣言》首先强调教育及养育儿童是父母和家庭的一项自然权利，没有任何证据能表明在家教育会对儿童造成伤害或者增加造成伤害的风险，并基于这一前提通过了六条

---

① 杜晓晴 . 合理与违法之间："在家上学"的现实尴尬与未来进路 [J]. 中国人民大学教育学刊，2017（3）.

② 陈智勇 . 美国在家上学的新趋势 [J]. 上海教育，2015（32）.

③ 彭虹斌 . 美国儿童在家上学合法化演变历程与现状 [J]. 外国中小学教育，2009（1）.

宣言，主要内容包括尊重和支持教育自由、教育的多样性和教育的多元化，在这一理念下，提倡"在家教育"具有合法性并成为家庭和孩子的权利。

"在家上学"是具备一定历史条件在一定社会阶段产生的，目前"在家上学"还不被我国法律所允许。有研究者提出，从学生的受教育权来看，义务教育完全落实和教育资源足够丰富是义务教育受教育权自由选择的基础，但就我国目前义务教育的发展现状而言，赋予家长对子女义务教育的自由选择权还有些不切实际。但另一方面，也有研究者基于目前义务教育学生受教育权实现的状况，提出淡化受教育权的社会属性、强调受教育权的自由选择属性，恰恰是当前我国义务教育领域需要着力解决的问题，因此对"在家上学"予以支持。也有对"在家上学"的支持者提出，政府可以而且应当对教育进行指导，但是不能对全部的教育进行包办，目前需要对义务教育的教育教学体制进行改革，家长和学生尤其是学生的选择权应该得到尊重，义务教育教学的方式、内容可以多样化和灵活化。不过，笔者以为，"在家上学"是否能被允许，首先需要对学生在义务教育中的选择权达成理论共识，并需要在相关法律中予以明确，这是"在家上学"合法化的前提。

（二）对"在家上学"能否作为义务教育的形式进行明确

我们通过考察社会发展的历史就能发现，父母对儿童的教育权是先于国家的。无论从理论还是从实践来看，作为一项先在的权利，通过"在家上学"，是可以达成社会公益目标的。另外，从国外的经验来看，"在家上学"的合法化如上文述及已经成为事实。但在我国合理不合法的现实窘境对"在家上学"的探索造成了阻碍，也对保障父母及适龄儿童的教育权益造成了重要影响。义务教育是国家通过立法强制实施的教育，如果要承认"在家上学"可以作为义务教育的形式，就必须在细化义务教育学生选择权的基础上，进一步在法律中明确"在家上学"的法律地位，这就需要对现行的相关法律进行修改。义务教育中家长和学生的选择最终要在法律的框架内进行，合法律性是义务教育制度合法性的基础。

应当承认，"在家教育"的出现，是社会发展的产物，符合人的自由发展方向，有一定的市场和社会需求，因此不能对其视而不见。现在的首要任务是探索其存在的可行性，而不能简单地取缔、罚款了事。当然对"在家上学"合法性地位的确认，要在坚持当前义务教育现行总体框架的基础上进行。"通过国家的力量建立公共教育制度，向社会提供公共教育服务是社会现代化进程中的一个理性的选择"^①，所以选择"在家上学"的只是社会上的少数。即便是在上面提到的已经合法化的国家，"在家上学"也仅仅是小众形式，只能作为正规学校教育的一个补充。

（三）对"在家上学"的实践探索建立严格的监管机制

随着教育的不断多元化，未来的义务教育更需要家庭与学校的紧密结合。一方面，需要重视"在家上学"这样的新理念；另一方面，更要明确义务教育也不是将孩子交给学校后家庭就可以完全不管，义务教育不仅不能放松，反而需要不断加强。这就是说，"在家上学"只能是替代性的，在探索实践的过程中，政府应该享有许可权、监督权和撤销权，当然最重要的是必要的引导、监管和规范。承认"在家上学"的合法性，也并不是说一切"在家上学"都是合法的行为。政府应该明确对"在家上学"监管的原则、内容、标准和惩处措施，只有达到一定标准、符合一定条件和程序的"在家上学"行为才能具有合法性。实际上，就是在"在家上学"已经合法化的欧美国家，也不是所有家庭都符合条件从而可以选择孩子"在家上学"，能选择"在家上学"的孩子的父母也不能按照自己的意志随心所欲地施教。以美国为例，其"在家上学"的合法化，也经历了很长的探索时间。另外，欧美国家的政府不仅对"在家上学"进行严格的监管，同时为了保障"在家上学"的效果，政府还要配合以专业化的服务与帮助。因此，确立"在家上学"合法化的前提，是保障家长的选择权利与适龄儿童的受教育权利的统一，严格的准入、监督、服务、评价和退出机制是其根本。

建立一套严格的监管机制是"在家上学"合法化和可行性的前提，除此以外，要保证"在家上学"在现实中切实可行，还有一些重要的问题需要探索。比如"在家上学"孩子的社会化问题、有可能带来的思想政治教育的弱化问题，再比如学历衔接的问题等。这些问题解决不好，"在家上学"同样难以推行。当然，除了可以探索"在家上学"这种补充形式，义务教育制度本身也在不断完善，随着素质教育的进一步推进，一些省份已经加强了基础教育环节的改革。比如，明确学生在学校的学习时间和学习任务；学校给学生提供多样性的选修课程，而不是像以往都要上完全相同的课；学校鼓励学生研究与创新，鼓励他们发展批判性思维、参与社会实践；也鼓励学生在课堂上扮演更

---

① 劳凯声．中国教育的问题是公立学校的问题 [J]．教育研究，2010（2）．

积极的角色。[①]相信这些改革举措，可以不断满足学生自由全面发展和个性化成长的需求，不断提高义务教育的质量，从而不断增强公众对义务教育制度的内在认同。

第三节　课程改革的合实效性

育人是义务教育的终极目的，基于合目的性的义务教育公正，要求在义务教育中坚持"育人为本"、尊重个体差异，在反思义务教育实践价值取向的基础上，以学生的全面发展为目标，推行基于素质教育的适合儿童的教育教学。学校是教育的主阵地，课程是学校教育的核心，课程标准及其实施对义务教育的合实效性发挥着基础性的作用。下面就结合基础教育课程标准和课程目标，分析课程改革在义务教育中的合实效性问题。

一、以"双基"为本位的课程改革

课程改革是教育改革的重要环节，课程改革主要体现在课程标准上。课程目标致力于回答"培养什么人"和"怎样培养人"的问题，对课程标准具有统摄作用。课程、教科书的内容和教师的教学都围绕着课程目标，课程目标是课程标准的核心。新中国成立至今，经历了多次课程改革，课程目标也相应经历了改革调整，在这一过程中，以"双基"目标为本位的课程标准在教育改革中发挥了重要作用。

"双基"指"基础知识和基本技能"，"双基"目标是新中国成立后，在借鉴以往教育经验和学习效仿苏联模式下建立的课程目标。1952年3月，教育部颁发的《中学暂行规程（草案）》提出教育的目标之一是"让学生获得现代科学技术的基础知识和技能"[②]，可以被视为"双基"目标提出的标志。1953年，由于旧的教育模式和教科书已经不再适应"一五"计划对大规模建设人才的需求，在苏联的指导下，教育部制定了一整套新的教学大纲。此后，由于种种原因，"双基"目标遇到挫折，直到1978年十一届三中全会召开，中央全面"拨乱反正"，才重新开启"双基"本位的课程改革。

---

① 祝乃娟."私塾"不能替代义务教育 [N].21世纪经济报道，2017-02-24（4）.
②《中国教育年鉴》编辑部.中国教育年鉴（1949—1981）[M].北京：中国大百科全书出版社，1984：732–733.

改革开放初期，恢复教学秩序、重视学科知识、提高教学质量是基础教育"拨乱反正"的主要任务。1978年，教育部在参照"文化大革命"前17年基础教育规程、大纲等相关文件的基础上，修订颁布《全日制小学暂行工作条例（试行草案）》和《全日制中学暂行工作条例（试行草案）》，并按照条例对中小学的各科教学大纲进行了修订，启动基础教育课程改革。这时期的教学大纲突出反映了知识本位，教学大纲的核心问题是各科教学中应当教哪些内容、教到什么程度，因此，教学内容的组织主要围绕各学科的"双基"进行，并且对教学内容、知识点以及教学深度和难度都作了明确清晰的界定。此后，基于"双基"目标的教学大纲都一直秉承教学活动中的"刚性"和"技术"取向。在这样的取向下，教科书作为学科基本知识、基本技能的载体，是对教学大纲的权威解释；教师作为教科书的代言人，按照大纲的规范要求，围绕教科书的展开进行教学活动；学生作为接受知识的客体，其任务就是对教科书的理解、记忆和"掌握"。

从知识观来看，"双基"目标强调知识的客观性、普遍性和确定性，强调知识学习过程的接受性，秉承一种客观主义的知识观。这种知识观坚信知识就是力量，"人类的认识活动就在于发现存在于现象背后的普遍本质与必然规律，获取关于事物的确定性知识，建立起对世界解释与问题解决的公共标准。"[①]这种知识观强调求知是学校教和学的主要任务，强调教学过程的本质是理解和掌握知识的过程。从课程观来看，"双基"目标坚持学科中心，学校教育在将学科知识传递给年轻一代的同时，也在丰富和完善学科知识。"学科知识是课程的核心，学生自身特点、社会需要必须服从学科知识的价值性和权威性，这是一种以学科为主导的课程价值观。"[②]这种价值观将学科的基础知识和基本技能及其结构视为学科的主体内容。从教学观来看，"双基"目标基于知识是能力的基础以及知识就是真理的观点，秉承一种特殊认识论，坚持传承性和接受性是教学的主要特征，坚持学习应以理解、记忆和训练为主要方式，把准确性和绝对性作为检验教学效果的标准。

建立在"双基"目标上的课程标准和课程改革对于稳定教学秩序和提高教学质量一度发挥了重要作用，正因如此，我国学生在基础知识和基本技能的掌握上，也取得了优于其他国家学生的效果，尤其是在改革开放后的特定时期，

---

① 郝德永.课程的本质主义症结与"合法性"危机 [J].教育研究，2007（9）.
② 余文森.从"双基"到三维目标再到核心素养——改革开放 40 年我国课程教学改革的三个阶段 [J].课程·教材·教法，2019（9）.

推动全社会形成了尊重知识的风气，教育转向学科中心和学习中心，使课程教学回归正常轨道。

但是，这种建立在"双基"目标上的课程改革也逐渐暴露出其自身的缺陷。最主要的体现就是建立在客观主义知识观基础之上并由教师主导的"灌输式教学"。这种教学论将传授基础知识、基本技能和解题能力作为教学的主要任务，重视讲授和练习，由此形成了从大纲到教材再到课堂的特殊"双基"教学模式。这种以"双基"为目标的教学模式本身存在片面性，因为"双基"本身只是学科的载体，不是学科的核心，双基教学也不能体现学科的完整性，以"双基"为目标就造成了学科与学科教育的割裂。另外，"双基"教学论强化了以课本、课堂和教师为中心的教育传统，课堂教学以教师为中心，教学过程以课堂为中心，学生学习以书本知识为中心，坚持"书本没有的不教，书本以外的不学"，学习的内容以老师讲授的为准，严重窄化了教育应有的内涵，尤其是作为一种课程改革的价值导向，逐步背离了人的全面发展的要求。

以"双基"为目标的课程教学在我国历史上存在了很长的时间，这种教学模式高度重视教师的主导作用，造成了学生在学习中的被动地位，因此也饱受诟病。20世纪90年代末，"双基"本位的课程改革受到了更多的批判和质疑，并逐渐被三维目标课程改革所取代。

二、基于三维目标的课程改革

在"双基"本位的课程改革遭受批判和质疑的过程中，三维目标课程改革登场，其标志是教育部于2001年6月印发了《基础教育课程改革纲要（试行）》。该纲要中关于基础教育课程改革具体目标的第一条就是："改变课程过于注重知识传授的倾向，强调形成积极主动的学习态度，使获得基础知识与基本技能的过程同时成为学会学习和形成正确价值观的过程。"同年7月，教育部又颁布了义务教育各学科的课程标准（实验），明确课程标准的三维目标，即"应体现国家对不同阶段的学生在知识与技能、过程与方法、情感态度与价值观等方面的基本要求"。在"双基"的基础上，把过程与方法、情感态度与价值观分别作为课程标准的一维，体现了对学生学习能力培养的重视以及对学生情感、态度、价值观等人格发展的关注。随后，教育部依据各学科课程标准制定了多套实验教科书。

从知识观来看，与"双基"目标相比，三维目标课程标准更加强调知识的主观性、情境性和相对性，认为没有哪种知识是永恒不变的真理，强调学生的主动性对于知识的意义，学习不是学生简单、被动地接收信息，因此这种课程标准秉承的是建构主义的知识观和学习观。建构主义的知识观坚持个体对同一事实的不同理解，强调知识是非线性的和开放的，不要求唯一正确的答案。[①] 建构主义的学习观则强调，在知识的学习和生产过程中，个体的参与具有决定性的作用。从课程观来看，三维目标以经验和儿童活动取代了学科作为课程核心的地位，秉承了经验主义的课程观。这种课程观在改变学科本位的前提下，力求改变学科内容"繁、难、偏、旧"的现状，更加强调学科与生活的结合，更加凸显儿童的立场。从教学观来看，三维目标倡导"建构式教学"，尊重学生能动性，强调自主学习、合作学习和探究学习。[②] 在建构主义看来，"学科知识进入学生个体的经验，对学生个体的生活境遇和问题作出解释，学生从中获得人生成长的启示，学科知识才获得存在的意义"[③]。另外，合作学习、探究学习也是有效的知识建构过程，交往、互动和分享是合作学习的基本特性，将课堂教学变成学生的探究生活也是建构主义教学的精神旨趣。

课程改革从"双基"到三维目标，应该说是一种历史性的进步，是对社会关于自主思考和创新能力等更高学习能力要求的回应。钟启泉教授指出："任何学科的构成总是包含了知识、方法、价值这样三个层面的要素：其一，构成该学科的基础知识和基本概念的体系；其二，该学科的基础知识和基本概念体系背后的思考方式与行为方式；其三，该思考方式与行为方式背后的情感、态度和价值观。"[④] 因此，三维目标包含着学科内在的要素和价值，其对应的事实性、方法性和价值性知识，对学生提出了学会、会学、乐学的完整学习过程和学习能力的更高要求，是对素质教育和学生全面发展的回应。另外，从学习的逻辑来看，知识要通过方法才能被学会，方法要养成情态才能使外在的知识成为内在的动力，只有当知识内化成具有情感性的动机，普遍的、客观的知识才能叫作被个性化、主体化了，学习者的可持续学力才得以养成。[⑤] 正是三维目标的方法枢纽，使教学完成了由知识向通过知识来训练方法的转向，使学习完成了由

① 李海. 从现代走向后现代：知识论对课程理念的影响 [J]. 江苏高教，2004（3）.

② 余文森. 从"双基"到三维目标再到核心素养——改革开放40年我国课程教学改革的三个阶段 [J]. 课程·教材·教法，2019（9）.

③ 安桂清. 知识理解与教学创新——诠释学的视角 [J]. 全球教育展望，2006（8）.

④ 钟启泉. "三维目标"论 [J]. 教育研究，2011（9）.

⑤ 刘次林. 刍议三维目标 [J]. 教育发展研究，2013（Z2）.

掌握客体向塑造主体的转向。从这个意义上说，三维目标是对"双基"目标的超越，基于三维目标的课程改革是一种革命性的转变。

但并非所有人都认同三维目标在人才培养中的成效。三维目标导向的课程改革从提出到实践一直伴随着争议，包括著名的"钟王之争"。这些争议不仅存在于学科性与生活性、重过程与重结论、学生自主学习与教师讲授指导等几对基本的概念之上，甚至对于三维目标本身也存有质疑。有研究者提出，三维目标缺乏严密的理论支撑；有研究者对过程与方法能否作为目标提出疑问；更有研究者基于教学实践，提出三维目标的虚化问题，包括知识、技能的目标放弃了"双基"，过程、方法的目标出现了"游离"，情感、态度、价值观的目标出现了"贴标签"的现象。[①] 钟启泉教授等认为，三维目标在实际中存在问题的原因是"各地对基础教育课程改革的重视程度不一，对新课程理念的学习程度和接受程度不一"[②]。崔允漷教授也指出，新课程改革"先进的理念与残酷的现实之间的'两张皮'现象不是存在，而是十分严重"[③]。这都说明三维目标的课程改革在实践中遇到了问题，至少改革的目标和成效没能顺利达到预期。

无论从目标达成度、结果有效度，还是从公众满意度来看，三维目标新课程改革的合实效性，都是值得认真审视的，有些问题还是值得分析的，比如：为什么一线的教师在课程改革中会对三维目标有那么多的误读，等等。从源头上来讲，制度的可执行性本身就是制度的合法性首先应该考虑的因素。但无论如何，作为对 20 世纪教学实践的总结与继承，三维目标新课程改革毕竟是一种制度上的创新与发展，加上十年的基础教育改革实践，对后续的课程改革还是有诸多积极的借鉴意义的。

三、通向核心素养的课程改革

2014 年，《教育部关于全面深化课程改革落实立德树人根本任务的意见》（教基二〔2014〕4 号）印发，其中首次提出"核心素养"概念，并成为修订课程标准的重要依据。2016 年 9 月，中国学生发展核心素养总体框架正式发布。核心素养以培养"全面发展的人"为核心，分为文化基础、自主发展、社会参与三个方面，人文底蕴、科学精神、学会学习、健康生活、责任担当、实践创

---

① 王策三 . 关于课程改革"方向"的争议 [J]. 教育学报，2006（2）.
② 钟启泉，有宝华 .《认真对待"轻视知识"的教育思潮》读后感 [J]. 教育发展研究，2004（10）.
③ 崔允漷 . 基于课程标准：让教学"回家"[J]. 基础教育课程，2011（12）.

新等六大素养，并具体细化为十八个基本要点。2018 年之后，以学科核心素养为依据的课程标准陆续颁布，引导和促进了学习方式和育人模式发生根本转型，课程改革进入核心素养时代。

根据《教育部关于全面深化课程改革落实立德树人根本任务的意见》，核心素养是"学生应具备的适应终身发展和社会发展需要的必备品格和关键能力"，学科核心素养是指各学科对人的必备品格和关键能力形成的独特作用和功能。学科核心素养突破学科本身，把课程和教学引向核心素养，有助于落实立德树人根本任务。目前，核心素养是国际课程改革的主要方向，许多国家、地区和国际组织都以核心素养为基础制定课程标准，以更加凸显人的全面发展的标准。研制学生发展核心素养体系来调整和修正课程标准，是为了破解"重智轻德""唯成绩论"等问题，也是为了适应基础教育内涵发展与现代化建设的时代要求，解决学生社会责任感与创新实践能力薄弱等问题，迈向核心素养的课程标准是当前课程改革的一个趋势。基于核心素养的课程标准继承了素质教育，又引领和深化了素质教育，是培育全面发展的人的一种新的形式。

从知识观来看，核心素养倡导"意义的知识观"，强调知识对于人的意义。[1]这种知识观关注学科知识作为"批判性思维"的产物和在特定情境中"解决问题"的结果，[2]关注知识对充实个体生活的意义。"认识是指向人本身的，即使是关于客观世界的知识，也在最终目的上指向人的精神世界的形成和改造……"[3]从课程观来看，核心素养强调课程的育人价值，与知识观对人的意义的关注一脉相承。离开了人的全面发展，知识和学科也就失去了价值。因此，这种课程观强调要更加深入到学科的内核，挖掘学科的独特育人价值，以培养学生的核心素养为中心，关注每一个学生个性发展的独特性。从教学观来看，核心素养同样要求知识教学服从学生的素养形成和服务于学生的全面发展，强调知识是教学的工具和载体。同时，这种教学观强调学生学习知识要从自己的生活、经验出发，强调师生共同探究、发明和创造。

---

① 余文森．从"双基"到三维目标再到核心素养——改革开放 40 年我国课程教学改革的三个阶段 [J]．课程·教材·教法，2019（9）．

② 张华．核心素养与我国基础教育课程改革"再出发" [J]．华东师范大学学报（教育科学版），2016（1）．

③ 孙彩平，蒋海晖．知识的道德意义——兼论学科教学中道德意义的挖掘 [J]．中小学德育，2012（10）．

从"双基"目标到三维目标再到核心素养，反映了使教育真正回归到人自身的过程，体现了改革思想和方向的不断进步。核心素养是素质教育新的着力点和新的发展阶段。基于三维目标的课程改革存在的时间并不长。有研究者提出，现在推行的以核心素养为目标的课程标准是世界课程改革的共同追求，也是我们在教育中直面现实，与国际接轨的需要。当然，我们也可以说基于核心素养的课程改革是对基于三维目标的课程改革的超越，并不是完全的摒弃。理论上可以如此，但就义务教育的实践而言，对于课程标准、培养目标这类关键性、基础性的制度问题，我们应该反思：在对这类问题进行制度设计时，是不是很好地坚持了科学性与前瞻性的有效统一？其实，前瞻性本身就是科学性的一个重要方面。

我们并不是说教育制度要停滞不前，只是在此强调，任何制度的设计，其实施的结果要完全达到设计时的初衷，都不是一件简单的事情。有研究者提出，"双基"目标的课程标准催生了"应试教育"，"使得我们的课堂异化、学校异化、人格异化"，[①] 三维目标的课程标准坚持素质教育，是针对"应试教育"的根本性变革。当然，也有研究者并不将"应试教育"与素质教育作为相互对立的两个概念，也有研究者提出基于"双基"目标的课程标准并不必然导向"应试教育"。对于这些问题，在此不予争论。但有一个现实问题，素质教育推行多年来，义务教育中重考试、重分数、重选拔的现象直到目前都没有完全消除，从某种意义上来说甚至是愈演愈烈，这应该是与义务教育的大众化教育性质不相符合的，也是我们不得不进行反思的。

以现实中的"影子教育"[②]为例，近年来"影子教育"在我国发展迅猛。据中国教育学会发布的调查显示，2016年全国中小学辅导机构的市场规模超过8 000亿元，上课外辅导的学生达1.37亿人，辅导机构教师规模达700万~800万人，培训机构达20多万家。[③]为什么会出现规模如此庞大的"影子教育"，当然原因是多方面的，但对"应试教育"的推崇是其主要的原因，这是不能否认的。"影子教育"不属于义务教育制度，但与义务教育制度具有直接的联系：一方面，它与义务教育如影随形；另一方面，不管"影子教育"与义务教育是"补充"

---

① 钟启泉. 中国课程改革：挑战与反思 [J]. 比较教育研究，2005（12）.

② "影子教育"主要针对数学、语言以及其他通过考试进行测评的学术性科目，其他美术、音乐等趣味性的科目不在此列。

③ 仰丙灿. 影子教育治理的国际经验与启示 [J]. 比较教育研究，2018（8）.

关系还是"替代"关系，都反映着公众对义务教育的态度，都在一定层面上反映着公众对义务教育制度合实效性的认同程度。通过"影子教育"，我们也能对义务教育的质量、水平和公正性等有一定的判断。关于"影子教育"对义务教育的积极影响或消极影响，目前并没有科学的调研统计数据，但仅就直观感受来说，其消极影响相比积极影响更为严重而且更加直接。最主要的表现就是，"影子教育"中超前教育的形式和应试训练的方法，直接影响了素质教育的推进，不仅对学生的身心造成极大伤害，而且加重了整个社会的焦虑程度。如何对"影子教育"加强治理，引领"影子教育"的发展方向，是目前需要考虑的一个问题。但如何通过对"影子教育"的研究反思，推进义务教育的改革发展则更加重要。

以核心素养为目标的课程改革已经成为不可逆转的趋势，一方面，我们寄希望于新一轮课程改革不仅符合国际潮流，更希望基于核心素养的课程标准符合教育发展规律，符合人的全面发展的要求；另一方面，我们希望新一轮课程改革能真正落到实处，切实发挥作用，实现其预期的制度设计目标。这可能还有很长的路要走！

小结

本章的主题是从实践维度对义务教育制度进行合法性理论阐释，目标是运用合法性逻辑体系，特别是实践实效的标准，对义务教育制度进行合实效性考察。本章共分三节，分别为就近入学的合实效性、"在家上学"对就近入学的影响、课程改革的合实效性。本章的研究思路如下：

义务教育制度的合实效性是指义务教育制度在实施过程中被人们认可、执行和遵守的实际状况和实际效果。合实效性既强调义务教育制度结果意义上的效果，也强调社会大众对义务教育制度的内心认同，这种认同既与社会大众对义务教育制度的价值共识相关，也和制度的程序公正相关。本章侧重从实践维度、基于实践实效，按照目标达成度、结果有效度、公众满意度三个方面对义务教育制度进行合实效性考察，其中也兼及了合法律性与合目的性问题。

公正是教育制度的首要价值，教育公正包括起点公正、过程公正和结果公正。就近入学是义务教育的基本制度，关涉起点公正；"在家上学"是现实中的具体教育问题，对就近入学制度有重要影响，因此也事关起点公正；而课程改革则关涉义务教育的过程公正和结果公正。本章选择就近入学、"在家上学"和课程改革三个实例进行分析，就是充分考虑了义务教育制度的起点、过程和结果公正。

首先，本章考察了就近入学制度的合实效性，通过对就近入学制度的权利义务关系进行辨析，对农村的撤点并校、城市中的择校入学进行分析，提出就近入学制度的异化、撤点并校中的公众话语权缺失以及择校入学对就近入学的冲击等影响就近入学制度合实效性的问题，并提出了基于合实效性的农村义务教育就近入学的策略和城市就近入学与择校入学的平衡进路。

接着，本章研究了"在家上学"对就近入学制度的影响，既分析了"在家上学"的现实需求，也分析了"在家上学"面临的法治困境，并根据"在家上学"的国外经验，提出了应对"在家上学"的可能策略，以期对就近入学制度的合实效性产生积极的影响。

最后，本章考察了课程改革的合实效性。通过对"双基"为本位的课程改革和基于三维目标的课程改革的分析，提出这两轮课程改革的自身缺陷和实践中遇到的难题，表明课程改革并没能顺利达到预期的目标和成效，并寄希望于通向核心素养的课程改革能真正落到实处，切实取得成效。

第六章

基于合法性建构的现代义务教育

合法性是一个现代现象，只有在现代性的话语中，合法性才成为一个问题。因为在前现代社会，政治和制度的证成是通过宗教和道德来完成的。本书建构的合法性理论逻辑，虽然是从义务教育制度的认同危机入手，但实际上是对义务教育制度在现代社会中的合法性的整体证成。现代化是正在进行中的世界性历史进程，"是人类社会自工业革命以来经历的一场涉及社会生活主要领域的深刻变革过程"。①正是从传统社会向现代社会的转变过程中，义务教育才作为一种新的教育形式出现的。党的十九大报告指出："建设教育强国是中华民族伟大复兴的基础工程，必须把教育事业放在优先位置，深化教育改革，加快教育现代化，办好人民满意的教育。"②"教育现代化，是一个国家、民族或地区的教育在适应现代化社会发展要求的过程中，不断调整传统上延续下来的教育思想观念、教育制度规范、教育内容和方法以及教育行为等，逐渐形成新的教育形态及其现代性特征的过程，这是一个渐变的乃至潜移默化的'化'的过程。"③自从现代社会产生义务教育以来，经过了不断的发展变化，义务教育制度的发展就是一个不断获得合法性的过程。义务教育现代化是当代中国教育的不懈追求，本书构建的义务教育制度合法性理论逻辑为分析义务教育制度提供了整合性的分析框架。义务教育实践不会完全遵循义务教育的理论逻辑，但是义务教育的理论逻辑可以为义务教育的实践提供价值上的引领。根据前文关于义务教育制度合法性的分析，笔者以为，基于合法性建构的现代义务教育是公平而有质量的义务教育，按照合法性的理论逻辑，这种义务教育应该内蕴公正的价值，追求优质均衡的高质量标准，并致力于可持续发展的教育生态建设。

---

① 公丕祥.法制现代化的理论逻辑 [M].北京：中国政法大学出版社，1999：11-13.

② 习近平.决胜全面建成小康社会　夺取新时代中国特色社会主义伟大胜利——在中国共产党第十九次全国代表大会上的报告 [R].2017-10-18.

③ 杨小微.迈向 2035：中国教育现代化的目标定位 [J].华中师范大学学报（人文社会科学版），2019（5）.

第一节　彰显公正价值的义务教育

"教育要面向现代化，面向世界，面向未来"，这一理念由邓小平于1983年提出。1985年，《中共中央关于教育体制改革的决定》通过，其内容成为中国教育的指导思想，此后，教育现代化通过《中国教育改革和发展纲要》《国家中长期教育改革和发展规划纲要（2010—2020年）》得到不断推进。中共十九大把"加快教育现代化"作为教育的首要战略目标。2019年，中共中央、国务院印发《中国教育现代化2035》，提出了教育现代化的一系列重要举措。教育现代化是一个系统工程，是中国教育的未来发展方向，具有丰富的内涵，但从总体上来看，先进的理念是教育现代化的根本。《中国教育现代化2035》提出教育现代化的八大基本理念，结合本书关于义务教育制度的合法性分析，本书提出现代义务教育首先是彰显公正价值的义务教育。教育公正是义务教育制度合法性的价值追求。公正的义务教育需要更加注重义务教育的价值理性，实现由注重工具理性向注重价值理性转向；需要更加注重学生义务教育受教育权的保障，在关注学生社会权的同时，更加关注学生自由权的保障；需要更加公平地配置资源，实现差异化的资源优质均衡。

一、高扬义务教育的价值理性

在义务教育制度的合法性理论逻辑中，合目的性是价值维度，体现着对义务教育制度价值理性的追求。价值理性是与工具理性相对的概念。工具理性就是在实现目标的过程中选择最便捷和最有效率方法的能力，其突出特点是效率优先。价值理性是包含理想、信念在内的应然设定的自觉意识，其特点是在实现目标的过程中注重对绝对价值和意义的关注。成功的实践活动要求工具理性和价值理性相统一，教育实践也是如此。不过从当代中国义务教育的实践来看，一直存在着工具理性优先的问题，同时对价值理性的重视不够。

新中国成立以后，在一穷二白的现实情况下，为了满足经济和社会发展对人才的迫切需求，当时在教育发展的过程中选择了凸显工具价值的取向，并从此造成了工具理性的泛滥。虽然教育现实中存在着事实上的普及和提高、公平和效率的冲突，但注重效率的导向非常明确，并逐渐形成了精英主义的教育模式。坚持工具理性优先、注重效率的精英教育模式在义务教育中也有体现，最突出的特征就是义务教育阶段的"重点校"政策以及城乡二元的义务教育供给模式。

改革开放以后，"效率优先，兼顾公平"的经济学原则继续在教育领域得到集中体现，前文专门论述的农村撤点并校，就是义务教育的价值理性让位于工具理性的实践典型。

随着经济社会的发展和进步，价值理性也在逐步得到重视，特别是义务教育实现全面普及之后，其本体价值得到不断张扬，在公平与效率的问题上，现在也更加注重公平价值。但由于长期的积累和惯性使然，在义务教育中价值理性和工具理性仍然没有达成科学的统一，义务教育的区域差距、城乡差距、校际差距、群体之间的差距仍然没有能够得到根本性的解决。因此，真正实现由工具理性优先转向兼顾工具理性与价值理性，并全面凸显价值理性，是下一阶段义务教育制度完善和义务教育改革的重点。

公正是制度的首要价值。根据义务教育的合法性理论逻辑，义务教育的制度公正作为"合目的性"的教育公正，既是一种复合性的公正，不仅关涉制度本身的公正性，也关涉教育资源的分配，还关涉教育自身的价值；也是一种保持教育自身独立性的教育公正，既强调教育的社会公正或外部公正，也坚持教育自身或教育内部的公正性；还是一种强调教育自身目的性的教育公正，既追求全体学生的全面发展，还注重促进学生个性的不断完善。因此，基于合法性的义务教育，将更加注重教育的本体功能，实现由强调教育的政治功能、经济功能，向强调教育的本体功能转变，这是尊重教育规律的必然选择；将舍弃精英主义人才培养理念，转向为每一个学生的发展服务，并从起点平等走向过程均衡，由机会均等转向资源均等，促进义务教育的优质均衡；将以学生的全面发展和个性完善为目标，真正为学生的身心发展服务，使每个学生的潜能都得到充分自由的发展。

由工具理性转向价值理性是义务教育现代化的应然追求。根据教育现代化的内涵，教育思想观念的现代化是义务教育现代化的前提和基础，这个前提和基础就是基于合目的性的义务教育公正，就是以满足学生的全面发展为目标，将义务教育由"效率优先的重点发展"转向"公平导向的均衡发展"的改革之路，并最终实现义务教育的现代化。

《中国教育现代化2035》总结了我国在教育实践中积累的经验与智慧，也吸收借鉴了国际上的先进教育理念，在回答教育现代化的概念和内涵基础上，明确了我国的教育现代化建设的目标和任务，尤其是其中的八个基本理念，为新时代的教育改革提供了基本的遵循。按照义务教育制度合法性的要求，结合义务教育的目标和性质，将八个基本理念转化为教育实践，实现义务教育的现代化，需要着重对三个理念予以进一步的明晰和强化。

（一）更加注重面向人人

现代化的核心是人的现代化，现代化的实现有赖于每个个体的现代化。义务教育属于基础教育，是由国家统一实施并承担主要保障责任的最低限度的教育，在人的现代化的过程中发挥着基础性的作用。教育现代化的目标和义务教育的普及性、强制性、保障性等性质，决定了相对其他阶段的教育，义务教育更需要面向人人。为每一个人提供接受义务教育的机会和条件，这不仅是中国义务教育的追求，也符合国际"面向全民的全纳教育"的总体趋势。中国的义务教育已经进入后均衡发展阶段，新时代对义务教育的要求，一方面，要在更大的范围内解决"有学上"的问题，即通过脱贫攻坚加大义务教育控辍保学力度，为每一个孩子提供达到底线要求的义务教育；另一方面，还要在更高水平上解决"上好学"问题，努力让教育改革发展的成果更公平地惠及每一个学生。坚持大众教育模式，面向人人，这是义务教育价值理性的基本要求。

（二）更加注重全面发展

回归育人是义务教育制度公正的根本要求，人的全面发展，是公正教育的终极目标，也是现代教育的共同追求。义务教育坚持"育人为本"，必须把促进学生的全面发展作为其出发点和检验义务教育成效的唯一标准。全面发展是指人的完整的发展，即通常所说的，使受教育者在德智体美劳等各方面都获得发展。人的全面发展是马克思主义的基本原理之一，"五育"并举的"德智体美劳全面发展"，作为人的全面发展理论的重要发展，不仅符合马克思主义的基本原理，也符合人的现代化的基本要求。义务教育的使命，是为人的一生发展奠定基础，在义务教育中坚持全面发展更加具有现实意义。注重全面发展，要求在构建德智体美劳全面培养的教育体系基础上，全面实施素质教育，现阶段的改革发展重点，是超越狭隘的分数主义，追求基于公民核心素养的全面发展，提升学生的意志品质，提高学生的创新能力，健全学生的独立人格，努力提高学生身心健康发展的水平。

（三）更加注重以德为先

德是个人立身社会的根基，德才兼备是理想的育人标准。在德智体美劳全面发展的教育培养体系中，"五育"要以德为先，坚持立德树人，全面发展是建立在以德为先基础之上的全面发展。以德为先是育人目标的价值取向问题。

义务教育育人的质量和成效，首先就取决于对育人价值取向的选择。育人价值取向的选择，又直接决定了义务教育制度合目的性的实现程度。在义务教育中注重以德为先，就是要大力开展理想信念、社会主义核心价值观、中华优秀传统文化、生态文明和心理健康教育，大力加强爱国主义、集体主义、社会主义教育，着力突出政治启蒙和价值观塑造，这事关培养有理想信念的时代新人的基本要求，事关培养什么人、怎样培养人、为谁培养人的根本问题，这是现代义务教育的根本问题。

二、迈向义务教育的权利本位

当代受教育权是一项基本人权，并作为一种宪法权利得到世界各国普遍承认，是其他一切人权的基础。尽管我国宪法将义务教育同时规定为学生的权利和义务，但义务教育与人自身的发展相比，始终是工具与目的的关系，从义务教育和权利理论的发展趋势来看，在权利义务的法律关系上，最终将导向权利本位的义务教育观,基于合法性的现代义务教育必须坚持权利本位。

前文已经述及，坚持义务教育的权利本位，基于三个方面的考虑，首先目前义务教育制度运行和教育实践中存在的主要问题，其解决的办法都指向对公民教育权的高度重视和充分保障；其次，受教育权兼有社会权和自由权的性质，目前社会权得到了充分保障，但自由权的实现在理论和实践中还有不少空间；最后权利本位是法治国家的重要特征,在权利和义务之间,权利是起主导作用的,坚持权利本位是推进教育法治的必然选择。在新的历史时期，在经济社会发展的新阶段，现代义务教育应该由注重学生的义务向注重学生的权利转变，应该由追求平等向注重自由转变，应该由注重教育的宏观公正向注重教育的微观公正转变，这也是新时期义务教育公正的宗旨。

受教育权特别是义务教育中学生的受教育权，其义务主体主要是国家，并由政府承担尊重义务、保障义务以及实现义务。按照权利本位的义务教育观，实现义务教育的现代化，必须由政府提供充足的可供选择的教育。在义务教育的普及阶段，为了保障学生平等的受教育权，政府可能将重点放到义务教育的基本保障上面，放到整齐划一的学校建设和资源配置上面，这是无可厚非的。当然这一目标也经历了漫长的实现过程，并将仍会持续一个很长的阶段。但在义务教育得到全面普及，并且进入到素质教育和内涵式发展阶段以后，就学机会已经不是主要问题，从根本上说，义务教育已经开始由社会权的保障向自由权的实现过渡，义务教育制度的改革完善，必须有效应对社会中出现的一些新的问题，诸如前文多次提及的禁而不止的择校问题以及近年来出现的义务教育阶段"在家上学"的现象。"在家上学"可能是1986年制定《中华人民共和国义务教育法》时未曾考虑的问题，虽然其合法性存在争议，但就义务教育的未来发展来看，可能需要在立法上予以充分重视，前文笔者也就相关问题提出了可能的对策建议。择校问题也是如此，从法理上分析，从学生受教育权的充分实现的视角来看，择校在根本上并不是法律精神所禁止的，从某种意义上说，择校甚至是完善就近入学制度的一个可供选择的策略。

现实问题是，我们在普及义务教育的过程中，已经形成了对义务教育的既有认识，已经推进了一些既有的做法。这些认识和做法，就是对义务教育社会权的强调和对自由权的忽视，而且这些认识和做法具有持续有力的惯性。事实上，由于长期以来对学生社会权的重视以及对自由权的忽视，也造成了对学校办学自主权的严重限制，"学校创建、教师聘任、课程设置、学习时间乃至教材的选用、教师备课等，事无巨细都受行政的牵制"[1]。给学生提供可供选择的教育，必须突破既有的学校管理体制，改变传统的同质性规模化的办学思路，在彻底改变政府对学校管理模式的基础上，通过学校充分行使办学自主权，通过自主发展，办出自己的特色，建成更多家门口的优质学校，只有这样，学生的选择权才有实现的保障。再回到择校问题上，无论是目前的划片招生，还是"摇号"，都会使家长和学生丧失教育的自由选择权，都是表面的公平，不仅如此，使实际上具有不同个性的学生在教育实践中得到无差异的、完全一样的教育，客观上来说也是不公平的，只有提供充足和多样性的可供选择的教育，增加家长和学生的择校权，才能真正实现学生义务教育自由权的保障。

中国已经进入全面推进依法治国的新阶段，义务教育制度的改革完善必须在法治的框架内进行。尤其是针对受教育权的自由权问题，要准确把握法律的精神实质，进一步明确权利义务法律关系的内涵。对政府而言，法无授权即不可为，而对民众来说，法无禁止即可为，这是现代法治的基本精神。义务教育的现代化是面向人人的现代化，是以普及化、公平化、终身化作为战略任务的现代化，推进义务教育的现代化，要基于现代法治的自由权保障立场，不断完善义务教育制度的法律体系，继续深化义务教育制度改革，一方面要求教育改

---

① 冯建军，刘霞."适合的教育"：内涵、困境与路径选择 [J]. 南京社会科学，2017（11）.

革克服"消极"的依法治教，另一方面要积极推进教育制度政策的法律化，不断提高教育立法质量，使立法的价值内涵和价值取向充分指向学生自由选择权利的保障，无疑，这将是一个长期的建设过程。

三、实行差异化的资源优质均衡

义务教育法律关系是行政法律关系，在义务教育中，学生的权利需要通过政府义务的履行来实现。政府是义务教育的完全责任人，在义务教育中，政府要通过合理资源配置，为每一个学生提供大致相当的教育机会和教育条件，使每一个学生都能达到大致相当的教育结果。在资源配置的问题上，公平与效率始终是一对基本矛盾。义务教育中公平与效率的选择，必须基于一个基本的限度，就是在价值选择过程中，必须坚持以公正作为基本前提和首要标准。

义务教育的资源配置坚持以公正为前提和标准，根源于学生在义务教育中的平等。因为义务教育的平等是完全平等和实质平等，因此不仅要求公民受教育的权利和机会平等，而且要求义务教育的结果平等。由于现实中的个体之间存在很多先天的自然差异，以及社会环境、家庭影响等诸多后天的不平等因素，要实现义务教育的完全平等和实质平等，就需要在义务教育过程中坚持对不同的个体进行差别化对待，并对义务教育资源进行差异化地配置，尤其是针对处于不利地位的个体，要减少社会偶然因素和自然天赋对他们的不利影响。

中国的义务教育已经进入后均衡时代，根据《2019中国基础教育年度报告》的数据，目前全国99.8%的城乡学校办学条件达到了底线要求，[①]这表明义务教育资源配置的均衡性已经达到了非常好的水平，但是地区、城乡和校际的差距仍然存在，义务教育中还有贫困家庭、失业或下岗职工的子女、进城务工人员的子女等弱势群体，而且在中西部欠发达地区的国家级贫困县仍然有义务教育阶段辍学的学生。在绝大多数学生转向"上好学"的问题时，如何解决好小部分的"有学上"问题，更事关教育公正。

在后均衡时代，按照教育公正的要求，均衡配置资源的内涵应该更加强调差异化的优质均衡。所谓差异化的优质均衡是指底线均衡、高位均衡和全面均衡，是一种更高质量的均衡，即在既有的均衡基础上，更加强调补短板，更加强调

---

① 中国教育报刊社人民教育编辑部，中国教育报刊社·中教传媒智库. 2019中国基础教育年度报告 [J]. 人民教育，2020（2）.

对特殊群体和独立个体的关注，从而提高整体均衡的水平。义务教育资源配置的底线均衡、高位均衡和全面均衡，与教育现代化共建共享的要求不谋而合。作为最大的民生工程，在教育领域尤其是义务教育中坚持共享发展理念，是社会公平的内在要求。义务教育资源配置的底线均衡、高位均衡和全面均衡是共建共享的主要手段，只有通过底线均衡、高位均衡和全面均衡共享发展成果，才能真正实现义务教育的公正。

推进义务教育现代化，强化资源配置的优质均衡，目前最重要的是着力破解义务教育"城镇挤、农村弱"的难题，全面推进城乡义务教育一体化建设，这是兜牢民生底线的重要保障。义务教育前期的均衡发展要转向城乡一体化建设，同时也为城乡一体化建设创造了基础条件。为改革义务教育城乡二元结构，国家从2005年起深化农村义务教育经费保障机制改革，将农村义务教育纳入政府财政保障的范围，2008年秋学期全国城乡全面实行"两免一补"政策，2015年建立了城乡统一、重在农村的义务教育经费保障机制，2016年出台统筹推进县域内城乡义务教育一体化改革发展的文件，这些都对城乡义务教育一体化改革发展产生了重要的推动作用。根据研究者关于义务教育成本的最新研究，为达到相同的教育质量标准，农村学校的成本指标要高于城镇学校，在达到相同的教育质量标准之下，农村学校需要花费的生均成本或支出更多。[①] 基于这样的情况，在推进城乡义务教育一体化建设的过程中，针对农村学校和城镇学校进行资源配置时，不应简单地一视同仁，而是要采取差异化的政策，对农村学校特别是小规模的农村学校提高拨款标准，给予高于城镇学校的生均拨款水平。在农村义务教育的经费保障上，中央和省级政府的支出责任要进一步强化。除了经费，缩小城乡师资差距也是优质均衡的重要目标。乡村学校教师职业发展受阻是师资不均衡的重要原因，强化资源的优质均衡，应大力实施针对农村落后偏远地区和边疆民族等地区的倾斜性师资配置政策，针对农村师资现状推行补短板、补差距的差异化政策，仍然是当前工作的重点，也是底线均衡、高位均衡和全面均衡的基本要求。义务教育对于阻断贫困代际传递具有基础性作用，国家实施乡村振兴战略、脱贫攻坚行动都对加快推进城乡义务教育一体化提出了新要求，义务教育城乡一体化发展，仍然任重道远。

---

① 李祥云，周云.实现公平而有质量的义务教育的最低成本测算——以 H 省 B 县小学为例 [J].教育经济评论，2020（1）.

义务教育资源配置的优质均衡，除了面上的城乡义务教育一体化建设，还要着重针对困难地区、困难群体，着重面向每一个个体。要向边远、贫困和民族地区倾斜，促进各地办学条件全面达到国家基本标准，完善教育资助体系，推进教育精准扶贫，全面覆盖所有困难群体和困难个体。进城务工人员子女数量巨大，有序扩大城镇学位供给，推进随迁子女入学待遇同城化也是义务教育资源配置优质均衡的迫切需求。根据一项针对进城务工人员子女义务教育财政公平的研究，目前我国约有八成进城务工人员子女可以进入公办学校或者享受政府购买的民办学校学位服务，但仍有两成在接受义务教育的过程中没有得到政府"妥善安置"，并且这两成适龄儿童主要聚集在东部发达城市。[①]与所在城市其他适龄儿童相比，他们所享受的教育财政拨款和所接受的义务教育差异很大，因此针对进城务工人员子女义务教育资源配置的倾斜性支持政策，要结合其流动性特征，将关注的重点聚焦到无法进入公办学校或无法享受政府购买服务的进城务工人员子女上，东部地区的发达城市是施政的重点，中央和省级政府要成为承担此项"兜底性"教育补偿责任的主要主体，只有这样才能实现义务教育资源配置的精准"赋平"，实现义务教育的优质均衡。

公正的义务教育，面向学生全体，追求基本公共教育服务的均等化，致力于办好每一所学校，教好每一个学生，不仅不能使每一个学生掉队，还要使每一个学生都能接受公平的、大致相当的义务教育，并能在达到国家规定学业质量标准的基础上，追求更高质量的教育，这是义务教育现代化对义务教育资源配置优质均衡的新要求。

第二节 追求高质量发展的义务教育

育人是义务教育的终极目的。作为基础教育的义务教育，其宗旨是面向全体学生，提供个人发展必需的最低限度的教育，为学生终身学习和参与社会生活打下良好基础，并通过个人的发展促进社会进步。义务教育着眼于整个中华民族的素质，强调基本素质的培养，高质量的义务教育就是立足教育的独立价值和育人功能，符合教育规律和学生身心发展特点，促进德智体美劳协调发展

---

① 周丽萍，庾紫林，吴开俊.新生代农民工随迁子女义务教育财政公平探究——基于中国教育追踪调查和实地调研 [J].教育发展研究，2019（20）.

的素质教育。针对义务教育现实中大量出现的失范现象，推进义务教育现代化，首先需要树立科学的高质量标准，明晰义务教育现代化对高质量的要求；其次需要不断深化教育教学改革，培养学生个性化的全面发展；最后需要深化教师制度改革，建设专业化高素质的师资队伍，推进高水平创新性的教育教学。

一、义务教育高质量的标准和要求

制度化的学校教育分为不同的阶段，尽管教育的根本性目的和功能相同，但不同阶段的教育仍然存在着具体的培养目标、教育性质和教育功能的差异。高质量的义务教育就是要在明确教育根本目的和功能的基础上，更加突出义务教育的自身特点，充分体现义务教育的独特价值。这一问题的核心，就是针对义务教育，不能赋予超出其性质和功能的更高期待。义务教育中普遍存在的"应试化"倾向以及在向素质教育转变过程中存在的各种问题，多与对义务教育的认识误区有关。建设现代义务教育，树立科学的义务教育质量观，明确高质量义务教育的内涵和外延十分关键。

义务教育的质量标准或者说高质量的义务教育，有两个层面，一个是针对作为整体的义务教育制度及其实施效果的层面，另一个是针对义务教育中的个体层面。相对于个体层面的高质量，作为整体的义务教育的高质量，更多地依赖于通过教育资源配置的优质均衡来实现，即在义务教育过程中，通过差异化的资源配置，通过缩差距、补短板，通过关注独立个体、照顾困难群体，实现义务教育的底线均衡、高位均衡和全面均衡，这就是新时期整体层面高质量义务教育的标准。《中国教育现代化 2035》中关于面向人人、共建共享的理念可以说是对整体层面高质量义务教育标准的回应和体现。

个体层面的高质量义务教育，既建立在义务教育整体层面的高质量基础上，又有自身不同的内涵和外延。本节基于义务教育的性质和特点，结合义务教育制度公正对育人的要求，提出在义务教育中要牢固树立"育人为本"的教育观、尊重差异的成长观、适合儿童的教学观以及全面发展的评价观，提出在义务教育中要将终极目的由"社会"转变成为"人"、由培养抽象"人"转变为具体"个体人"、由关注"个体人"转变为个体人的"存在状态"。这些教育观念和义务教育价值取向中的三个转变，都体现着高质量义务教育的基本要求，也是对《中国教育现代化 2035》中以德为先、全面发展、因材施教、知行合一等理念的回应与遵循。在这些教育观念和教育理念的指引下，高质量的义务教育将导向人的幸福、自由和尊严的实现。

学校作为制度化教育的主阵地，主要通过课程教学实现其育人目的，义务教育课程标准特别是课程目标，对义务教育的质量有着决定性的影响。课程改革的有效性是落实课程标准和课程目标以及提升教育质量的关键。中国的义务教育先后经历了以"双基"目标为本位的课程改革和基于三维目标的课程改革。以"双基"为目标的课程教学模式过于重视教师的主导作用而忽视学生的主体地位，因此饱受诟病。三维目标的课程改革经过了十年的改革实践，过程中一直伴随着争议和实践中的政策误读，最终被基于核心素养的课程改革所替代。实际上，除了上述三个方面的总体概括，自新中国成立以来，课程标准已经先后经历了 8 次大大小小的改革①，这充分说明了课程标准在义务教育中的重要地位及其对义务教育质量的决定性影响作用，另一方面也说明了制定科学的课程标准和课程目标的难度，以及通过课程改革有效落实课程标准和课程目标的艰巨性。

目前基于核心素养的课程标准已经成为不可逆转的趋势，这种课程标准凸显人的全面发展，致力破解"重智轻德"和"唯成绩论"的问题，对于促进学习方式和育人模式的转型和素质教育的新发展方向具有重要的作用。但是通过对新中国课程改革的历史回顾来看，课程改革的理念如何有效地转化为教育实践，一直都是难以解决的问题。笔者以为，为贯彻高质量义务教育标准的要求，在推进基于核心素养的课程改革过程中应着重做好以下几个方面的工作。

（一）进一步明晰课程改革的行动策略

课程改革虽然基于教育实践展开，但同样也基于现代教育理论的指导，因此课程标准包括课程目标中的抽象理念过多，在将课程标准和课程目标转化为改革方案的过程中，如果方案不具体、措施不清晰，就难以有效落实。过去的课程改革中就存在着政策误读的教训。所以，推进课程改革要着重明晰具体的行动策略，要在义务教育学科融合的基础上，坚持以培养核心素养为导向，对中小学课程及教材的结构和内容作进一步优化，避免造成对政策的误读，因此，全方位大范围的相关培训必不可少。

---

① 项贤明.基础教育课程改革如何从理念转化为行动——基于我国 70 年中小学课程改革历史的回顾与分析 [J]. 课程·教材·教法，2019（10）.

（二）进一步调动教师参与改革的积极性

教育改革的利益相关者众多。长期以来教育改革实践中最大的问题就是政府的强势主导，而作为教育改革重要参与者的教师积极性不高，并且形成了事实上的长期缺位。课程改革面临同样的问题。课程改革由政府主导固然有教师积极性不高的原因，但反过来，强有力的政府主导又会加剧教师积极性不足的困境。与其他教育改革相比，课程改革的成功对教师的依赖性更加强烈。因此，推进课程改革，除了针对教师进行培训，更重要的是引导教师积极投身改革实践，教师是将课程改革理念转化为行动的关键。在这一过程中，要针对教师主动性不足的成因，采取有效的应对措施，充分发挥基层教研组织在课程理论和教学实践之间转化的作用，并通过教师的积极实践，切实提升课程改革的成效。

（三）充分发挥学生课程改革的主体地位

学生是教育教学的主体，发挥学生主体作用是保证教育质量的关键。教育教学是师生共同完成的实践活动，教育改革要为了学生、依靠学生、适应学生。在课程改革理念转化为教育教学行动的过程中，不仅包括课程设置、教材编写的变革，还包括教学方法、学习方式的变革，尤其是后者的变革要求学生在其中居于重要的核心地位。然而，在过去的课程改革实践中，普遍存在着学生主体地位被忽视的情况，推进新一轮课程改革，必须彻底改变学生主体地位缺失的现状，通过积极的教育科研，促进学生在对课程改革形成基本的认识和理解的基础上，积极参与课程改革，提升课程改革的活力，提升人才培养的质量。

二、个性化的学生全面发展

人是教育的对象。人性具有共同性，但人与人也具有较大的个体差异性。教育以学生为主体，就必须适应学生个体的差异。现代义务教育通过大力构建全面培养的教育体系，坚持"五育"并举，推进素质教育，促进学生全面发展。基于学生的个性差异，促进学生的全面发展一定要以个性化的教育为前提，尊重个体的差异和独特性，在教育中坚持分层教学和分类指导，通过有针对性的教育培养，使每个学生都能"各得其所"并展现其独特的生命价值。

义务教育的高质量标准既要求全面发展，又指向学生的个性化成长。个性化的全面发展是从个体差异出发的适合的教育。现实中以公平的名义实施的"同质性教育"，不符合义务教育的高质量标准。所谓适合的教育，不仅是指教育要符合人性、适应学生群体，更指教育要适合学生个体。这种教育要贯彻以德为先、全面发展、因材施教、知行合一的现代教育理念，需要政府、学校、学生与家长的共同参与和积极配合，政府要扩大教育资源的选择性，家长要对孩子有清晰的认识和定位，社会要营造探索适合的教育的浓厚氛围，学校要构建符合教育规律的育人方式。①

坚持学生的个性化全面发展，要适应学生身心发展的规律。义务教育中的学生具有双重身份，一种身份是"学生"，另一种身份还是"个人"。实现学生个性化的全面发展，要考虑不同阶段学生的身心发展特点，还要针对相同阶段但是又作为不同身份的学生个体的身心发展特点；既要反映"作为学生的学生"的群体特征，又要反映"作为个人的学生"的个体特征；既要适合不同阶段学生的共同特征，也要适合不同学生的独特个性。适应学生身心发展的规律，归根结底是要符合教育的规律，"教育的节律不只是教育的节奏，而且体现了教育的规律，适合学生的教育一定是适合生命规律和发展规律的教育。"②

义务教育符合教育规律，首先要顺应少年儿童的天性。一方面，义务教育的方式、方法要与学生年龄天性特征相适应，这就要求创设回归儿童、少年生活的学习环境。另一方面，义务教育的内容要与所在年龄阶段的特征相适应，在教育内容和教育目标上不能急功近利。目前基础教育课程改革已经进入以核心素养为目标的素质教育新阶段，高质量的义务教育，就要围绕学生核心素养的养成，在教育中为每一个学生提供高质量且适应其个性化选择的教育机会，更加强调个人修养、社会关爱、家国情怀，更加注重学生的自主发展、合作参与、创新实践，要彻底破解"重智轻德"和唯分数、唯升学的功利化倾向，适应学生身心发展的规律，促进学生个性的自由发展。

顺应少年儿童的天性，归根结底要贯彻以生为本的理念。学校教育是最为系统的教育，是最主要的教育形式和最重要的教育场所，对人的成长和发展的作用最大。在学校教育中要始终坚持以生为本，既要考虑到单个学生，又要考虑到由独立个体构成的学生群体的特征。个性化的学生全面发展，需要在学生整体共性的基础上发现差异，正视差异，尊重学生个体的独特性，将学生个体间的差异视为宝贵的教育生态资源。标准化的学校教育容易重视学生整体而忽视学生的差异，但在教育中对不同个性的学生给予无差异的相同教育，客观上

---

① 葛道凯.适合的教育：江苏教育的当下期待 [J].江苏教育，2017（7）.
② 周思，赵峻岩.论"适合的教育"：内涵与实现路径 [J].教育探索，2019（1）.

也是不公平的。贯彻以生为本的理念，要求全面发展、面向人人，精准做好学生学情分析，实施差异化教学，加强个别化指导，既保证合格底线，又促进个性化发展，也就是在保证质量标准的基础上，追求共性发展与个性需求之间的平衡，充分发展学生的兴趣，充分发挥学生的特长，充分挖掘学生的潜能。

三、高水平创新性的教育教学

质量是现代教育的生命线。发展高质量义务教育，促进学生个性化全面发展，需要高水平的教育教学提供有力支撑。推进义务教育现代化，要将内涵发展作为教育教学改革的核心任务，将人才培养模式改革作为教育教学改革的突破口，努力破除不适应学生个性化全面发展的因素。教育教学改革要从课标、教材、教法、教师等方面入手，在保证完善课程标准、提高教材质量的前提下，以专业化高素质的教师队伍作为支撑，重点进行教育教学的方法创新。

课堂教学是学校育人的主要阵地，深化课堂教学改革、提高课堂教学质量是实现高质量义务教育的重要途径。按照教育现代化的要求，在深化课堂教学改革过程中，要改变传统的知识观，将知识视为教学的工具和载体，使知识教学服从学生的素养形成和服务于学生的全面发展。在教学中要强调生活和经验对学生学习知识的重要性，倡导学生的自主学习、合作学习和探究学习，强调师生共同的探究、发明和创造。通过互动式、启发式、体验式等课堂教学方式，引导学生主动思考、积极提问、自主探究。通过融合传统与现代技术手段，创设情境教学，指导学生开展研究型、项目化、合作式学习。

高水平创新性的教育教学需要提升教师专业素养。基于核心素养的课程标准是课程改革的方向，高质量的教师教学是保证课程改革成功的关键。增强教师培育学生核心素养的意识，提高课堂教学质量，要求教师自身提升专业素养，自觉树立起以核心素养为关键旨归的教学目的观与教学过程观。[①] 提升教师专业素养，要充分调动教师参与课程改革的积极性和主动性，通过教师培训等多种形式，不断提高教师基于课程改革的能力，促进课程改革理念有效转化为课堂教学行动。

高水平创新性的教育教学需要展现教师教学智慧。教育的本质是对人类美

---

① 徐洁．迈向"核心素养"：新中国成立 70 年基础教育课程改革的逻辑旨归 [J].教育科学研究，2020（1）．

好事物的传承，在教育中，教师不光承担着对教育教学活动的引导职能，教师通过参与教育活动，实际上对学生的心理和道德发展，对学生的最终成人都有着极为重要的影响作用，这就要求教师在教育过程中始终充满爱心，并通过转向"欣赏型教师"，充分展现教学智慧，这也是高水平创新性教育教学的根本保障。传统的教师是"医护式教师"，要保证教师对每个学生都充满爱，这就要求教师向"欣赏型教师"转变。[①]欣赏型教师是高质量教育中的积极角色定位，意味着教师对不同学生个体差异的尊重和欣赏，通过让自己的身心在场，与学生建立积极的关系，并发自内心地关爱学生，通过对学生的爱和积极引导，因材施教，最终使每一个学生都能真切地融入适合他自己的教育。

教育的关键在教师。高素质专业化创新型师资队伍是高水平创新性教育教学的保障。推进义务教育现代化，发展高质量义务教育，必须继续全面深化教师队伍改革，以保障教师待遇为基础，以强化师德师风为重点，通过为教师"赋能""赋权""减负"，切实提升教师素质，为义务教育高质量发展提供强有力的支撑。推进城乡义务教育一体化发展，支持农村义务教育并实施差异化的资源配置，关键在教师队伍。目前农村义务教育教师数量不仅整体不足，而且存在德育、体育、美育、劳动课等学科教师数量不足的结构性短缺问题，优秀教师、骨干教师更为缺乏。在加大教师统筹配置力度，解决农村义务教育教师结构性、阶段性、区域性短缺的过程中，要持有乡村立场，强化乡村意识，通过深化改革，全面提升乡村教师专业水平，大力提升乡村教师待遇，让乡村教师留得住。大批优秀农村师资是高水平创新性教育教学的关键，是提升农村学生综合素养的关键，也是提高农村义务教育活力的关键。

第三节　建设可持续发展的教育生态

《中国教育现代化 2035》提出的教育现代化，是指推进包括教育的理念、体系、制度、内容和方法在内的治理体系和治理能力现代化，在全社会形成共同参与的教育治理新格局。具体要求就是健全法律法规体系，提高教育法治化水平；提升教育治理能力，健全教育法律实施监督和教育督导的体制机制；完善学校治理结构，提高学校自主管理能力；推动社会参与教育治理常态化，形

---

① 张新平．实现"适合的教育"[N]．中国教育报，2017-05-17（5）．

成全社会关心、支持、参与教育现代化的良好氛围。推进教育治理体系和治理能力现代化，在义务教育领域的直接目标是实现义务教育优质均衡，长效的手段是形成可持续发展的义务教育生态。按照教育现代化和义务教育合法性的要求，可持续发展的义务教育生态需要全社会共同参与教育治理，完善家校协同育人机制，形成家庭、学校、社会齐抓共管的良好局面；以提供充足、多样、优质的教育资源为目标，规范义务教育阶段的招生，推进公办教育和民办教育协调发展；加强对义务教育的监督评价，建立健全有效的监测、评价、督导和问责机制；协调好义务教育与其他阶段教育的关系以及学校教育和社会教育的关系，形成义务教育可持续发展的外部生态。围绕可持续发展的义务教育生态目标，当前需要着重加强三个方面的建设和治理：一是推进基于优质均衡的学校特色发展，二是健全基于合实效性的教育监督评价制度，三是强化基于可持续发展的义务教育外围治理。

一、基于优质均衡的学校特色发展

长期以来，我国政府对学校管的过多过细，一定程度上抑制了义务教育学校的办学自主权，不仅公办学校"千校一面"，活力不足，在民办教育领域，社会力量参与办学的法律法规不健全，也使民办教育的积极性没有被充分地调动起来，民办教育应有的积极作用没有得到充分地发挥。推进教育现代化，建设可持续发展的义务教育生态，首先要从生态圈的内部着手，以义务教育管理体制的改革为重点，构建政府、学校、社会新型关系，在对高度标准化的教育制度进行反思的基础上，促进义务教育学校在优质均衡的前提下特色发展，通过创建学校特色和特色学校，为学生义务教育受教育权的充分实现提供充足、多样、优质的教育资源。

（一）公办学校的均衡与特色发展

公平而有质量的义务教育需要优质均衡的教育资源，需要义务教育的学校之间既体现质量的均衡性，又体现不同学校的特色化，这就需要在坚持学校统一的底线标准的基础上，探索和推进学校的特色化发展，建立能够满足不同需求的学校发展制度。由于长期以来对学生社会权的重视以及对自由权的忽视，也造成了对学校办学自主权的严重限制，"学校创建、教师聘任、课程设置、学习时间乃至教材的选用、教师备课等，事无巨细都受行政的牵制"①。就我国目前的教育格局来看，总体上的教育模式还是比较单一的，特别是针对义务教育的各个学校基本上都是一个模式，学校之间唯一不同的只有升学率的高低，不能满足学生个性化的选择需求。现代义务教育要以不断满足学生的选择权为基础，在满足标准化建设的前提下，树立特色发展意识，形成优质均衡发展模式，形成更多的特色学校，提供更加多样性的选择机会。当然，推进特色学校建设，要充分赋予中小学自主发展的空间，教育行政部门要简政放权，通过依法分权、依法放权，给予学校更加充分的办学自主权，这是学校特色发展的根本制度保障。

（二）公办校与民办校的协同发展

长期以来，我们一直把义务教育制度的改革重点放在公办学校上。推进教育现代化，建设公平而有质量的义务教育，必须切实重视民办学校的体制机制改革。教育具有公共性，但教育的举办和管理除了国家，还有社会力量参与其中，教育公共性并不排斥教育的多样性。②就扩大学生的选择权来说，民办教育提供了学生自由选择的机会，为提供多样化教育创造了条件，这是民办教育积极的一面。但另一方面，经过多年的发展，民办教育也出现了两极分化的局面。少数民办学校由于相对灵活的机制、高收费、掐尖招生，无论在条件、师资、生源上都大大优于公办学校，对公办学校造成巨大的冲击。有数据统计，2015年上海中考成绩排名前十的学校全部是私立学校，无一所是公立学校。同样的情况在浙江、江苏等其他省市也相当普遍。与之相关的另一个问题是，义务教育阶段的民办学校，由于其市场化的办学宗旨，其服务主要面向中高收入家庭。如果绝大多数中高收入家庭的孩子都进入民办学校，就会造成公立学校恶性循环、民办学校良性循环的局面，如此使得低收入群体与中高收入家庭子女受教育的质量越拉越大，无形当中造成社会阶层的固化，有违义务教育的公平。与此同时，更多的民办学校由于制度和经费等多方面的原因，教育资源不足，教育质量不高，有的甚至达不到基本的办学标准。针对第一种情况，必须进一步规范民办学校的政策，建立和完善公办民办一视同仁、平等发展、互不享有特权的招生机制，民办学校不能成为掐尖招生的特区。针对第二种情况，国家要从义务教育的公共性出发，推进民办学校标准化建设，加大对民办学校的政策

---

① 冯建军，刘霞."适合的教育"：内涵、困境与路径选择 [J]. 南京社会科学，2017（11）.
② 郭凯. 公共性与义务教育公共性述评 [J]. 广东教育学院学报，2009（2）.

和经费支持，健全民办学校质量提升的机制和措施。公办学校与民办学校协同发展，建成老百姓家门口的好学校，负责任地接纳就近入学的学生，是高质量现代教育的最终要求。

（三）加强特色化的课程体系建设

高质量的义务教育，是在保证每一个学生达到义务教育的基本要求和基本素养的基础上，满足学生个性化、特色化成长的需求。给学生提供可供选择的教育，必须改变传统的同质性规模化的办学思路，义务教育学校要办出自己的特色，只有这样，学生的选择权才有实现的保障。学生选择的权利需要充足的课程资源提供支撑，这就需要在推进素质教育以及实施新课程改革的过程中，充分给予学校在课程自主设计方面的自主权，充分给予学校足够的时间来探索实践自己的特色课程。从教育的整体功能来看，让学生成为独立的主体并非教育的全部，教育至少在资格化、社会化、主体化三个领域具有功能。[①] 因此，高质量的义务教育要使学生、知识、社会三者相互适合，义务教育的课程价值要围绕"知识中心""经验中心"和"社会中心"，并使学生、知识和社会三个要素在课程空间里相互对话，最终形成高质量的课程。高质量的课程不排斥知识学习，但反对"唯分数论"，高质量的课程更重视"课程即经验"的意义，带有交往实践理性的色彩，为学生提供探寻世界意义的途径。当前，"以分数为核心"的教育质量观一直没有得到改观，"以学生素养为核心"的评价体系还没有真正建立，高质量的教育迫切要求学校课程发展方式的重大变革。

总之，高质量的义务教育以教育供给的均衡、优质和特色为价值取向。基于这一目标，需要进一步扩大义务教育学校的办学自主权，完善学校治理结构，形成依法办学、自主管理、民主监督、社会参与的现代学校制度，并以制度建设促进义务教育学校形成更多丰富多样的优质教育资源，为学生提供更多个性化和全面发展的机会。

二、基于合实效性的教育制度监督评价

检验义务教育制度合法性的实践标准是合实效性。合实效性又可以细分为目标达成度、结果有效度、公众满意度三个指标。这三个指标关涉到义务教育制度的价值认同、政策认同和主体认同，最终共同指向义务教育制度的权威。

---

① [荷]格特·比斯塔.教育的美丽风险[M].赵康，译.北京：北京师范大学出版社，2018：12.

通过对义务教育制度实施以来的合实效性考察，在目标达成度上，义务教育制度还需更加关注个体；在结果有效性度上，义务教育制度尚需推进学生个性化的全面发展；在公众满意度上，义务教育制度最终依赖于教育的法治化进程。

《中国教育现代化 2035》提出的教育现代化总体思路、战略任务、实施路径和保障措施，对上述义务教育制度合法性特别是合实效性中存在的主要问题都有回应。推进义务教育现代化，促进现代义务教育的合法性，必须坚定不移地推进教育治理体系和治理能力现代化，并以遵循法治精神为首要原则。《孟子·离娄上》有句名言："徒法不能以自行。"结合义务教育制度合法性的考察，现阶段，尤其要重点加强对义务教育制度实施的监督检查和督导评价，建立健全有效的监测、评价、督导和问责机制，不断推进义务教育的法治化进程。

在现代法治国家，提高教育治理的水平，必须运用法治思维和法治方式。发展公平而有质量的义务教育，必须坚持依法治教的原则，切实做到"有法可依、有法必依、执法必严、违法必究"。根据目前义务教育法规体系的现状，应适时出台学校教育法、义务教育经费保障法等法律法规，加强义务教育地方立法。在教育立法和教育决策中要体现公平而有质量的价值内涵和价值取向，以优质化、普及化、公平化为标准，在普惠性、基础性、兜底性上下功夫。在加强教育立法的前提下，要把法治作为教育治理的基本方式，坚持严格执法，确保执法的每个环节都能体现公正的要求。由于针对义务教育受教育权的保障制度还不完善，应进一步完善义务教育的司法救济制度。

考虑到义务教育中曾经出现的有法不依，法律监督不到位的实际状况，现阶段在推进教育现代化监测和强化政府投入效益评价的基础上，尤其需要完善教育督导评估制度，通过健全教育督导评估的体制机制，为建设公平而有质量的义务教育提供坚强保障。目前来看，"全领域、全口径、全支撑、全保障"的教育督导是义务教育公平而有质量的关键。现阶段的教育督导评估制度要围绕公平而有质量的教育目标，以优化管理体制、完善运行机制、强化结果运用为突破口，推动各类主体切实履行教育职责。除了教育财政的投入，现阶段尤其需要针对义务教育实践中的主要问题，重点关注义务教育免试就近入学全覆盖，重点关注义务教育"城镇挤、农村弱"问题的解决，重点关注义务教育的控辍保学，面向每一个适龄儿童和少年，切实推进公平而有质量的义务教育。

发展义务教育的责任主要在政府。但长期以来，在义务教育中存在着相关责任主体不对等的情况。政府作为义务教育的全职责任人，对其在义务教育中的责任履行，一直缺乏有效的监督。因此，在完善督导评估的基础上，要建立有效的义务教育制度实施的问责机制，重点对政府在义务教育中的法律责任、财政责任、均衡配置资源的责任等，加大监督检查和追究问责的力度，保证政府义务教育的责任落到实处。

三、基于可持续发展的义务教育外围治理

可持续发展的教育生态，对义务教育而言，就是公平而有质量的教育生态。建设公平而有质量的义务教育生态，除了推进上述的义务教育体系内部治理，还要加强义务教育的外围治理。加强义务教育的外围治理，重点要处理好两个层面的关系，一是义务教育与其他阶段教育的关系，二是义务教育与社会的关系，其中义务教育与社会教育的关系是处理第二个层面关系的重点。

义务教育属于基础教育，在整个教育系统内具有独立的、不依附于其他类型和层次教育的价值。但义务教育与其他阶段的教育之间也存在着密切的关系，在中国当代的教育体系内，义务教育的学生都要经历学前教育，同时义务教育也为更高一级的教育输送合格的生源。2019年，中国共产党十九届四中全会通过了《中共中央关于坚持和完善中国特色社会主义制度推进国家治理体系和治理能力现代化若干重大问题的决定》，其中明确提出"构建服务全民终身学习的教育体系"的战略目标。这一制度设计一方面表明了教育与社会的关系，即教育体系是国家基本公共服务制度体系的一部分，另一方面也表明了教育体系内部不同阶段教育之间的关系。

加强义务教育的外围治理，从义务教育与其他阶段教育的关系来说，要处理好两个关系。一个是义务教育与高中阶段和高等教育的关系，二是义务教育与学前教育的关系。义务教育通过高中阶段教育为高等教育输送生源，表明了义务教育具有为更高级教育选拔人才的功能，义务教育在现实中出现的"应试化"教育等失范现象，也与此相关。可以说，高等教育的改革发展对义务教育具有重要的影响，但从根本上来说，义务教育是以提高国民素质为宗旨的基础教育，义务教育问题的解决，主要依靠义务教育制度的自身完善来实现。现代义务教育是公平而有质量的义务教育，由于学前教育能够对义务教育的公正和质量产生重要影响，因此，建设公平而有质量的义务教育生态，需要充分考虑学前教育的制度设计及其完善问题。

有研究者通过对中国教育追踪调查（CEPS）数据的分析提出，目前我国学

前教育的获得存在着机会和质量的严重不平等，不同家庭背景儿童的发展差距在学前教育阶段就已出现，低社会经济地位家庭的儿童接受学前教育的概率较低，获得优质学前教育的机会更低，由此会对义务教育的结果不平等产生显著影响，并持续地对学生初中时的学习成绩造成深远影响。[①] 因此，建设公平而有质量的义务教育生态，要统筹考虑学前教育的制度设计，加大学前教育的经费等资源投入力度，一方面要通过大力发展学前教育以扩大学前教育机会，另一方面要普遍提升学前教育的质量，同时还要对家庭社会经济地位较低的儿童给予经济资助，以确保家庭经济困难的儿童可以获得有质量保障的学前教育。

加强义务教育的外围治理，从义务教育与社会的关系来看，重点要处理好义务教育与社会教育尤其是与"影子教育"的关系。"影子教育"本质上是指校外培训，目前规模巨大，虽然不属于义务教育，但对义务教育具有重要的影响，基于目前的判决来看，其消极影响相比积极影响更为严重，最主要的表现就是加重学生的学习负担，影响学生的全面发展；影响素质教育的推进，伤害学生的身心健康；造成对学校教育的轻视，扩大社会的整体焦虑。"影子教育"的泛滥有多方面的深层次原因，包括重成绩和重选拔的价值导向、校外培训的政策不健全以及传统文化的影响，但造成"影子教育"泛滥的直接导火索，则是我国中小学课后服务与校外培训的"错位"，课后服务"缺位"消解了课堂学习效果，校外培训"越位"裹挟了学校教育。[②]建设公平而有质量的义务教育生态，需要在强化对"影子教育"正确认知的基础上，加强对"影子教育"的规范管理和正面引导，同时也要推动义务教育自身的治理，通过完善义务教育课后服务制度、优化课后服务的内容和方式，化解"影子教育"等校外培训的不利影响，形成促进义务教育高质量发展的合力。

社会、学校、家庭都是义务教育的主体，都有建设义务教育可持续发展生态的责任，都有创造义务教育良好环境的义务。义务教育中的许多问题，也需要全社会共同关心、支持和参与解决。比如目前普遍存在的义务教育学生负担过重的问题，除了通过对影子教育的治理加以减缓以外，社会和家庭也都负有不可推卸的责任。减轻学生课业负担，是推行素质教育的一项重要举措，但由

---

① 周垚.学前教育机会与义务教育结果不平等——来自 CEPS 的经验证据 [J].学前教育研究，2020（1）.

② 刘宇佳.中小学课后服务与校外培训问题探究——基于教育生态学视角 [J].教育视界，2019（19）.

于涉及方方面面，并不是仅靠教育行政部门就能解决的问题，也不是仅靠中小学校就能解决的问题。学生负担过重问题的真正解决，需要努力构建家校协同育人机制，充分发挥学校在家庭教育中的指导作用，帮助家长树立科学的育人观念，家庭也应积极主动地履行好家庭教育职责，注重孩子的个性化全面发展。"推行素质教育不应该仅仅局限在中小学校内部，而应在全社会进行素质教育的宣传、教育，争取社会及家长的理解与支持，真正在全社会推行素质教育"。①家庭、学校、社会齐抓共管，多元主体共建共享，这是形成现代教育治理体系和建设义务教育可持续发展生态的根本所在。

小结

本章是对中国当代义务教育制度基于合法性理论阐释的总结，目标是对什么是符合合法性要求的义务教育制度、如何推进义务教育的改革发展作出应然的分析和判断。本章共分三节，分别为彰显公正价值的义务教育、追求高质量发展的义务教育、建设可持续发展的教育生态。本章的研究思路如下：

合法性是一个现代现象。本书关于义务教育制度合法性理论逻辑的建构，实际上是对义务教育制度在现代社会中的合法性的证成，也是对义务教育现代化进行的回应。义务教育实践不会完全遵循义务教育的理论逻辑，但是义务教育的理论逻辑可以为义务教育的实践提供价值上的引领。现代义务教育是公平而有质量的义务教育，按照合法性的理论逻辑，这种义务教育应该内蕴公正的价值，追求优质均衡的高质量标准，并致力于可持续发展的教育生态建设。

首先，本章提出现代义务教育应该彰显公正价值。结合《中国教育现代化2035》中关于教育现代化的八大基本理念，提出现代义务教育应当高扬价值理性，更加注重面向人人、更加注重全面发展、更加注重以德为先；现代义务教育应该坚持权利本位，在关注学生社会权的同时，更加关注对学生自由权的保障；现代义务教育要贯彻共建共享理念，在资源配置中坚持差异化的优质均衡，实现义务教育的底线均衡、高位均衡和全面均衡。

接着，本章研究了义务教育的高质量问题。结合义务教育的性质和目标，提出发展现代义务教育要树立科学的高质量标准，并重点结合课程改革提出了

---

① 陈娣，徐化玉．减负，还是增负？[J]．教书育人（教师新概念），2008（10）．

高质量的要求；围绕"五育"并举的教育培养体系，提出要继续深化教育教学改革，培养学生个性化的全面发展；基于高水平创新性的教育教学的要求，提出要建立高素质专业化创新型的师资队伍，并要求提升教师专业素养，展现教师教学智慧。

最后，本章提出了可持续发展的教育生态问题。围绕可持续发展的教育生态目标，提出要推进基于优质均衡的学校特色发展，健全基于合实效性的教育监督评价制度，强化基于可持续发展的义务教育外围治理，在此基础上，形成家庭、学校、社会齐抓共管，多元主体共建共享的现代义务教育治理体系和可持续发展的义务教育生态。

参考文献

一、中文著作类

1. [英]A. J. M. 米尔恩. 人的权利与人的多样性——人权哲学 [M]. 夏勇，张志铭，译. 北京：中国大百科全书出版社，1995.

2. [美]R. M. 昂格尔. 现代社会中的法律 [M]. 吴玉章，周汉华，译. 南京：译林出版社，2001.

3. [美]阿拉斯戴尔·麦金太尔. 谁之正义？何种合理性？ [M]. 万俊人，等译. 北京：当代中国出版社，1996.

4. [美]阿拉斯戴尔·麦金太尔. 追寻美德——道德理论研究 [M]. 宋继杰，译. 南京：译林出版社，2011.

5. [美]阿瑟·奥肯. 平等与效率 [M]. 王奔洲，等译. 北京：华夏出版社，1999.

6. [德]阿图尔·考夫曼，温弗里德·哈斯默尔. 当代法哲学和法律理论导论 [M] 郑永流，译. 北京：法律出版社，2002.

7. [英]艾尔弗雷德·诺思·怀特海. 教育目的 [M]. 庄莲平，王立中，译. 上海：文汇出版社，2012.

8. [法]爱弥尔·涂尔干. 教育思想的演进 [M]. 李康，译. 上海：上海人民出版社，2006.

9. [英]安东尼·B. 阿特金森，[美]约瑟夫·E. 斯蒂格利茨. 公共经济学[M]. 张翰，译. 上海：上海三联书店，上海人民出版社，1994.

10. [德]奥特弗利德·赫费. 政治的正义性——法和国家的批判哲学之基础 [M]. 庞学铨，李张林，译. 上海：上海译文出版社，1998.

11. [古希腊]柏拉图. 理想国 [M]. 郭斌和，张竹明，译. 北京：商务印书馆，1986.

12. [法]本杰明·贡斯当. 古代人的自由与现代人的自由 [M]. 阎克文，刘满贵，译. 北京：商务印书馆，1999.

13. [美]彼得·伯格. 与社会学同游——人文主义的视角 [M]. 何道宽，译. 北京：北京大学出版社，2008.

14. [加]大卫·戴岑豪斯. 合法性与正当性——魏玛时代的施米特、凯尔森与海勒 [M].

刘毅，译.北京：商务印书馆，2013.

15. [美] 戴维·伊斯顿.政治生活的系统分析 [M].王浦劬，译.北京：华夏出版社，1999.

16. [美] 丹尼尔·贝尔.社群主义及其批评者 [M].李琨，译.北京：生活·读书·新知三联书店，2002.

17. [澳] 道格拉斯·霍奇森.受教育人权 [M].申素平，译.北京：教育科学出版社，2012.

18. [美] 道格拉斯·诺思.经济史中的结构与变迁 [M].陈郁，罗华平，等译.上海：上海三联书店，上海人民出版社，1994.

19. [德] 底特利希·本纳.普通教育学 [M].彭正梅，等译.上海：华东师范大学出版社，2006.

20. [英] 蒂姆·莫尔根.理解功利主义 [M].谭志福，译.济南：山东人民出版社，2012.

21. [德] 恩斯特·卡西尔.人论——人类文化哲学导引 [M].甘阳，译.上海：上海译文出版社，2013.

22. [西] 费尔南多·萨瓦特尔.教育的价值 [M].李丽，孙颖屏，译.北京：北京大学出版社，2012.

23. [英] 弗里德利希·冯·哈耶克.自由秩序原理 [M].邓正来，译.北京：生活·读书·新知三联书店，1997.

24. [荷] 格特·比斯塔.教育的美丽风险 [M].赵康，译.北京：北京师范大学出版社，2018.

25. [美] 哈罗德·J.伯尔曼.法律与革命——西方法律传统的形成 [M].贺卫方，等译.北京：中国大百科全书出版社，1993.

26. [美] 加布里埃尔·A.阿尔蒙德，小 G.宾厄姆·鲍威尔.比较政治学——体系、过程和政策 [M].曹沛霖，等译.上海：上海译文出版社，1987.

27. [德] 卡尔·马克思.马克思恩格斯全集（第 23 卷）[M].北京：人民出版社，1972.

28. [德] 卡尔·马克思.马克思恩格斯选集（第 3 卷）[M].北京：人民出版社，1975.

29. [德] 卡尔·曼海姆.保守主义 [M].李朝晖，牟建军，译.南京：译林出版社，2002.

30. [德] 卡尔·施米特.合法性与正当性 [M].冯克利，等译.上海：上海人民出版社，2015.

31. [德]卡尔·施米特.政治的概念[M].刘宗坤，等译.上海：上海人民出版社，2004.

32. [德]卡尔·西奥多·雅斯贝尔斯.什么是教育[M].邹进，译.北京：生活·读书·新知三联书店，1991.

33. [美]罗伯特·K.默顿.社会理论和社会结构[M].唐少杰，齐心，等译.南京：译林出版社，2008.

34. [美]罗伯特·诺奇克.无政府、国家和乌托邦[M].姚大志，译.北京：中国社会科学出版社，2008.

35. [德]马克斯·韦伯.经济与社会[M].林荣远，译.北京：商务印书馆，1997.

36. [德]马克斯·韦伯.社会科学方法论[M].韩水法，译.北京：中央编译出版社，1998.

37. [意]玛利娅·蒙台梭利.蒙台梭利方法[M].江雪，编译.天津：天津人民出版社，2003.

38. [美]迈克尔·J.桑德尔.自由主义与正义的局限[M].万俊人，等译.南京：译林出版社，2011.

39. [美]迈克尔·W.阿普尔.教育能改变社会吗？[M].王占魁，译.上海：华东师范大学出版社，2008.

40. [美]迈克尔·W.阿普尔.教育与权力[M].曲囡囡，刘明堂，译.上海：华东师范大学出版社，2008.

41. [美]迈克尔·沃尔泽.正义诸领域：为多元主义与平等一辩[M].褚松燕，译.南京：译林出版社，2009.

42. [美]穆蒂莫·艾德勒.六大观念：我们据以进行判断的真、善、美 我们据以指导行动的自由、平等、正义[M].郗庆华，薛笙，译.北京：生活·读书·新知三联书店，1998.

43. [美]内尔·诺丁斯.幸福与教育[M].龙宝新，译.北京：教育科学出版社，2009.

44. [法]让–马克·夸克.合法性与政治[M].佟心平，王远飞，译.北京：中央编译出版社，2002.

45. [法]让–雅克·卢梭.爱弥尔——论教育[M].李平沤，译.北京：商务印书馆，1978.

46. [法]让–雅克·卢梭.社会契约论[M].何兆武，译.北京：商务印书馆，1980.

47. [英]斯蒂芬·鲍尔.政治与教育政策制定——政策社会学探索[M].王玉秋，孙益，译.上海：华东师范大学出版社，2011.

48.[美]汤姆·L.彼彻姆.哲学的伦理学[M].雷克勤,等译.北京:中国社会科学出版社,1990.

49.[德]沃尔夫冈·布列钦卡.教育科学的基本概念——分析、批判和建议[M].胡劲松,译.上海:华东师范大学出版社,2001.

50.[美]西摩·马丁·李普塞特.政治人——政治的社会基础[M].张绍宗,译.上海:上海人民出版社,2011.

51.[美]亚当·斯密.国富论[M].郭大力,王亚南,译.西安:陕西人民出版社,2001.

52.[古希腊]亚里士多德.尼各马科伦理学[M].苗力田,译.北京:中国社会科学出版社,1990.

53.[古希腊]亚里士多德.政治学[M].吴寿彭,译.北京:商务印书馆,1965.

54.[捷]扬·阿姆斯·夸美纽斯.大教学论[M].傅任敢,译.北京:教育科学出版社,1999.

55.[德]康德.法的形而上学原理——权利的科学[M].沈叔平,译.北京:商务印书馆,1991.

56.[英]以赛亚·伯林.自由论[M].胡传胜,译.南京:译林出版社,2003.

57.[德]尤尔根·哈贝马斯.合法化危机[M].刘北成,曹卫东,译.上海:上海人民出版社,2009.

58.[德]尤尔根·哈贝马斯.交往与社会进化[M].张博树,译.重庆:重庆出版社,1989.

59.[德]哈贝马斯.在事实与规范之间:关于法律和民主法治国的商谈理论[M].童世骏,译.北京:生活·读书·新知三联书店,2003.

60.[美]约翰·杜威.民主主义与教育[M].王承绪,译.北京:人民教育出版社,2001.

61.[美]约翰·罗尔斯.万民法[M].陈肖生,译.长春:吉林人民出版社,2013.

62.[美]约翰·罗尔斯.正义论[M].何怀宏,译.北京:中国社会科学出版社,1988.

63.[美]约翰·罗尔斯.政治自由正义[M].万俊人,译.南京:译林出版社,2000.

64.[美]约翰·罗尔斯.作为公平的正义——正义新论[M].姚大志,译.上海:上海三联书店,2002.

65.[英]约翰·洛克.教育片论[M].熊春文,译.上海:上海人民出版社,2005.

66.[英]约翰·穆勒.功利主义[M].徐大建,译.上海:上海人民出版社,2008.

67.蔡定剑.历史与变革——新中国法制建设的历程[M].北京:中国政法大学出版社,1999.

68.陈桂生.教育原理[M].上海:华东师范大学出版社,2012.

69. 陈桂生. 学校教育原理 [M]. 上海：华东师范大学出版社，2012.

70. 成有信，等. 教育政治学 [M]. 南京：江苏教育出版社，2000.

71. 程天君，等. 新教育公平引论 [M]. 南京：南京师范大学出版社，2019.

72. 单中惠. 西方教育思想史 [M]. 北京：教育科学出版社，2007.

73. 方晓东. 中华人民共和国教育史纲 [M]. 海口：海南出版社，2002.

74. 冯建军，等. 教育哲学 [M]. 武汉：武汉大学出版社，2011.

75. 冯建军. 当代教育原理 [M]. 南京：南京师范大学出版社，2009.

76. 冯建军. 教育公正——政治哲学的视角 [M]. 福州：福建教育出版社，2008.

77. 冯建军. 教育基本理论研究 20 年（1990 — 2010）[M]. 福州：福建教育出版社，2012.

78. 冯建军. 中国教育哲学研究——回顾与展望 [M]. 北京：北京师范大学出版社，2015.

79. 高兆明. 政治正义——中国问题意识 [M]. 北京：人民出版社，2014.

80. 高兆明. 制度公正论 [M]. 上海：上海文艺出版社，2001.

81. 高兆明. 制度伦理研究——一种宪政正义的理解 [M]. 北京：商务印书馆，2011.

82. 公丕祥. 法制现代化的理论逻辑 [M]. 北京：中国政法大学出版社，1999.

83. 郭福昌，吴德刚. 教育改革发展论 [M]. 石家庄：河北教育出版社，1996.

84. 国际 21 世纪教育委员会. 教育——财富蕴藏其中 [M] 北京：教育科学出版社，1996.

85. 何东昌. 中华人民共和国重要教育文献：1998—2002[M]. 海口：海南出版社，2003.

86. 黄志成. 西方教育思想的轨迹——国际教育思潮纵览 [M]. 上海：华东师范大学出版社，2008.

87. 姜琦，等. 义务教育之研究及讨论 [M]. 上海：商务印书馆，1925.

88. 金生鈜. 教育与正义 [M]. 福州：福建教育出版社，2012.

89. 劳凯声. 教育法论 [M]. 南京：江苏教育出版社，1993.

90. 李国钧，王炳照. 中国教育制度通史（第八卷）[M]. 济南：山东教育出版社，1999.

91. 联合国教科文组织. 反思教育：向"全球共同利益"的理念转变 ?[M]. 北京：教育科学出版社，2017.

92. 联合国教科文组织国际教育发展委员会. 学会生存——教育世界的今天和明天 [M]. 华东师范大学比较教育研究所，译. 北京：教育科学出版社，1996.

93. 刘军宁，等. 直接民主与间接民主 [C]. 北京：生活·读书·新知三联书店，1998.

94. 刘远碧. 新中国义务教育学制改革与发展研究 [M]. 北京：中国社会科学出版社，2009.

95. 陆有铨 . 躁动的百年——20 世纪的教育历程 [M]. 济南：山东教育出版社，1997.

96. 秦惠民 . 走入法制教育的深处——论教育权的演变 [M]. 北京：中国人民公安大学出版社，1998.

97. 桑玉成，刘百鸣 . 公共政策学导论 [M]. 上海：复旦大学出版社，1991.

98. 邵泽斌 . 新中国义务教育治理方式的政策考察 [M]. 北京：北京师范大学出版社，2012.

99. 素质教育调研组 . 共同的关注：素质教育系统调研 [M]. 北京：教育科学出版社，2006.

100. 檀传宝 . 教师伦理学专题：教育伦理范畴研究 [M]. 北京：北京师范大学出版社，2000.

101. 唐莹 . 元教育学 [M]. 北京：人民教育出版社，2002.

102. 汪霞 . 发达国家义务教育现状 [M]. 南京：南京大学出版社，2012.

103. 王炳照 . 中国教育改革 30 年：基础教育卷 [M]. 北京：北京师范大学出版社，2009.

104. 王江松 . 个人自由与社会责任 [M]. 北京：中国社会出版社，2009.

105. 吴康宁 . 教育改革的"中国问题" [M]. 南京：南京师范大学出版社，2015.

106. 吴遵民 . 教育政策学入门 [M]. 上海：上海教育出版社，2010.

107. 谢明 . 公共政策导论 [M]. 北京：中国人民大学出版社，2002.

108. 谢维和 . 教育活动的社会学分析——一种教育社会学的研究 [M]. 北京：教育科学出版社，2007.

109. 熊伟 . 问题及阐释：现代法之合法性命题研究 [M]. 北京：中国政法大学出版社，2012.

110. 许纪霖 . 共和、社群与公民 [C]. 南京：江苏人民出版社，2004.

111. 许崇德 . 中华人民共和国宪法史 [M]. 福州：福建人民出版社，2005.

112. 颜厥安 . 法与实践理性 [M]. 北京：中国政法大学出版社，2003.

113. 杨东平 . 中国教育公平的理想与现实 [M]. 北京：北京大学出版社，2006.

114. 袁贵仁 . 中国教育 [M]. 北京：北京师范大学出版社，2013.

115. 袁希涛 . 义务教育 [M]. 上海：商务印书馆，1929.

116. 袁振国 . 教育政策学 [M]. 南京：江苏教育出版社，2001.

117. 袁振国 . 论中国教育政策的转变：对我国重点中学平等与效益的个案研究 [M]. 广州：广东教育出版社，1999.

118. 张凤阳，等 . 政治哲学关键词 [M]. 南京：江苏人民出版社，2014.

119. 张光博 . 坚持马克思主义权利义务观 [M]. 长春：吉林人民出版社，2006.

120. 张瑞璠，王承绪 . 中外教育比较史纲（近代卷）[M]. 济南：山东教育出版社，1997.

121. 周保松 . 自由人的平等政治 [M]. 北京：生活·读书·新知三联书店，2003.

122. 朱小蔓 . 教育的问题与挑战 [M]. 南京：南京师范大学出版社，2002.

123. 朱永新，马国川 . 重启教育改革 [M]. 北京：生活·读书·新知三联书店，2014.

二、工具书类

1. 辞海编辑委员会 . 辞海（彩图珍藏本）[M]. 上海：上海辞书出版社，1999.

2. 顾明远 . 教育大辞典（增订合编本）[M]. 上海：上海教育出版社，1998.

3. [美] 杰克·普拉诺，等 . 政治学分析辞典 [M]. 胡杰，译 . 北京：中国社会科学出版社，1986.

4. 中国大百科全书总编辑委员会 . 中国大百科全书·教育 [M]. 北京：中国大百科全书出版社，2002.

5.《中国教育年鉴》编辑部 . 中国教育年鉴（1949—1981）[M]. 北京：中国大百科全书出版社，1984.

6.《中国教育年鉴》编辑部 . 中国教育年鉴（1982—1984）[M]. 长沙：湖南教育出版社，1986.

7.《中国教育年鉴》编辑部 . 中国教育年鉴 1991[M]. 北京：人民教育出版社，1992.

8.《中国教育年鉴》编辑部 . 中国教育年鉴 1995[M]. 北京：人民教育出版社，1995.

9.《中国教育年鉴》编辑部 . 中国教育年鉴 1998[M]. 北京：人民教育出版社，1999.

10.《中国教育年鉴》编辑部 . 中国教育年鉴 2000[M]. 北京：人民教育出版社，2000.

11.《中国教育年鉴》编辑部 . 中国教育年鉴 2002[M]. 北京：人民教育出版社，2002.

12.《中国教育年鉴》编辑部 . 中国教育年鉴 2006[M]. 北京：人民教育出版社，2006.

13.《中国教育年鉴》编辑部 . 中国教育年鉴 2011[M]. 北京：人民教育出版社，2012.

三、学位论文类

1. 段立章 . 儿童宪法权利研究 [D]. 济南：山东大学，2016.

2. 高淑贞 . 论受教育权 [D]. 长春：吉林大学，2007.

3. 黄俭 . 中国义务教育省级统筹问题研究 [D]. 武汉：武汉大学，2015.

4. 杨志成 . 新中国基础教育政策价值取向研究——政策生态学视角 [D]. 长春：东北师范大学，2013.

5. 赵全军 . 中国农村义务教育供给制度研究（1978－2005）[D]. 上海：复旦大学，2006.

6. 赵爽 . 教育政策合法性研究 [D]. 长春：东北师范大学，2005.

7. 祝志芬 . 中国义务教育福利制度的发展及其完善研究 [D]. 武汉：华中科技大学，2011.

8. 黄爱教 . 论法的合法性 [D]. 桂林：广西师范大学，2004.

9. 柯士雨 . 我国社会转型时期政策合法性问题研究 [D]. 福州：福建师范大学，2005.

10. 李大为 . 我国义务教育择校治理的困境分析与可能改进 [D]. 南京：南京师范大学，2016.

11. 唐梦月 . "叫停"或"支持"：我国在家上学的合理性问题研究 [D]. 哈尔滨：哈尔滨师范大学，2018.

12. 王磊 . 我国教育公正的伦理研究 [D]. 沈阳：沈阳师范大学，2012.

13. 徐勇 . 大方县"村小撤并"政策实施问题及对策研究 [D]. 成都：西南民族大学，2017.

四、期刊论文类

1. 安桂清 . 知识理解与教学创新——诠释学的视角 [J]. 全球教育展望，2006（8）.

2. 安文铸 . 义务教育办学主体是谁？ [J]. 中小学管理，1994（Z1）.

3. 白钢，林广华 . 论政治的合法性原理 [J]. 天津社会科学，2002（4）.

4. 毕全忠，李曙明 . 国家教育扶贫工程向"三片"地区推进 [N]. 中国教育报，1997–8–19（1）.

5. 蔡春 . 分配正义与教育公正 [J]. 教育研究，2010（10）.

6. 曹如军 . 制度创新与制度逻辑——新制度主义视野中地方高校的制度变革 [J]. 高教探索，2007（5）.

7. 曹永国，韩绮君 . 人的终结和教育目的：后现代主义的现代意蕴 [J]. 湖南师范大学教育科学学报，2006（1）.

8. 曾天山 . 促进义务教育均衡发展的基本思路 [J]. 教育研究，2002（2）.

9. 曾文婕，黄甫全《义务教育法》的价值观革新 : 基于文本的分析 [J]. 教育导刊，2007（9）.

10. 苌景州 . 建立有利于义务教育均衡发展的资金保障体系 [J]. 贵州社会科学，1994（1）.

11. 常生龙 . 在家上学 难说坦途 [N]. 中国教育报，2013–08–30（3）.

12. 陈娣，徐化玉 . 减负，还是增负？ [J]. 教书育人（教师新概念），2008（10）.

13. 陈恒，邬跃 . 完善城市务工人员子女义务教育政策的思考 [J]. 华东师范大学学报（教育科学版），2007（3）.

14. 陈静漪，李桂雅 . 我国农村义务教育供给政策的路径反思与改进 [J]. 现代教育管理，

2017（4）.

15. 陈朗平，等 . 免费义务教育政策下教育财政公平性研究 [J]. 教育研究，2010（12）.

16. 陈鹏，祁占勇 . 农村义务教育的权利性危机及其法律保障 [J]. 华南师范大学学报（社会科学版），2016（3）.

17. 陈智勇 . 美国在家上学的新趋势 [J]. 上海教育，2015（32）.

18. 成有信 . 教育的职能和教育的阶级性 [J]. 北京师范大学学报（社会科学版），1992（4）.

19. 成有信 . 义务教育的社会价值选择：公平·效益·稳定——兼论义务教育学校高收费的性质与危害 [J]. 教育研究，1997（5）.

20. 程亮 . 儿童利益及其教育意义 [J]. 教育研究，2018（3）.

21. 程天君，王焕 . 从"文字下乡"到"文字上移"：乡村小学的兴衰起伏 [J]. 教育学术月刊，2014（8）.

22. 程天君 . 改革教育改革——从作为政治—经济改革到作为社会—文化改革 [J]. 湖南师范大学教育科学学报，2012（2）.

23. 程天君 . 衔接·配套·协调——教育改革和发展的政策支持之要领 [J]. 教育学报，2014（4）.

24. 程天君 . 新教育公平引论——基于我国教育公平模式变迁的思考 [J]. 教育发展研究，2017（2）.

25. 褚宏启，等 . 我国学生的核心素养及其培育 [J]. 中小学管理，2015（9）.

26. 褚宏启 . 城乡教育一体化：体系重建与制度创新 [J]. 教育研究，2009（11）.

27. 褚宏启 . 城镇化进程中的教育变革——新型城镇化需要什么样的教育改革 [J] 教育研究，2015（11）.

28. 褚宏启 . 教育制度改革与城乡教育一体化 [J]. 教育研究，2010（11）.

29. 崔允漷 . 基于课程标准：让教学"回家"[J]. 基础教育课程，2011（12）.

30. 邓汇文 . 立法作为政策的一个过程：一个以中国新修订的《义务教育法》为例的制度分析的框架 // 2008 年中国教育经济学年会会议论文集 [C]. 中国教育学会教育经济学分会，2008.

31. 邓锁 . 双重制度逻辑与非营利组织的运行——一个新制度主义视角的解释 [J]. 华东理工大学学报（社会科学版），2005（4）.

32. 董奇 . 均衡发展的关键在制度保障 [J]. 求是，2010（9）.

33. 杜承铭，张志凡 . 论村民自治组织的义务教育参与权 [J]. 广东行政学院学报，2011（3）.

34. 杜晓晴 . 合理与违法之间："在家上学"的现实尴尬与未来进路 [J]. 中国人民大学

教育学刊，2017（3）.

35. 杜育红 . 中国义务教育转移支付制度研究 [J]. 北京师范大学学报（人文社会科学版），2000（1）.

36. 杜运周，尤树洋 . 制度逻辑与制度多元性研究前沿探析与未来研究展望 [J]. 外国经济与管理，2013（12）.

37. 段成荣，等 . 城市化背景下农村留守儿童的家庭教育与学校教育 [J]. 北京大学教育评论，2014（3）.

38. 段妍 . 社会主义核心价值观中"自由"真谛及其实现路径 [J]. 理论探讨，2016（2）.

39. 范国睿 . 教育公平与和谐社会 [J]. 教育研究，2005（5）.

40. 范先佐，等 . 义务教育均衡发展与省级统筹 [J]. 教育研究，2015（2）.

41. 范先佐，彭湃 . 农民工子女义务教育经费保障机制构想 [J]. 中国教育学刊，2009（3）.

42. 范先佐 . 构建"以省为主"的农村义务教育财政体制 [J]. 华中师范大学学报（人文社会科学版），2006（2）.

43. 范先佐 . 中小学择校问题产生的原因探析 [J]. 现代教育论丛，1997（2）.

44. 范涌峰，宋乃庆 . 从重点化到特色化：改革开放 40 年义务教育的战略走向——公平与效率的视角 [J]. 中国教育学刊，2018（11）.

45. 方铭琳 . 有关我国义务教育的管理体制改革 [J]. 教育管理研究，1997（3）.

46. 冯建华 . 试析"学校恐怖症" [J]. 教育研究与实验，1997（2）.

47. 冯建军，刘霞 . "适合的教育"：内涵、困境与路径选择 [J]. 南京社会科学，2017（11）.

48. 冯建军 . 公正：教育的内在品质 [J]. 教育评论，2007（4）.

49. 冯建军 . 后均衡化时代的教育正义：从关注"分配"到关注"承认" [J]. 教育研究，2016（4）.

50. 冯建军 . 回到"人"——世纪之交教育基本理论研究的共同主题 [J]. 基础教育，2013（1）.

51. 冯建军 . 教育的个体享用功能 [J]. 上海教育科研，2002（1）.

52. 冯建军 . 教育公正：追求卓越，还是追求平等 [J]. 大学教育科学，2007（6）.

53. 冯建军 . 教育公正需要什么样的教育平等 [J]. 教育研究，2008（9）.

54. 冯建军 . 教育公正与政府责任 [J]. 教育发展研究，2008（9）.

55. 冯建军 . 教育学视野中的教育公正 [J]. 陕西师范大学学报（哲学社会科学版），2008（2）.

56. 冯建军 . 论教育公正的基本原则 [J]. 社会科学战线，2007（4）.

57. 冯建军. 优质均衡：义务教育均衡发展的新目标 [J]. 教育发展研究，2011（6）.

58. 冯建军. 政府在教育公正中的责任与限度 // 袁振国. 中国教育政策评论 [C].（2008），北京：教育科学出版社，2008.

59. 付尧，孟大虎. 农民工子女义务教育供给研究——基于成本分担理论的分析 [J]. 教育发展研究，2008（17）.

60. 傅维利，刘伟. 学校规模调控的依据与改进对策 [J]. 教育研究，2013（1）.

61. 傅永军. 哈贝马斯"合法性危机论"评析 [J]. 马克思主义研究，1999（4）.

62. 高如峰. 重构中国农村义务教育财政体制的政策建议 [J]. 教育研究，2004（7）.

63. 高如峰. 义务教育投资的国际比较与政策建议 [J]. 教育研究，2001（5）.

64. 高伟. 中国教育改革的文化逻辑 [J]. 教育学报，2014（4）.

65. 葛道凯. 适合的教育：江苏教育的当下期待 [J]. 江苏教育，2017（7）.

66. 龚向明. 也说素质教育：解铃还须系铃人 [J]. 江苏教育，2006（11）.

67. 顾明远. 公平而差异是基础教育的必然选择 [J]. 上海教育科研，2007（9）.

68. 顾明远. 核心素养：课程改革的原动力 [J]. 人民教育，2015（13）.

69. 顾明远. 又该呐喊"救救孩子" [J]. 中国教育学刊，2005（9）.

70. 关颖，刘娜. 未成年人犯罪主体特征跨年度比较——以两次全国未成年犯调查数据为基础 [J]. 预防青少年犯罪研究，2012（6）.

71. 管华，陈鹏. 中小学布局调整如何通过法律之门 [J]. 教育研究，2015（1）.

72. 郭凯. 公共性与义务教育公共性述评 [J]. 广东教育学院学报，2009（2）.

73. 郭茂利. "三加一"制应是我国初中的基本学制 [J]. 教育评论，1987（4）.

74. 国家教委. 关于1996年在全国开展治理中小学乱收费工作的实施意见 [J]. 陕西省人民政府公报，1996（12）.

75. 国务院. 关于统筹推进县域内城乡义务教育一体化改革发展的若干意见 [J]. 中国农村教育，2016（7）.

76. 郝德永. 课程的本质主义症结与"合法性"危机 [J]. 教育研究，2007（9）.

77. 郝德永. 变革的陷阱——教育改革的误区 [J]. 全球教育展望，2011（10）.

78. 郝淑华. 教育法实效问题探究 [J]. 沈阳师范大学学报（社会科学版），2015（3）.

79. 郝文武. 教育既应均衡发展更要公平发展 [J]. 中国教育学刊，2016（1）.

80. 何颖. 义务教育阶段"在家上学"行为的法律分析 [J]. 中国教师，2011（23）.

81. 胡锦光，任端平. 受教育权的宪法学思考 // 劳凯声. 中国教育法制评论（第1辑）[C]. 北京：教育科学出版社，2002.

82. 胡劲松，陈朝勇．地方义务教育立法：问题与对策——基于省级义务教育地方性法规的文本分析 [J]. 华南师范大学学报（社会科学版），2016（3）.

83. 胡劲松，吴晓梅．论义务教育学校布局调整——保障受教育者"就近入学"的视角 [J]. 清华大学教育研究，2013（1）.

84. 胡伟．合法性问题研究：政治学研究的新视角 [J]. 政治学研究，1996（1）.

85. 扈中平．"人的全面发展"内涵新析 [J]. 教育研究，2005，（5）.

86. 扈中平．教育目的应定位于培养"人" [J]. 北京大学教育评论，2004（3）.

87. 黄藿．精英主义与平等主义教育观的哲学省思 // 全国教育哲学年会暨教育哲学国际研讨会交流论文 [C]. 北京，2006.

88. 黄济．关于教育功能的几个问题 [J]. 北京师范大学学报（社会科学版），1991（6）.

89. 黄龙威，邹立君．城乡教育统筹发展：目标、责任与监测 [J]. 教育研究，2009（2）.

90. 黄新宪．义务教育立法刍议 [J]. 社会科学，1985（12）.

91. 霍翠芳．农村义务教育学校布局调整政策的地方性理解与实践 [J]. 教育学报，2013（4）.

92. 霍生．经济转型期的教育改革漫议 [J]. 江西教育科研，1993（6）.

93. 冀晓萍．教育改革的逻辑 [J] 人民教育，2015（2）.

94. 蒋平，王正惠．城乡义务教育一体化政策的制度逻辑——基于制度分析理论的视角 [J]. 教育学术月刊，2014（9）.

95. 蒋作斌．论省域教育协调发展 [J]. 教育研究，2006（10）.

96. 金生鈜．保卫教育的公共性 [J]. 教育研究与实验，2007（3）.

97. 金生鈜．学校教育生活之于儿童的意义——对儿童享用教育生活的现象学解释 [J]. 教育研究，2018（6）.

98. 柯春晖．城乡统筹发展中的教育政策取向和政策制定 [J]. 教育研究，2011（4）.

99. 劳凯声．公民受教育权利的性质及实现方式 // 劳凯声．中国教育法制评论（第 10 辑）[C]. 北京：教育科学出版社，2012.

100. 劳凯声．素质教育挑战现代学校功能 [N]. 中国教育报，2005-12-17（1）.

101. 劳凯声．中国教育的问题是公立学校的问题 [J]. 教育研究，2010（2）.

102. 劳凯声．追寻"人"的制度教育学——兼评李江源《走向自由：教育制度与人的全面发展》[J]. 河北师范大学学报（教育科学版），2012（5）.

103. 劳文．就近入学与义务教育的发展 [J]. 中小学管理，1994（Z1）.

104. 雷尚清，龙云飞．政策执行的合法性危机 [J]. 成都行政学院学报，2007（3）.

105. 李秉中．完善我国义务教育投入制度的思考 [J]. 教育研究，2008（6）.

106. 李炳烁. 国家政治的法理：以合法性概念为核心的分析 [J]. 法制与社会发展，2019（1）.

107. 李东平，卢海阳. 新中国成立以来就近入学政策变迁的公共政策分析——基于渐进主义多源流理论分析框架 [J]. 福建行政学院学报，2019（3）.

108. 李芬，慈勤英. 城市流动学龄人口义务教育问题的成因及对策 [J]. 湖北社会科学，2002（8）.

109. 李海. 从现代走向后现代：知识论对课程理念的影响 [J]. 江苏高教，2004（3）.

110. 李宏贵，蒋艳芬. 多重制度逻辑的微观实践研究 [J]. 财贸研究，2017（2）.

111. 李慧. 教育公平与教育效率关系再探 [J]. 教育与经济，2000（3）.

112. 李江源. 教育制度的现代转型及功能 [J]. 教育理论与实践，2004（1）.

113. 李玲，等. 城乡教育一体化：理论、指标与测算 [J]. 教育研究，2012（2）.

114. 李玲，等. 新阶段城乡义务教育一体化发展评估研究 [J]. 教育研究，2017（3）.

115. 李勉，刘春晖. 国家义务教育质量监测：素质教育实施的制度突破口 [J]. 中国教育学刊，2016（12）.

116. 李鹏. 关于《中华人民共和国义务教育法（草案）》的说明 [R]. 中华人民共和国国务院公报，1986（12）.

117. 李群. 农村小学、初中应逐步实行"五·四"分段的学制 [J]. 人民教育，1987（10）.

118. 李融. 当前中国择校问题综述 [J]. 现代教育科学，2006（8）.

119. 李寿初. 论现代国家权力的合法性 [J]. 浙江大学学报（人文社会科学版），2010（3）.

120. 李涛. 中国城乡底层教育公正的政策研究：基于社会分层的视角 [J]. 中国行政管理，2013（3）.

121. 李喜平. 努力使义务教育区域性均衡发展 [J]. 普教研究，1997（5）.

122. 李湘萍. 义务教育阶段择校行为与教育机会分布公平性研究——基于中国 18 个城市居民家庭教育选择支出的实证分析 [J]. 教育研究，2008（3）.

123. 李祥云，周云. 实现公平而有质量的义务教育的最低成本测算——以 H 省 B 县小学为例 [J]. 教育经济评论，2020（1）.

124. 李艺，钟柏昌. 谈"核心素养" [J]. 教育研究，2015（9）.

125. 李政. 儿童就近入学权利与择校现象分析 [J]. 人民教育，2007（9）.

126. 廖其发. 新中国 70 年义务教育的发展历程与成就——兼及普及教育 [J]. 西南大学学报（社会科学版），2019（5）.

127. 林玲. 在家上学权利的正当性与合法性分析 [J]. 当代教育科学，2016（3）.

128. 刘次林. 刍议三维目标 [J]. 教育发展研究, 2013（Z2）.

129. 刘复兴. 教育改革的制度伦理：教育公平与政府责任 [J]. 人民教育, 2007(11).

130. 刘复兴. 教育政策价值分析的三维模式 [J]. 教育研究, 2002（4）.

131. 刘鸿儒, 凌秋千. 基于"个性化"教育向度的"核心素养"培育 [J]. 现代教育管理, 2015（8）.

132. 刘理. 简论"五·四"学制的优越性 [J]. 云梦学刊, 1993（2）.

133. 刘猛. 论中国教育改革的三重逻辑 [J]. 当代教育科学, 2012（4）.

134. 刘善槐, 等. 我国农村小规模学校教师队伍建设研究 [J] 教育研究, 2017（9）.

135. 刘善槐. 科学化·民主化·道义化——论农村学校布局调整决策模型的三重向度 [J]. 教育研究, 2012（9）.

136. 刘同舫. 人类解放视域中的教育价值合理性探析 [J]. 教育研究, 2010（8）.

137. 刘秀峰. 初衷与现实：就近入学政策的困境与走向 [J]. 四川师范大学学报（社会科学版）, 2017（2）.

138. 刘杨. 正当性与合法性概念辨析 [J]. 法制与社会发展, 2008（3）.

139. 刘宇佳. 中小学课后服务与校外培训问题探究——基于教育生态学视角 [J]. 教育视界, 2019（19）.

140. 刘远碧. 从义务教育的性质反思我国的重点学校制 [J]. 河北师范大学学报（教育科学版）, 2008（11）.

141. 刘宗洪. 构建执政党的合法性基础——兼论中国共产党如何增强自身的合法性基础 [J]. 岭南学刊, 2003（4）.

142. 柳斌. 基础教育 40 年 [J]. 中国教育学刊, 2018（12）.

143. 柳斌. 谈基础教育的改革 [J]. 人民教育, 1987（1）

144. 柳海民, 王澍. 中国义务教育实施 30 年：成就、价值与展望 [J]. 北京大学教育评论, 2016（4）.

145. 鲁洁, 项贤明. 论教育的主导功能和教育的理想性——兼论社会主义市场经济体制下的教育改革 [J]. 江苏高教, 1993（4）.

146. 鲁洁. 道德教育的根本作为：引导生活的建构 [J]. 教育研究, 2010（6）.

147. 毛益民. 制度逻辑冲突：场域约束与管理实践 [J]. 广东社会科学, 2014（6）.

148. 梅纳新. 创新社会治理体制下农村留守儿童教育问题探析 [J]. 中国教育学刊, 2014（10）.

149. 梅汝莉. 从"择校生"说起——对义务教育本质特征和规范化的思考 [J]. 中小学

管理，1995（11）．

150. 梅泽铭．走向市场——我国教育改革的现实选择 [J]. 教育评论，1993（3）．

151. 孟建伟．教育与幸福——关于幸福教育的哲学思考 [J]. 教育研究，2010（2）．

152. 慕金才，赵学明．农村学校在实施素质教育中应解决的几个问题 [J]. 宁夏教育，1997（12）．

153. 聂厚德．关于义务教育培养目标的思考 [J]. 重庆师院学报 (哲学社会科学版)，1987（1）．

154. 庞丽娟，等．新时期乡村教师队伍建设政策研究 [J] 中国行政管理，2017（5）．

155. 彭刚．江苏素质教育调研报告 [J]. 江苏教育，2005（23）．

156. 彭虹斌．美国儿童在家上学合法化演变历程与现状 [J]. 外国中小学教育，2009（1）．

157. 彭泽平，李茂琦．对当前我国义务教育培养目标定位的思考 [J]. 西南师范大学学报 (人文社会科学版)，2003（1）

158. 钱林晓．以九年一贯制学校为主体的义务教育体制构建设想——一种基于效率与公平视角的经济学研究 [J]. 教育理论与实践，2006（21）．

159. 乔春华．后 4% 时代教育经费投入的法规保障机制 [J]. 会计之友，2014（13）．

160. 瞿玉杰．"多校划片"是给"择校热"火上浇油 [N]. 中国商报，2015-04-07（2）．

161. [法] 让 - 马克·思古德．什么是政治的合法性 ?[J]. 外国法译评，1997（2）．

162. 任强，唐启明．我国留守儿童的情感健康研究 [J]. 北京大学教育评论，2014（3）．

163. 容中逵．当前我国乡村学校布局调整问题研究 [J]. 中国教育学刊，2009（8）．

164. 容中逵．基础教育改革的政治逻辑 [J]. 当代教育与文化，2015（1）．

165. 邵泽斌，张乐天．存在于公共物品与私人物品连续谱系中的义务教育 [J]. 教育研究与实验，2008（2）．

166. 邵泽斌．从"义务教育是公共物品"到"公共物品实行义务教育"——对教育公共性的一种教育学辩护 [J]. 广西师范大学学报 (哲学社会科学版)，2010（3）．

167. 佘永福，梁忠杰．"五四"学制应为我国基本学制 [J]. 山东教育科研，1987（2）．

168. 申素平，陈梓健．权利还是义务：义务教育阶段受教育权性质的再解读 [J]. 北京大学教育评论，2018（2）．

169. 申素平，崔晶．从受教育权保护的视角看新的《中华人民共和国义务教育法》[J]. 中小学管理，2007（3）．

170. 申素平．父母、国家与儿童的教育 [J]. 比较教育研究，2009（3）．

171. 申素平．在家教育的法理分析——从我国在家教育第一案说起 [J]. 中国教育学刊，

2008（7）．

172. 沈海驯，李丽．义务教育公平与民众的教育选择 [J]．教育研究，2010（12）．

173. 盛冰．转型时期政府的教育公平责任及其边界 [J]．教育研究，2007(3).

174. 石中英，张夏青.30年教育改革的中国经验 [J]．北京师范大学学报（社会科学版），2008（5）．

175. 石中英．教育公平政策终极价值指向反思 [J]．探索与争鸣，2015（5）．

176. 史立梅．论司法改革的合法性 [J]．北京师范大学学报（社会科学版），2005（6）．

177. 史宁中．推进基于学科核心素养的教学改革 [J]．中小学管理，2016（2）．

178. 史亚娟，华国栋．论差异教学与教育公平 [J]．教育研究，2007（1）．

179. 司晓宏．优化教育资源配置，促进西部农村义务教育优质发展 [J]．教育研究，2009（6）．

180. 苏君阳．论教育公正的本质 [J]．复旦教育论坛，2004（5）．

181. 苏长和．正确认识、使用合法性概念 [J]．领导科学，2017（5）．

182. 孙彩平，蒋海晖．知识的道德意义——兼论学科教学中道德意义的挖掘 [J]．中小学道德，2012（10）．

183. 孙绵涛．当代中国教育改革的基本经验 [J]．现代教育管理，2015（4）．

184. 孙士杰．试论我国实现完全免费义务教育的现实可能性 [J]．河南师范大学学报（哲学社会科学版），2000（2）．

185. 孙霄兵，夏娟．建立新的义务教育经费分担体制 [J]．求是，2005(10)；

186. 谭海波．公共政策的合法性探究 [J]．山东行政学院山东省经济管理干部学院学报，2004（5）．

187. 谭细龙．论我国教育法制建设中的问题及其对策 // 劳凯声．中国教育法制评论（第6辑）[C]．北京：教育科学出版社，2009.

188. 汤林春．外国义务教育的演变、性质及其启示 [J]．教育评论，1997（6）．

189. 汤林春.2035 教育现代化义务教育的使命与担当 [J]．中国教育学刊，2018（9）．

190. 陶青．教育新解："人之形象"与教育目的——论教育目的的"直观性"[J]．教育理论与实践，2010（19）．

191. 田慧生，等．以制度设计和体制创新保障教育公平 [J]．人民教育，2007（1）．

192. 汪明．关于农村中小学合理布局的几点思考 [J]．教育研究，2012（7）．

193. 汪西邦．义务教育中的问题与建议 [J]．群言，1992（2）．

194. 王保树，等．经济法与社会公共性论纲 [J]．法律科学，2000（3）．

195. 王策三. 关于课程改革"方向"的争议 [J]. 教育学报，2006（2）.

196. 王代芬，王碧梅. "买房择校"：被定格的教育机会 [J]. 教育学术月刊，2016（4）.

197. 王东. 指标到校：价值困境及其突破 [J]. 教育发展研究，2016（12）.

198. 王慧，贾密. 户籍制度对公民基本权利的损害及反思 [J]. 河北法学，2017（2）.

199. 王慧. 我国流动儿童义务教育经费制度对国际人权公约义务的背离与修正 [J]. 暨南学报（哲学社会科学版），2015（8）.

200. 王佳佳，刘涛，张丹. 美国"在家上学"运动与公立学校的应对 [J]. 外国中小学教育，2015（7）.

201. 王建华. 重启高等教育改革的理论思考 [J]. 高等教育研究，2014（5）.

202. 王杰. 对山东潍坊地区普及初等义务教育情况的调查 [J]. 计划经济研究，1983（27）.

203. 王凌云，谢兵. "就近入学——划区管理"模式的宪法批评 [J]. 前沿，2008（4）.

204. 王葎. 合法性：现代语境中的价值叙事 [J]. 哲学研究，2007（11）.

205. 王善迈. 教育公平的分析框架和评价指标 [J]. 北京师范大学学报（社会科学版），2008（3）.

206. 王卫东，董标. 教育与幸福——教育基本理论专业委员会第十一届学术年会综述 [J]. 教育理论与实践，2008（10）.

207. 王亚明. "就近入学"和"自主择校"的平衡进路 [J]. 岭南学刊，2017（5）.

208. 王雁飞. 谈谈义务教育与义务教育法 [J]. 政法论坛，1986（4）.

209. 王湛. 发展素质教育是教育现代化的核心任务 [J]. 人民教育，2018（18）.

210. 魏治勋. 论法律解释的合法性逻辑结构 // 第一届全国非形式逻辑与法律逻辑学术研讨会论文集 [C]. 中山大学逻辑与认知研究所，2004.

211. 温辉. 农民工子女义务教育平等权——问题与法律保障 [J]. 国家行政学院学报，2007（2）.

212. 温辉. 受教育权入宪研究 [J]. 法学家，2001（2）.

213. 邬志辉，陈昌盛. 我国义务教育阶段教师编制供求矛盾及改革思路 [J]. 教育研究，2018（8）.

214. 邬志辉，李静美. 农民工随迁子女在城市接受义务教育的现实困境与政策选择 [J]. 教育研究，2016（9）.

215. 邬志辉. 城乡教育一体化：问题形态与制度突破 [J] 教育研究，2012（8）.

216. 吴德刚. 关于构建教育公平机制的思考 [J]. 教育研究，2006（1）.

217. 吴德刚. 论促进教育公平成为国家基本教育政策的意义——学习《教育规划纲要》

的体会 [J]. 教育研究，2010（12）.

218. 吴刚平. 我国义务教育的机会公平与质量公平 [J]. 河北师范大学学报（教育科学版），2000（1）.

219. 吴康宁. 教育改革成功的基础 [J] 教育研究，2012（1）.

220 吴鹏，秦冠英. 就近入学原则与农村教育改革 [J]. 行政管理改革，2012（9）.

221. 吴郁芬. "一费制"政策的价值分析 [J]. 北京教育学院学报，2005（3）.

222. 吴忠民. 公正新论 [J]. 中国社会科学，2000（4）.

223. 习近平. 关于《中共中央关于全面推进依法治国若干重大问题的决定》的说明 [N]. 人民日报，2014–10–29（2）.

224. 习近平. 决胜全面建成小康社会夺取新时代中国特色社会主义伟大胜利——在中国共产党第十九次全国代表大会上的报告 [R].2017.10.18.

225. 鲜开林. 社会历史发展的合规律性与合目的性 [J]. 东岳论丛，1991（1）.

226. 项贤明. 基础教育课程改革如何从理念转化为行动——基于我国 70 年中小学课程改革历史的回顾与分析 [J]. 课程·教材·教法，2019（10）.

227. 肖绍明，扈中平. 教育人性化的个体价值取向 [J]. 教育研究，2010（9）.

228. 肖祥平. 行政实践合法性的演变路径及发展趋势分析 [J]. 湖南行政学院学报，2018（1）.

229. 谢维和. 教育公平与教育差别——兼谈教育改革与发展的深层次矛盾 [J]. 人民教育，2006（6）.

230. 谢维和. 素质教育的两种取向及其选择 [J]. 中国教师，2006（1）.

231. 辛涛，黄宁. 教育公平的终极目标：教育结果公平——对教育结果公平的重新定义 [J]. 教育研究，2009（8）.

232. 胥倩. 论教育的终极目的 [J]. 江苏高教.2003（5）.

233. 徐坚成，马树超. 我国九年义务教育发展的地区不平衡性研究 [J]. 上海教育科研，1997（2）.

234. 徐洁. 迈向"核心素养"：新中国成立 70 年基础教育课程改革的逻辑旨归 [J]. 教育科学研究，2020（1）.

235. 徐纬光. 社会形态、政治权力和教育体制——当代中国教育体制改革的逻辑 [J]. 复旦教育论坛，2004（4）.

236. 薛二勇. 论教育公平发展的三个基本问题 [J]. 教育研究，2010（10）.

237. 严仍昱. "就近入学"教育政策公平性考问 [J]. 安庆师范学院学报（社会科学版），

2010（6）.

238. 阎光才 . 均衡发展：义务教育制度的底线公平 [J]. 教育科学研究，2003（1）.

239. 阎亚军 . 对教育改革"列表逻辑"的反思 [J]. 教育发展研究，2010（4）.

240. 阎亚军 . 文化自觉与中国基础教育改革——基于中美不同文化特质的比较分析 [J]. 教育学术月刊，2013（3）.

241. 杨东平，等 . "围堵"和创新：解决流动儿童义务教育的地方政府行为研究 [J]. 清华大学教育研究，2011（6）.

242. 杨东平，等 . 中国在家上学研究报告（2013）[R].21 世纪教育研究院 .

243. 杨东平，王帅 . 从网点下伸、多种形式办学到撤点并校——徘徊于公平与效率之间的农村义务教育政策 [J]. 清华大学教育研究，2013（5）.

244. 杨东平 . 关于深化教育领域综合改革的思考 [J]. 清华大学教育研究，2013（1）.

245. 杨东平 . 试论促进教育公平的教育公共政策 [J]. 人民教育，2005（7）.

246. 杨光斌 . 合法性概念的滥用与重述 [J]. 政治学研究，2016（2）.

247. 杨明光 . 实现由应试教育模式到素质教育轨道的历史性转变——论义务教育改革的方向与任务 [J]. 求索，1993（2）.

248. 杨启亮 . 转向"兜底"：义务教育优质均衡发展的重心 [J]. 教育研究，2011（4）.

249. 杨挺，李伟 . 城乡义务教育治理 40 年 [J]. 教育研究，2018（12）.

250. 杨小微，李学良 . 关注学校内部公平的指数研究 [J]. 教育科学研究，2016（11）.

251. 杨小微 . 迈向 2035：中国教育现代化的目标定位 [J]. 华中师范大学学报（人文社会科学版），2019（5）.

252. 杨晓霞 . 义务教育均衡发展：利益冲突及整合 [J]. 教育研究，2016（4）.

253. 杨银付 . 教育均衡发展需要体制创新 [J]. 新华文摘，2006（4）.

254. 仰丙灿 . 影子教育治理的国际经验与启示 [J]. 比较教育研究，2018（8）.

255. 姚大志 . 善治与合法性 [J]. 中国人民大学学报，2015（1）.

256. 姚光智 . 学习《中共中央关于教育体制改革的决定》——关于普及九年制义务教育的几个问题 [J]. 宝鸡师院学报（哲学社会科学版），1985（3）.

257. 叶澜 . 转换思路进一步开创素质教育新局面 [J]. 中国教师，2006（1）.

258. 叶之红 . 论义务教育的本质属性和非本质特征 [J]. 求是，1998（18）.

259. 尹玉玲 . 关注我国"以县为主"的义务教育新财政体制 [J]. 上海教育科研，2003（2）.

260. 游正伦，吴德刚 . 关于我国义务教育经费筹措的研究 [J]. 新疆社会科学，1990（1）.

261. 于忠海 . 义务教育择校收费问题反思：制度善和公正的视角 [J]. 教育发展研究，

2009（9）.

262. 余文森 . 从"双基"到三维目标再到核心素养——改革开放 40 年我国课程教学改革的三个阶段 [J]. 课程·教材·教法，2019（9）.

263. 俞国良，等 ."以县为主"义务教育财政体制改革的问题及对策 [J]. 红旗文稿，2003（16）.

264. 袁连生 . 对教育投入和义务教育收费问题的探讨 [J]. 教育与经济，1998（1）.

265. 袁连生 . 我国义务教育财政不公平探讨 [J]. 教育与经济，2001（4）

266. 袁振国 . 发展我国教育产业的观念创新与政策创新 [J] 教育研究，2002（4）.

267. 袁振国 . 缩小差距——中国教育政策的重大命题 [J]. 北京师范大学学报（社会科学版），2005（3）.

268. 袁振国 . 缩小教育差距促进教育和谐发展 [J]. 教育研究，2005（7）.

269. 臧雷振 . 政治合法性来源的再审视——基于中国经验的政治学诠释 [J]. 求实，2019（2）.

270. 翟博 . 教育均衡发展：理论、指标及测算方法 [J]. 教育研究，2006（3）.

271. 翟博 . 育人为本：教育思想理念的重大创新［J］. 教育研究，2011（1）.

272. 占志刚 . 公共政策的合法性探析 [J]. 探索，2003（6）.

273. 湛中乐 . 公民受教育权的制度保障——兼析《义务教育法》的制定与实施 [J]. 华南师范大学学报（社会科学版），2016（3）.

274. 张光喜，杨栋梁 . 实施九年义务教育急需解决的问题 [J]. 人民教育，1985（9）.

275. 张华 . 核心素养与我国基础教育课程改革"再出发" [J]. 华东师范大学学报（教育科学版），2016（1）.

276. 张慧子 . 我国义务教育就近入学与"择校"入学并行现象的剖析与解构 [J]. 现代中小学教育，2019（4）.

277. 张俊友 ."就近入学"的局限及"大学区制"探索 [J]. 中国教育学刊，2016（2）.

278. 张乐天 . 新中国"前十七年"教育改革的遗产 [J]. 复旦教育论坛，2013（6）.

279. 张玲玲，曹辉 . 义务教育阶段"择校热"：学理反思与政策治理 [J]. 河北师范大学学报（教育科学版），2014（5）.

280. 张茂聪 . 教育公共性的理论分析 [J]. 教育研究，2010（6）.

281. 张旺 . 城乡教育一体化：教育公平的时代诉求 [J] 教育研究，2012（8）.

282. 张旺 . 人的类生命与素质教育 [J]. 教育研究，2010（8）.

283. 张新平 . 实现"适合的教育" [N]. 中国教育报，2017-05-17（5）.

284. 张星久. 论合法性研究的依据、学术价值及其存在的问题 [J]. 法学评论，2000（3）.

285. 张旭昆，韩文婧. 试论基础义务教育体制的改革——目标模式与实现路径 [J]. 浙江大学学报（人文社会科学版），2011（3）.

286. 张雅光. 推进城乡义务教育一体化发展对策研究 [J]. 教育探索，2018（2）.

287. 张旸，吴婷婷. 新中国成立 70 年义务教育供给的变迁逻辑与展望 [J]. 中国教育学刊，2019（10）.

288. 张烨. 教育政策的制度分析：必要、框架及限度 [J]. 复旦教育论坛，2006（6）.

289. 赵传江. 义务教育阶段学生受教育机会不平等现象探析 [J] 郑州大学学报（哲学社会科学版），2002（4）.

290. 赵丹，吴宏超，Bruno Parolin. 农村学校撤并对学生上学距离的影响——基于 GIS 和 Ordinal Logit 模型的分析 [J]. 教育学报，2012（3）.

291. 赵菲菲. 对"就近入学"政策的反思 [J]. 教育科学论坛，2008（8）.

292. 赵海利，陈芳敏. 政府间义务教育财政事权和支出责任演变——来自美国的经验 [J]. 教育发展研究，2017（8）.

293. 褚宏启. 关于教育公平的几个基本理论问题 [J]. 中国教育学刊，2006（12）.

294. 郑成良. 权利本位论——兼与封日贤同志商榷 [J]. 中国法学，1991（1）.

295. 郑贤君. 论公民受教育权的宪法属性 // 劳凯声. 中国教育法制评论（第 2 辑）[C]. 北京：教育科学出版社，2003.

296. 中央教育科学研究所教育督导与评估研究中心. 中国义务教育县域均衡发展报告 [N]. 中国教育报，2009-12-2（4）.

297. 中央教育科学研究所调研组. 为制定《国家中长期教育改革和发展规划纲要》提供的六十条建议 [J]. 教育研究，2009（3）.

298. 钟启泉，有宝华.《认真对待"轻视知识"的教育思潮》读后感 [J]. 教育发展研究，2004（10）.

299. 钟启泉. "三维目标"论 [J]. 教育研究，2011（9）.

300. 钟启泉. 中国课程改革：挑战与反思 [J]. 比较教育研究，2005（12）.

301. 钟曜平. 奠基中国的千秋伟业 [N]. 中国教育报，2012-09-07（1）.

302. 周峰. 试论基础教育均衡发展的若干问题 [J]. 教育研究，2002（8）.

303. 周光礼，刘献君. 政府、市场与学校：中国教育法律关系的变革 [J]. 华中师范大学学报（人文社会科学版），2006（5）.

304. 周国斌，杨兆山. 论城乡教师交流政策的完善与落实 [J]. 教育研究，2017（11）.

305. 周丽萍，等. 新生代农民工随迁子女义务教育财政公平探究——基于中国教育追踪调查和实地调研 [J]. 教育发展研究，2019（20）.

306. 周思，赵峻岩. 论"适合的教育"：内涵与实现路径 [J]. 教育探索，2019（1）.

307. 周文良. 义务教育教育成本的分担、补偿与教育公平 [J]. 江西教育科研，1997（2）.

308. 周雪光，艾云. 多重逻辑下的制度变迁：一个分析框架 [J]. 中国社会科学，2010（4）.

309. 周垚. 学前教育机会与义务教育结果不平等——来自 CEPS 的经验证据 [J]. 学前教育研究，2020（1）.

310. 朱家存. 就近入学：是权利还是义务 [J]. 中国教育学刊，2001（6）.

311. 朱家存. 区域义务教育均衡发展监测指标体系研究——基于安徽省义务教育政策实践 [J]. 教育研究，2010（11）.

312. 朱景坤. 城乡二元结构与农村义务教育发展对策 [J]. 现代教育科学，2003（10）.

313. 朱利霞. 教育政策的利益分析——以择校问题为例 [J]. 教师教育学报，2018（4）.

314. 祝乃娟. "私塾"不能替代义务教育 [N].21 世纪经济报道，2017–02–24（4）.

315. 卓晴君. 从儿童入学率 20% 到实现九年义务教育目标——建国 60 年教育发展辉煌的重要标志 [J]. 中国教育学刊，2009（11）.

316. 卓泽渊. 社会主义法治国家的基本特征 [J]. 重庆行政，2003（4）.

317. 祖印. 择校失控与教育公平 [J]. 教育研究与实验，1996（4）.

五、英文著作类

1. Bryan A Garner. Black's Law Dictionary(8th edition)[Z]. Eagan: Thomson West, 2004.

2. Convention on the Rights of the Child/C/CHINA/Concluding Observation/3-4,Article 76 [Z].

3. General Comment 13, The right to education (art.13), adopted by the Committee on Economic, Social and Cultural Rights. U. N. Doc. E/C. 12, 1996/6, 1999[Z].

4. Kaaralo Tuori. Critical Legal Positivism[M]. London:Ashgate Publishing Limited, 2002.

5. Robert Alexy. The Argument from Injustice: A Reply to Legal Positivism[M]. Trans. by Stanley L. Paulson and Bonnie Litschewski Paulson. Oxford: Clarendon Press, 2002.

6. Lec Deighton. The Encyclopedia of Education[M].Vol 2. New York: The Macmillan Company & The Free Press, 1971.

7. Sternberger Dolf. " Legitimacy"，International Encyclopedia of Social Sciences, Vol. 9[M]. New York: Macmillan and Free Press, 1968.